LES CENT
PLUS BEAUX TEXTES
DE LA LITTÉRATURE
FRANÇAISE

MAURICE TOESCA

LES CENT PLUS BEAUX TEXTES DE LA LITTÉRATURE FRANÇAISE

Choix et commentaires
de Maurice TOESCA

Illustrations
de REDON

FRANCE LOISIRS
123, boulevard de Grenelle, Paris

Édition du Club France-Loisirs, Paris
avec l'autorisation du Cherche-Midi Éditeur

ISBN nº 2-7242-3320-4

Avant-propos
de Maurice TOESCA

Au cours d'une mission qu'il accomplissait en France, vers l'an 1263, le notaire florentin Brunetto Latini eut l'idée de composer une encyclopédie sur les connaissances de son époque. Homme cultivé, il aurait tout naturellement dû la rédiger en latin, qui était réservé à ce genre d'ouvrages. Or, il choisit de l'écrire en français, ou plus exactement en *roman*. Dès le début de son *Livre du Trésor* (*Li livres dou Tresor*), il s'en explique : « Si l'on demandait pourquoi ce livre est écrit en roman, selon le langage des Français, puisque nous sommes italiens, je dirais que c'est pour deux raisons : l'une, car nous sommes en France, l'autre parce que ce parler est plus délectable et commun à toutes gens ». Telle était l'opinion des lettrés. Je rappellerai que le grand voyageur Marco Polo livra la chronique de ses voyages en français, vers la fin du XIIIe siècle.

Voilà qui éclairera d'une lumière précise la métamorphose de notre langue qui passe du latin et des dialectes régionaux à la langue française si brillante du XVIIIe siècle quand une impératrice de Russie, Catherine II, en use par correspondance avec Voltaire, et quand un roi, Frédéric de Prusse, appelle ce même Voltaire à sa cour pour qu'il lui enseigne la versification.

Cette élaboration aura duré plus de quatre siècles. L'un des moments les plus pathétiques fut celui de l'activité de la Pléiade, une réunion des amis de Ronsard ; ils avaient choisi de se dénommer ainsi en l'honneur des sept poètes d'Alexandrie. Au poète Joachim du Bellay (1522-1560) incomba la charge d'en formuler le manifeste, sous le titre *Défense et illustration de la langue française*, qui parut en 1549.

Le français ne cessa de s'enrichir d'œuvres dont tous les esprits cultivés d'Europe firent leur nourriture spirituelle, aussi bien en poésie qu'en philosophie et dans le domaine du théâtre.

L'importance de la langue française n'échappa point à la sagacité du pouvoir. Richelieu prêta une oreille attentive à un groupe d'écrivains auxquels il offrit la protection du roi. En 1634 eut lieu la première séance officielle de l'Académie française, et en janvier 1635, Louis XIII signa les lettres patentes.

L'émulation accrut sans cesse les travaux des gens de lettres, dans quelque domaine que ce soit, et l'imprimerie apporta l'appoint de sa diffusion multiple et quasi illimitée.

Notre pays en tirait profit et gloire. Pour ne citer qu'un exemple entre mille (et celui-ci est d'une telle qualité !), je rappellerai que le plus fameux des écrivains allemands, Goethe, apprit le français pour pouvoir lire *Candide* de Voltaire et le mieux comprendre.

Telle est la vertu d'une langue harmonieuse, riche et précise : elle crée des liens fraternels entre ceux qui la pratiquent. Et j'emploie ici le mot *vertu* dans son sens initial, – celui de force spirituelle et morale.

C'est cette force que nous devons préserver en conservant à la langue française sa vitalité, et il n'y a qu'une seule manière d'y parvenir : on ne saurait conquérir les esprits que par des *œuvres* : un poème, un roman, une pièce de théâtre, un essai philosophique peuvent contenir les germes de la compréhension mutuelle – et cela dans le monde civilisé tout entier. *Le Discours de la méthode*, *Le Misanthrope*, *Candide*, *Les Misérables*, *Jocelyn*, *Poil de carotte*, ont maintenu les cœurs et les intelligences en éveil, et demeurent toujours des liens de la fraternité humaine.

Pris dans ce faisceau lumineux, le projet de mon anthologie de la littérature française m'a paru constituer une suite logique et utile à *Défense et illustration de la langue française*, qui fut, il y a quatre siècles, le signal de notre avènement mondial.

La richesse de notre littérature émerveille : de François Villon à Zola, pour ne m'en tenir qu'aux écrivains du domaine public, – c'est-à-dire ceux que tous les éditeurs peuvent éditer –, la liste est éblouissante. Mais la question demeure : « Comment aborder tous ces « monstres sacrés » de l'écriture romanesque, poétique ou philosophique ? » Il y a, bien sûr, la grande porte, par exemple lire *Les Misérables* pour Victor Hugo ou *Eugénie Grandet* pour Balzac ; mais j'ai pensé qu'il pourrait être astucieux de pénétrer par une porte étroite qui nous introduirait dans le couloir d'une chambre inconnue. C'est ainsi que j'ai choisi, pour Victor Hugo, un « Portrait de Madame de Chateaubriand », et pour Balzac, un chapitre de son *Traité de la démarche*. Le commentaire présente alors un intérêt supplémentaire, et si je puis dire, utile. Par ce biais, souvent anecdotique, il m'a plu de faire découvrir des correspondances, d'un siècle à l'autre, établissant des parentés entre les écrivains aussi bien sur le plan de l'histoire que sur celui des thèmes idéologiques. Bref, il s'agissait de relier le présent au passé, mais aussi le passé au présent. Que d'écrivains ont apparu alors sous les traits de précurseurs prophétiques !

Cette anthologie ne serait-elle pas, en fin de compte, une sorte de film illustré de notre littérature ? Un film à compléter tant qu'il existera la langue française pour en écrire les titres, les sous-titres et les chapitres.

Maurice TOESCA

Chrétien de TROYES

(1135-1183)

La nuit du Moyen Age a soudain son aurore ; elle nous vient du midi de la France où les troubadours exaltent soudain le sentiment d'amour. Chrétien de Troyes sera le premier romancier de ces rapports du couple inventés par et pour une société qui a cessé de vivre selon l'unique puissance de l'instinct. La femme devient une dame ; et cette dame sera l'inspiratrice de l'homme. En contrepartie, celui-ci lui imposera les règles de l'amour courtois. *L'amour sera d'ailleurs personnifié : il devient* Amour. *Ce personnage draine dans son sillage une véritable cour de bons vassaux – Générosité, Bonté, Largesse ; mais aussi de féroces adversaires – Lâcheté, Jalousie, Méchanceté.*

Le roman de Chrétien de Troyes est une sorte d'anti-Tristan. Peut-être est-ce une première tentative d'exalter le bonheur conjugal : « De son amie il a fait sa dame. Elle n'y perd rien, car il l'aime comme lorsqu'elle était son amie. Et il en est de même pour elle à l'égard de Cligès : elle l'aime comme on doit aimer son ami. Leur amour grandit chaque jour.

Jamais Cligès ne cessa d'avoir confiance en elle, et ils n'eurent pas la moindre querelle. »

Pour se protéger des dangers, le mariage sera la règle et le philtre magique d'amour sera écarté comme le démon. Fenice, la bien-aimée de Cligès, – le fameux fils de Soredamor et d'Alexandre –, dénoncera le caractère pernicieux de l'amour de Tristan et Yseult :

« Mieux vaudrait être écartelée que d'entendre évoquer à propos de nous deux l'amour de Tristan et d'Yseult, dont on nous raconte maintes folies qu'il est honteux de rappeler. Jamais je ne pourrais m'accommoder de l'existence qu'Yseult a menée. Amour s'y est montré trop grossier : le cœur pour un seul, le corps pour deux bénéficiaires. Cet amour ne fut pas raisonnable, alors que le mien sera toujours unique, car je ne séparerai jamais à aucun prix mon cœur de mon corps... »

Chrétien de Troyes n'est pas venu d'emblée au roman. On ne sait pas grand-chose de lui ; ni la date exacte de sa naissance ni celle de sa mort ne sont connues. On peut supposer qu'il était clerc, *c'est-à-dire un humaniste. Comme l'imprimerie n'existait pas, l'auteur est un artisan qui raconte. D'où la tournure directe du style. Il s'agit pour le troubadour-narrateur de retenir d'abord l'attention du public. A son insu, Chrétien de Troyes, romancier de cette haute époque, a créé une littérature qui rend un son universel. Le merveilleux n'est pas séparé du réel et donne naissance à une poésie qui gagne l'œuvre entière. Ainsi les romans de Chrétien de Troyes illuminent-ils la littérature du Moyen Age.*

On ne saurait trop comparer Chrétien de Troyes à un musicien passé maître dans l'art de l'orchestration. Et, comme il dirige lui-même sa composition avec maîtrise, grâce à son style, nous sommes tout prêts à reconnaître en lui le premier magicien du roman français.

M. T.

CLIGÈS

LE BONHEUR CONJUGAL

Alexandre désire bien une chose, mais il n'ose la dire... La reine ne cherche qu'à lui être agréable. C'est pourquoi elle appelle Soredamor. Et tous les trois, tout seuls, loin des autres, ils purent avoir une longue conversation.

La reine parle la première : elle n'a aucun doute sur l'amour partagé des deux jeunes gens... Assise entre les deux, elle leur tient un petit discours tout à fait de saison :

– Alexandre, dit-elle, Amour est pire que la haine qui afflige et détruit son ami. Les amants ne savent ce qu'ils font lorsqu'ils se cachent l'un de l'autre. L'amour a des côtés difficiles et souvent cela conduit les amoureux à leur perte. Qui ne s'y prend hardiment dès le début a déjà de la peine à en venir à bout... Je vais vous révéler Amour, car je vois bien qu'Amour vous fait perdre la raison : c'est pourquoi je vais vous mettre à l'école. Gardez-vous de me rien cacher ! Je me suis bien rendu compte, à votre attitude, que vos deux cœurs ne font plus qu'un. Allons ! ne vous en cachez pas devant moi ! C'est agir trop sottement que de ne pas me dire vos pensées ; vous vous tuez l'un l'autre en le cachant. Amour va faire de vous des homicides. Je vous conseille à présent de ne jamais contrarier l'amour. C'est dans le mariage et dans l'honneur qu'il faut faire votre vie ensemble ; de la sorte votre amour pourra durer longtemps, ce me semble. Je vous donne l'assurance que j'arrangerai volontiers votre mariage, si vos cœurs le désirent vraiment.

Après que la reine eut donné son sentiment, Alexandre répond en donnant le sien :

– Madame, dit-il, je ne saurais me défendre de ce que vous me reprochez : je suis d'accord sur tout ce que vous avez dit. Mais il se peut que cette jeune fille ne veuille pas que je sois à elle et qu'elle ne veuille pas être à moi. Toutefois, même si elle ne m'accorde rien d'elle, je déclare, moi, que je suis à elle.

A ces mots Soredamor tressaille. Elle ne refuse pas du tout ce présent ! La reine les embrasse tous deux et fait, à chacun, le don de l'autre en disant :

– Je t'abandonne, Alexandre, le corps de ton amie, certaine que je suis que tu ne manques pas de cœur. Que l'on fasse bonne ou mauvaise figure, je vous donne l'un à l'autre. Voici le tien, voici la tienne. Celui-ci l'a toute, et celle-là le possède, tout.

A Windsor, sans délai, ils s'épousent le jour même, sur le conseil et avec le consentement du roi. Richesse, festin, joie, fêtes, personne ne pourrait décrire, je crois, la magnificence de ces noces…

Trois mois ne s'étaient pas encore écoulés que Soredamor reçoit en elle semence et graine d'homme qu'elle portera jusqu'à son terme : la graine germera si bien que vint au monde l'enfant, ce fruit naturel. On ne pouvait concevoir créature plus belle, ni de près ni de loin. Cet enfant, ils l'appelèrent Cligès. Et c'est en souvenir de Cligès que j'ai mis en roman cette histoire…

Brunetto LATINI

(1220-1294)

Plus d'un lecteur de cette anthologie sera surpris de voir surgir le nom d'un auteur italien, Brunetto Latini, né à Florence, vers 1220. Notaire, il a été chargé d'une mission en France vers 1263 : Arras, Bar-sur-Aube, Paris le reçoivent. Il y avait grand échange de culture entre les esprits lettrés du XIII*e* *siècle.*

Si je consacre une halte à Brunetto Latini, c'est parce qu'il nous permet, à nous Français, de saisir sur le vif la métamorphose du langage qui passe du latin et des dialectes régionaux à la langue française si brillante du XVIII*e* *siècle.*

Comment donc s'est effectué ce passage, que je préfère appeler une métamorphose ? Brunetto Latini nous en donne la clef : pendant les trois années de son séjour en France, il rédige l'une des encyclopédies les plus originales qu'on ait jamais conçues. Il l'intitule Le Livre du Trésor *(qu'il écrit dans sa forme romane :* Li Livres dou Tresor*) ; et il s'explique sur les raisons de ce choix :*

« Si l'on demandait pourquoi ce livre est écrit en roman, selon le langage des Français, puisque nous sommes italiens, je dirais que c'est pour deux raisons : l'une, car nous sommes en France ; et l'autre parce que ce parler est plus délectable et plus commun à toutes gens. »

Ainsi avons-nous la preuve par neuf que, dans cette seconde moitié du XIIIe siècle, non seulement les princes de l'esprit mais aussi les princes qui règnent, se plaisent, ainsi que les gens du commun, à utiliser notre langue française à la fois pour sa musique et pour sa clarté. Un historien vénitien le souligne : « La langue française, écrit-il, court parmi le monde », et il précise : « Elle est plus délectable à lire et à entendre que nulle autre ». A la fin du siècle, vers 1298, le grand voyageur Marco Polo rédige, lui aussi, la chronique de ses voyages en français.

Les copies du manuscrit du Livre du Trésor *se répandirent dans le monde entier, sous le titre «* Li Livres dou Tresor, *par Mestre Brunet Latin, de Florence. »*

La diffusion fut évidemment amplifiée lorsque l'édition bénéficia de l'imprimerie dans la première moitié du XVe siècle.

*
**

Pour conserver à mon morceau choisi toute sa valeur exemplaire, j'ai reproduit les lignes sur la vipère dans leur authenticité première, avec, en regard, l'équivalence actuelle.

Le Livre du Trésor *a l'ambition de nous donner un état des connaissances scientifiques de l'époque, en même temps qu'une explication de « la naissance de toutes causes ». Nous tenons là un ouvrage philosophique, allant de la psychologie à la métaphysique, et débouchant finalement sur une* Réthorique.

Pour les érudits du monde entier, il existe une édition qui a été publiée en 1948, à l'instigation du professeur Francis J. Carmody de l'université américaine de Californie, à Berkeley. Cette édition a été imprimée en France. Dans la préface à cette édition critique, le professeur érudit déclare qu'il a « voulu poser une première pierre d'une étude des connaissances encyclopédiques du XIIIe *siècle ». Le texte de Brunetto Latini est publié intégralement dans sa forme romane, ce qui lui a paru indispensable parce que « nos textes latins sont insuffisants ».*

Le volume de l'édition américano-française du Livre du Trésor *a été distribué à de nombreuses universités du monde entier ; mais sa publication bi-partite (d'une part le texte roman et, en regard, le texte français actuel) serait un acte de la plus haute valeur culturelle : il expliquerait, mieux que tout commentaire vertueux, comment les civilisations anciennes – surtout la grecque et la latine – se sont prolongées et renouvelées pour engendrer ce que nous sommes convenus d'appeler la civilisation occidentale moderne. A ce titre, la seconde partie du* Livre du Trésor, *qui concerne les « vertus » humaines, – d'un côté les vertus contemplatives, de l'autre les vertus morales –, formerait à elle seule un ensemble enchanteur, sur la « prudence », la « tempérance », la « contenance », la « justice », la « libéralité », la « fortune », etc.*

L'entreprise devrait tenter les esprits qui ont pris en charge la destinée de l'Europe.

M. T.

DE LA VIPRE

La vipre est une manière de serpent de si fière nature ke, quant li malles se conjoint à la femelle, il met son chief dedens la gorge de la femelle ; et quant elle sent le délit de la luxure, elle l'estraint as dens et li trence la teste, et l'englout. Et quant si faon ont vie et k'il en voelent issir, lors desrompent et brisent a fine force le cor de lor mere, et vont hors, en tel manière que son pere et sa mere muerent par aus. De cest serpent dist Sains Ambroses k'ele est la tres cruel chose du monde, et plus sans pitié et plaine de malisce. Et sachiés que cist serpent, quant il a talent de luxure, s'en vet as euues oo la murene repaire, et l'apele de sa voix en semblance de flaüt, et ele vient à lui maintenant ; et par tel engin est ele sovent prise par les pescheours.

(*Li Livres dou Tresor*)

DE LA VIPÈRE

Vipère est une manière de serpent de si fière nature que, quand le mâle se couche avec la femelle, il met son chef dedans la gorge à la femelle ; et quand elle sent le délit de la luxure, elle l'étreint des dents et tranche le chef à son mâle et le mange. Et quand les fils ont vie et qu'ils en veulent issir hors, ils dérompent et brisent le corps de leur mère, et vont hors, en telle manière que leur père et leur mère meurent pour eux. De ces serpents dit saint Ambroise qu'elles sont les très plus cruelles choses du monde et les plus sans pitié et pleines de malice. Et sachez que quand ce serpent a talent de luxure, si s'en va aux eaux où la murène repaire, elle l'appelle de sa voix en semblance de flûte, et celle-ci vient à lui maintenant ; et par tel engin est-elle souvent prise par les pêcheurs.

(*Le Livre du Trésor*)

JOINVILLE

(1224-1317)

Au Moyen Age, dès que les esprits cultivés s'évadent du latin, ils puisent volontiers leur inspiration dans l'histoire. Nos premiers grands prosateurs sont des historiographes : Villehardouin (1152-1511), Joinville (1224-1317), Froissart (1337-1410), Commynes (1446-1511). Ils auront, plus tard, d'illustres successeurs en la personne de Racine et de Boileau.

Jean, sire de Joinville, est celui qui a laissé l'œuvre la plus originale. Les circonstances dans lesquelles il l'a composée nous expliquent les raisons de cette originalité.

Né au château de Joinville, élevé à la cour de Thibaut IV de Champagne, il se marie à quinze ans, inaugure sa charge d'officier royal à seize, et voit pour la première fois le roi en 1241. Louis IX est son aîné de dix ans.

Quelques années après, il se croise, *pour suivre son souverain. Il part, le cœur gros, car il a une femme et deux enfants qu'il aime. Tradition oblige. On embarque à Marseille. A Chypre, le roi, qui l'a tout de suite apprécié, l'engage à son service personnel.*

L'amitié de Jean, sire de Joinville, et du roi Louis IX (Saint Louis) va se sceller en six ans d'une existence mouvementée hors de France. Elle se maintiendra au retour, car Joinville ira souvent de son château à la cour en sa qualité de membre du Conseil du roi.

Lorsque ce dernier repart, en 1267, pour une nouvelle croisade, Joinville s'excuse de n'y point participer : il veut parachever l'organisation de son domaine et veiller au bonheur des siens. Le roi meurt à Tunis, le 5 août 1270. Joinville déposera au procès de canonisation de Saint Louis.

C'est Jeanne de Navarre, la reine, qui lui demandera de rassembler ses souvenirs d'octogénaire, en 1305. Le sire de Joinville prend à cœur de « faire un livre des saintes paroles et des bons actes de notre roi Saint Louis ». Livre unique dans notre histoire littéraire, où l'auteur – témoin d'un siècle de gouvernement, de tractations diplomatiques, de guerres, de croisades – sait brosser une fresque sociale, politique et morale. A cet âge avancé, un honnête homme ne craint aucunes représailles : il a le courage d'une franchise totale, conscient d'écrire sous le regard de Dieu. Et le roi régnant, Philippe le Bel, pourra lire sous sa plume un avertissement comme celui-ci : « Qu'il prenne donc garde, le roi qui règne maintenant ! Qu'il s'amende de ses méfaits en telle manière que Dieu ne le frappe pas cruellement en lui ou en ce qui est lui. »

Jean, sire de Joinville, est mort en son château de Joinville en 1317, à l'âge de quatre-vingt-treize ans, non sans avoir pu jouir de l'effet qu'avait produit son Histoire de Saint Louis.

Autre détail émouvant : dans les jours qui suivirent la mort de Saint Louis, Joinville fut visité en songe par le défunt roi qui lui dit : « Sire de Joinville, foi que je vous dois, je n'aspire point à partir sitôt d'ici ». Pour répondre au désir de son bien-aimé souverain, Join-

ville fit dresser, dans la chapelle de son château, un autel en l'honneur de Saint Louis.

M. T.

DU CONSEIL QUE DONNA AU ROI LE SIRE DE JOINVILLE

Au château d'Hyères le roi débarqua, ainsi que la reine et ses enfants. Tandis que le roi séjournait à Hyères pour trouver des chevaux qui le menassent en France, l'abbé de Cluny, qui depuis fut évêque d'Olive, lui présenta deux palefrois qui vaudraient bien aujourd'hui cinq cents livres, un pour lui et l'autre pour la reine.

Quand il les eut présentés, alors il dit au roi :

– Sire, je viendrai demain pour vous parler de mes affaires.

Quand arriva le lendemain, l'abbé revint et le roi l'écouta très complaisamment et fort longuement.

Quand l'abbé fut parti, je vins trouver le roi et je lui dis : « Je veux vous demander, s'il vous plaît, si vous avez écouté l'abbé de Cluny avec plus de bonté parce qu'il vous a donné hier ces deux palefrois ».

Le roi réfléchit longuement, et me dit :

– Vraiment oui.

– Sire, fis-je, savez-vous pourquoi je vous ai fait cette demande ?

– Pourquoi ? fit-il.

– Pour ce, Sire, fis-je, que je vous donne avis et conseil de défendre à tous vos conseillers jurés, quand vous serez en France, de rien accepter de ceux qui auront affaire devant vous ; car soyez certain, s'ils acceptent, qu'ils écouteront plus volontiers et plus complaisamment ceux qui leur auront donné, ainsi que vous-même avez fait pour l'abbé de Cluny.

Alors le roi convoqua tous ceux de son conseil et leur raconta tout en riant ce que je lui avais dit ; et ils lui dirent que je lui avais donné un bon conseil.

LE ROI ANNONCE QU'IL DEMEURERA EN TERRE SAINTE

L'autre dimanche, nous revînmes tous devant le roi ; et quand le roi vit que nous étions tous venus, il se signa la bouche et nous parla ainsi, après qu'il eut appelé l'aide du Saint-Esprit.

Les paroles du roi furent celles-ci :

– Seigneurs, je vous remercie beaucoup, vous tous qui m'avez conseillé le retour en France, et je rends aussi grâce à ceux qui m'ont conseillé de demeurer ici ; mais je me suis avisé que, si je demeure, je n'y vois point de péril que mon royaume se perde ; car madame la reine a bien des gens pour le défendre. Et j'ai regardé aussi que les barons de ce pays disent que, si je m'en vais, le royaume de Jérusalem est perdu, et que nul n'osera y demeurer après moi. J'ai donc considéré qu'à nul prix je ne laisserais perdre le royaume de Jérusalem que je suis venu pour garder et pour conquérir ; aussi ma décision est telle, que j'y demeure comme jusqu'à présent. Donc, je dis à vous, riches hommes qui êtes ici, et à tous les autres chevaliers qui voudront demeurer avec moi, que vous veniez me parler hardiment ; et je vous donnerai tant, que la faute n'en sera pas à moi, mais à vous, si vous ne voulez pas demeurer. »

Beaucoup il y en eut qui, entendant ces paroles, en furent ébahis ; et beaucoup il y en eut qui pleurèrent.

(*Histoire de Saint Louis*)

RUTEBEUF

(1230-1280)

Nous ne savons pas avec précision à quelle date est né Rutebeuf. Vers 1230, sans doute. Il aurait vécu une cinquantaine d'années, principalement à Paris.

Son œuvre nous donne les seuls vrais renseignements dont nous puissions faire état : il a vécu en bohème, exerçant des métiers divers, depuis celui de jongleur jusqu'à celui de scribe et d'auteur dramatique. Où a-t-il étudié ? Mystère, mais nous sommes bien obligés de conclure qu'il a acquis une culture très étendue, puisqu'il évoque en effet Platon et Averroès, le plus grand érudit arabe de Cordoue, à qui nous devons la transmission de l'œuvre d'Aristote.

Joueur, au sens propre du terme – c'est-à-dire joueur de dés exactement –, Rutebeuf, bien avant l'heure de l'imprimerie, a su tirer de la langue française les accents les plus durables : deux siècles après lui, vers 1430, nous retrouvons un écho de sa poésie chez Villon, et, cinq siècles plus tard, chez Apollinaire.

Sa confession a conservé l'accent d'une découverte essentielle de la nature humaine. La preuve en est dans le fait que des chansonniers du XXe siècle ont pu lui emprunter directement ses paroles, sans y rien changer. Nous pensons à l'exploitation musicale d'un Léo Ferré, qui a répandu dans le monde entier cette poésie conçue au temps des croisades – la complainte de Rutebeuf.

Rutebeuf est donc l'un des premiers écrivains français. Grâce à notre langue, il a pu traduire pour tous les humains le rôle de l'espérance dans la vie. Et grâce à Rutebeuf, la littérature française s'inscrit à jamais au tableau des civilisations dont l'humanité s'enorgueillit.

M. T.

LA COMPLAINTE DE RUTEBEUF

Les maux ne savent seuls venir :
Tout ce qui pouvait m'advenir
Est advenu.
Que sont mes amis devenus,
Que j'avais de si près tenus
Et tant aimés ?
Je crois qu'ils sont trop clair semés :
Ils ne furent pas bien semés,
Point n'ont levé.
De tels amis m'ont bien trahi,
Que, tant que Dieu m'a assailli
De tous côtés,
N'en vis un seul en ma maison.
Le vent, je crois, les m'a ôtés :
L'amour est morte.
Ce sont amis que vent emporte,
Et il ventait devant ma porte :
Sont emportés.

PAUVRE RUTEBEUF...

L'on ne saura où je demeure,
Trop pauvre suis !
Point ne sera ma porte ouverte,
Car ma maison est trop déserte
Et pauvre et nue.
Souvent n'y a ni pain ni pâte ;
Ne me blâmez si je n'ai hâte
D'aller chez moi,
Car je n'y aurai bel accueil :
L'on ne m'a pas pour bienvenu
Si je n'apporte ;
C'est ce qui plus me déconforte,
Que je n'ose entrer en ma porte
A vides mains.
Vous savez comment est ma vie :
L'espérance du lendemain,
Ce sont mes fêtes.

LA REPENTANCE DE RUTEBEUF

J'ai tant fait que plus je ne puis ;
Aussi me faut tenir en paix :
Dieu veuille que ne soit trop tard !
Tous les jours j'ai accru mon faix,
Et chacun dit, clerc ou laïque :
« Plus le feu couve, plus il brûle ».
...Et pour ce siècle qui s'achève
M'en convient partir d'autre part :
Nul n'y peut rien, je l'abandonne.

François RABELAIS

(1493-1553)

Situons Rabelais au début de la Renaissance : écrivain, il devance de peu du Bellay, Ronsard, Louise Labé. Il ne sera pas étranger à la mission que s'est donnée la Pléiade : défendre et illustrer la langue française. Contemporain du poète Clément Marot, il ne se fige pas dans la versification lyrique.

Né près de Chinon, dans une famille bourgeoise, il fait des études très sérieuses d'humaniste, bien qu'il ait été placé dans un couvent des Cordeliers dont les maîtres ne visaient pas si haut. De là, son glissement vers l'abbaye bénédictine de Maillezais, où règne le puissant évêque Geoffroy d'Estissac. François Rabelais y est à son affaire. Ses diplômes en poche, il choisit la médecine ; à Montpellier, il conquiert le grade de docteur en médecine. En 1532, il exerce la profession de médecin à l'hôtel-Dieu de Lyon.

L'intérêt que porte au corps de l'homme notre savant docteur n'est que la contrepartie qu'il prend à son âme. Pour servir ce dessein, un cheminement s'impose : utiliser le moyen de communication élémen-

taire qu'est l'écriture. C'est d'autant plus évident que l'imprimerie vient d'entrer dans les mœurs et que le roi François Ier aide à son essor.

Rabelais, esprit d'une extraordinaire intelligence, pourvu d'une culture d'humaniste exceptionnelle, voit tout de suite les bienfaits pratiques qu'il pourra dispenser à ses contemporains. Un principe fondamental l'anime : « Rire est le propre de l'homme », donc « Mieux est de rys que de larmes écrire ». Mais attention ! « Faut ouvrir le livre et soigneusement peser ce qui est déduit : les matières ici traitées ne sont tant folâtres comme le titre au-dessus prétendait... Vous convient rompre l'os et sucer la substantifique moelle ».

Ainsi, lorsque Gargantua décide de donner un nom à la capitale du royaume, choisit-il de le faire par rys. *Ce serait trop léger de s'arrêter à un simple jeu des mots ; il faut y déceler la signification cachée : conduire Lutèce, la ville* blanche, *par le rire, par la gaîté qui est le signe d'une bonne santé. Et, au lieu de garder le nom de Lutèce, issu du grec, on en viendra au mot issu du gaulois Rabelais :* par ris, Paris.

Il développe en fait un système social à base de paix : « Ma délibération n'est de provoquer, mais d'apaiser ; d'assaillir, mais de défendre ; de conquêter, mais de garder mes sujets féaux et terres héréditaires ». A base aussi de justice et de foi ; « Parce que science sans conscience n'est que ruine de l'âme, il convient de servir, aimer et craindre Dieu ».

Aucun des grands écrivains ne s'y est trompé. Victor Hugo, dans son étude sur Shakespeare, a soin d'introduire une explication de notre génie : « Rabelais, c'est la Gaule ; et qui dit la Gaule dit aussi la Grèce, car le sel attique et la bouffonnerie gauloise ont au fond la même saveur... Son éclat de rire énorme est un des gouffres de l'esprit ».

Un des personnages de Rabelais sera le porte-parole

de cette politique médicale, spirituelle et corporelle, individuelle et sociale : c'est le frère Jean des Entomeurs, « jeune, galant, frisque, dehait, bien à dextre, hardi, aventureux, délibéré, haur, maigre, bien fendu de gueule, bien avantagé en nez, beau défricheur d'heures, beau débrideur de messes, beau décrotteur de vigiles, pour tout dire sommairement très moine si oncques en fut depuis que le monde moinant moine de moinerie, au reste clerc jusques aux dents en matière de bréviaires ».

Voilà un bel exemple de l'enrichissement de notre langue, qui fut un des soucis permanents de Rabelais : des dizaines de milliers de mots issus du grec, du latin et des patois gaulois. Certes, beaucoup d'entre eux disparurent, mais, de siècle en siècle, son exemple excita le caprice des écrivains qui piochèrent dans le vivier verbal des langues anciennes ou étrangères, mais aussi dans l'arsenal des dialectes régionaux, voire de notre propre argot.

Le jugement de La Bruyère sur l'œuvre de Rabelais nous semble le plus sensé : « Une énigme, quoi qu'on veuille, inexplicable, le charme de la canaille comme le mets le plus délicat ».

M.T.

COMMENT GARGANTUA PAYA SA BIENVENUE AUX PARISIENS ET COMMENT IL PRIT LES GROSSES CLOCHES DE L'ÉGLISE NOTRE-DAME

Quelques jours après qu'ils se furent rafraîchis, Gargantua visita la ville, et fut vu de tout le monde en grande admiration, car le peuple de Paris est tant sot, tant badaud et tant inepte de nature, qu'un bateleur, un porteur de rogatons, un mulet avec ses cymbales, un vielleux au milieu d'un carrefour, assemblera plus de gens que ne ferait un bon prêcheur évangélique.

Et tant importunément le poursuivirent qu'il fut contraint de se poser sur les tours de l'église Notre-Dame. Là, voyant tant de gens autour de lui, il dit clairement :

– Je crois que ces marauds veulent que je leur paie ici ma bienvenue et mon *proficiat*. C'est raison. Je vais leur donner le vin, mais ce ne sera que par rys.

Lors, en souriant, il détacha sa belle braguette, et tirant sa mentule en l'air, les compissa si aigrement qu'il en noya deux cent soixante mille quatre cent dix-huit, sans les femmes et petits enfants.

Un certain nombre d'entre eux évita ce pissefort en fuyant à toutes jambes, et, quand ils furent au plus haut de l'Université, suant, toussant, crachant et hors d'haleine, commencèrent à renier et jurer, les uns en colère, les autres par rys : « Carymary, carymara ! Par sainte Marie, nous voilà baignés par rys ! » De là vint depuis la ville nommée *Paris*, laquelle auparavant on appelait Lutèce, c'est-à-dire, en grec, *Blanchette*, pour les blanches cuisses des dames dudit lieu. Et, par autant que à cette nouvelle imposition du nom tous les assistants jurèrent chacun les saints de sa paroisse, les Parisiens, qui sont faits de toutes gens et toutes pièces, sont par nature et bons jureurs et bons juristes, et quelque peu outrecuidants.

Cela fait, Gargantua considéra les grosses cloches qui se trouvaient dans lesdites tours, et les fit sonner bien harmonieusement. Ce que faisant, lui vint en pensée qu'elles serviraient bien de clochettes au cou de sa jument, laquelle il voulait renvoyer à son père toute chargée de fromages de Brie et de harengs frais.

(*Gargantua*, chap. XVII)

Clément MAROT

(1496-1544)

De l'enfance à sa mort, Clément Marot aura vécu sous trois rois : Charles VIII qui avait épousé en 1494 la duchesse Anne de Bretagne, Louis XII de 1498 à 1515, et François Ier de 1515 à 1544.

Son père, Jean Marot, attaché à la reine Anne en qualité de secrétaire, éleva son fils dans la perspective d'en faire son successeur, et, comme il cultivait lui-même l'art de la poésie, d'en faire aussi un poète.

A l'avènement de François Ier, ce double but était atteint : Clément se trouvait au service de Marguerite de Navarre, sœur du roi, elle-même poétesse et auteur d'un livre de nouvelles, L'Heptaméron.

Cette situation filiale semblait devoir assurer au jeune homme de cour une vie exempte de tribulations fâcheuses ; il n'en fut rien ; au contraire : projeté en Italie au hasard des luttes diplomatiques et guerrières, Clément Marot ne résiste pas à l'attrait du protestantisme. Il traduit des Psaumes de David, *dont les amis de Calvin se servent pour leur propagande. Dénoncé à la Sorbonne, il est enfermé au Châtelet, puis libéré grâce à sa protectrice. Il fuira dans le midi de la France, puis en Suisse et en Italie, et reviendra enfin à Paris, non sans avoir abjuré son calvinisme devant l'évêque de Lyon. Pour corriger ce geste – dont il a un peu honte, – il publiera en 1541 une nouvelle traduction des* Psaumes. *D'où une nouvelle fuite nécessaire à Genève, et à Turin, où il meurt en 1544.*

Clément Marot n'aura de cesse, au cours de cette existence mouvementée, de se raconter dans ses poésies, et surtout d'enrichir notre littérature en y introduisant les genres lyriques italiens encore inconnus chez nous : le sonnet, le huitain, l'églogue, tout en cultivant ceux qui florissaient avant lui, entre autres les complaintes, les épigrammes, les poésies libertines. Son goût de l'innovation dans l'écriture lyrique aura non seulement une influence sur la Pléiade, mais aussi chez les classiques (Boileau fera son éloge), et jusqu'au XIXe siècle, chez des poètes comme Mallarmé et Paul Valéry.

M. T.

ÉGLOGUE AU ROI

...Sur le printemps de ma jeunesse folle,
Je ressemblais l'arondelle qui vole
Puis ça, puis là : l'âge me conduisait,
Sans peur ne soin, où le cœur me disait.

...O quantes fois aux arbres grimpé j'ai,
Pour dénicher ou la pie ou le geay,
Ou pour jeter des fruits ja mûrs et beaux
A mes compaings, qui tendent leurs chapeaux !

...Mais maintenant que je suis en l'automne,
Ne sais quel soin inusité m'étonne,
De tel' façon, que de chanter la veine
Devient en moi, non point lasse ne vaine,
Ainsi triste et lente, et certes, bien souvent,
Couché sur l'herbe, à la fraîcheur du vent :
Vois ma musette à un arbre pendue
Se plaindre à moi qu'oisive l'ai rendue.

...Je ne quiers pas (ô bonté souveraine)
Deux mille arpents de pastiz en Touraine,
Ne mille bœufs errants par les herbis
Des monts d'Auvergne, ou autant de brebis.
Il me suffit que mon troupeau préserves
Des loups, des ours, des lyons, des loucerves,
Et moi du froid, car l'yver, qui s'appreste,
A commencé à neiger sur ma teste...

LE BEAU TÉTIN

Tétin refait, plus blanc qu'un œuf,
Tétin de satin blanc tout neuf,
Tétin qui fais honte à la rose,
Tétin plus beau que nulle chose,
Tétin dur, ou pas tétin, voire
Mais petite boule d'ivoire
Au milieu duquel est assise
Une fraise ou une cerise...

DE CELUI QUI NE PENSE QU'EN S'AMIE

Toutes les nuits je ne pense qu'en celle
Qui a le corps plus gent qu'une pucelle
De quatorze ans, sur le point d'enrager :
Et au dedans un cœur, pour abréger,
Autant joyeux qu'eut oncques damoiselle.

Elle a beau teint, un parler de bon zèle,
Et le tétin rond comme une grozelle ;
N'ai-je donc pas bien cause de songer
Toutes les nuits ?

Touchant mon cœur, je l'ai en ma cordelle,
Et son mari n'a sinon le corps d'elle.
Mais toutefois, quand il voudra changer,
Prenne le cœur ; et, pour le soulager,
J'aurai pour moi le gent corps de la belle
Toutes les nuits.

ÉPIGRAMMES
DE MADAME LA DUCHESSE D'ALENÇON

Ma maîtresse est de si haute valeur,
Qu'elle a le corps droit, beau, chaste et pudique ;
Son cœur constant n'est pour heur, ou malheur,
Jamais trop gai, ni trop mélancolique.
Elle a au chef un esprit angélique,
Le plus subtil qui onc aux cieux vola.
O grand merveille ! on peut voir par cela
Que je suis serf d'un monstre fort étrange :
Monstre je dis, car, pour tout vrai, elle a
Corps féminin, cœur d'homme et tête d'ange.

DE SOI-MÊME

Plus ne suis ce que j'ai été
Et ne le saurais jamais être ;
Mon beau printemps et mon été
Ont fait le saut par la fenêtre.
Amour, tu as été mon maître :
Je t'ai servi sur tous les dieux.
O si je pouvais deux fois naître,
Comme je te servirais mieux !

Ambroise PARÉ

(1510-1590)

Voilà un nom qui a franchi quatre siècles. Ambroise Paré compte parmi les grands de la médecine, au même titre qu'Hippocrate et Galien. Il avait seize ans lorsque Montaigne est né. N'oublions pas que celui-ci n'a commencé à parler le français qu'à l'âge de cinq ans ; sa langue maternelle fut le latin. La page d'Ambroise Paré, extraite du Discours de la Licorne, *n'en est que plus remarquable, qui traite de la noblesse de la langue française et de son efficacité à éclairer la science médicale. Il faudra attendre un siècle, dans l'ordre de la philosophie, pour célébrer l'audace de Descartes écrivant son* Discours de la Méthode *(1637) en français de préférence au latin.*

Ambroise Paré aura donc été un vrai précurseur dans le secteur linguistique.

Il était né à Laval, en 1510. La chirurgie a été sa vocation première ; c'est d'ailleurs souvent le cas pour les adeptes de cette discipline. Et nous le trouvons maître-chirurgien à l'hôtel-Dieu de Paris.

L'époque, si riche en hostilités, offre aux chirurgiens

l'occasion constante d'exercer leur art ! Ambroise Paré traverse les règnes de François Ier, Henri II, François II, Charles IX, Henri III. Non seulement il perfectionne sa méthode, mais encore il veut que son travail expérimental serve de base à un développement de l'art médical. Il rédige plusieurs ouvrages :

– Méthode de traiter les plaies faites par arquebuses et autres bâtons à feu *(1545).*

– Dix livres de chirurgie, avec le magasin des instruments nécessaires à icelle *(1564),*

– Apologie et Voyages *(1575),*

– Discours de la Licorne *(1579).*

Dans la première moitié du XVIe *siècle, un autre médecin illustre la langue française, notre merveilleux Rabelais. Son intention initiale diffère de celle d'Ambroise Paré : il entend donner « un peu de soulagement aux affligés », tout en conseillant à ses lecteurs : « Faut ouvrir le livre (*Gargantua, *1535) et soigneusement peser ce qui est déduit. Lors connaîtrez que la drogue dedans contenue est bien d'autre valeur que ne promettait la boîte... Vous convient rompre l'os et sucer la substantifique moelle ».*

Ambroise Paré navigue, si je puis dire, entre Montaigne et Rabelais. Nous devons être fiers de ce trio remarquable et si utile à l'épanouissement de notre langue !

M. T.

LA MÉDECINE ET LE FRANÇAIS

Les médecins disent que je ne devais pas écrire en français, et que par ce moyen la médecine en serait tenue à mépris : ce qui me semble le contraire, car ce que j'en ai fait est plutôt pour la magnifier et l'honorer. Mais qui est celui qui pourrait anéantir et dénigrer une doctrine tant insigne et précieuse, ayant été relevée et enseignée de Dieu, et traitée des plus savants personnages qui oncques furent vivants sous le ciel ? Et faut entendre que les sciences, tant plus elles sont connues de plusieurs, tant plus elles sont louées : vu que science et vertu n'ont plus grand ennemi qu'ignorance. Davantage, je demanderais volontiers si la philosophie d'Aristote, la médecine du divin Hippocrate et de Galien, ont été obscurcies et amoindries pour avoir été traduites du grec en latin ou en langage arabique, ainsi que firent Averroès, Aephadius et autres Arabes soigneux de leur république. Avicenne, prince de la médecine arabique, n'a-t-il pas traduit plusieurs livres de Galien en son jargon, au moyen de quoi la médecine a été décorée en son pays d'Arabie ? Pourquoi semblablement ne me sera-t-il pas permis d'écrire en ma langue française, laquelle est autant noble que toute autre étrangère ?

(Extrait du *Discours de la Licorne*)

LE CHIEN ENRAGÉ

Lorsqu'il voit de l'eau, il tremble et la craint, et a une horripilation, c'est-à-dire que le poil lui dresse. Il a les yeux rouges et fort flamboyants, et renversés, avec un regard véhément, fixe et horrible, regardant de travers. Il porte sa tête fort bas et la tourne de côté. Il ouvre sa gueule et tire la langue, qu'on voit livide et noire, halète, et jette grande quantité de bave écumeuse ; et plusieurs autres humidités découlent de son nez. Il chemine en crainte, tantôt à dextre, tantôt à senestre, comme s'il était ivre, et tombe souvent en terre. Lorsqu'il voit quelque forme, il court à l'encontre pour l'assaillir, soit que ce soit une muraille, ou un arbre, ou quelque animal qu'il rencontre. Les autres chiens le fuient et le sentent de loin : et s'il s'en trouve quelqu'un près de lui, il le flatte et lui obéit, et tâche à se dérober et fuir de lui, encore qu'il soit plus grand et plus fort. Il ne boit ni ne mange : il est du tout muet, c'est-à-dire qu'il n'aboie point ; a les oreilles pendantes et la queue retirée entre les cuisses ; il regarde de travers, et plus tristement que de coutume ; il mord également bêtes et gens, tant domestiques et familiers qu'étrangers, et ne connaît aucunement son maître, ni à la maison où il a été nourri, parce que l'humeur mélancolique lui trouble tous les sens. Ce qui advient autant aux hommes qui sont vexés de telle humeur mélancolique : car ils tuent quelquefois leurs père, mère, femme ou enfants, et souventes fois eux-mêmes.

Louise LABÉ

(1522-1566)

Ces poésies ont une telle ardeur qu'on pourrait croire qu'elles datent de notre fin du XXe siècle, où les sentiments se prêtent à l'audace d'expression des écrivains. Pourtant Louise Labé est née au XVIe siècle, un peu après l'année 1520. On ne connaît pas la date exacte de sa naissance. Certains historiens indiquent 1522, d'autres 1524 ou 1526.

Son père, riche cordier, vivait à Parcieux, dans l'Ain. Ses affaires étaient prospères, et il fit donner à sa fille une instruction sérieuse. Louise apprit le latin, l'italien, la musique. Tout naturellement, elle épousera, très jeune, un cordier de Lyon, Ennemonde Perrin. Est-ce lui qu'elle aurait suivi, déguisée en « capitaine Loys », à Perpignan pour participer au siège de la ville, ou le roi de France Henri II, lui-même ? Rien de moins certain, mais cette légende convient à une âme aussi passionnée.

En tout cas, on la connut bientôt pour ses poèmes – des élégies et des sonnets –, qu'on recopiait avec ferveur, et qui furent publiés en 1555. Un an plus tard, elle mourut, léguant une grande partie de sa fortune aux pauvres.

Outre les trois élégies et les vingt-quatre sonnets – dont un en italien –, elle a laissé un Débat de Folie et d'Amour *qui contient cinq discours.*

Le grand historien de la poésie française qu'est Robert Sabatier, de l'Académie Goncourt, a fort bien défini l'art de Louise Labé : « Dans chaque sonnet, elle sait trouver un équilibre entre ses appels charnels et son sens artistique. Dans ces poèmes nés d'une véhémence amoureuse et d'une angoisse tragique, jamais de désordre : l'architecture est à la fois dure et souple comme un muscle ».

Tous les poètes, tous les historiens des lettres françaises l'ont célébrée et placée au plus haut rang. Marceline Desbordes-Valmore l'appelle « la nymphe ardente du Rhône », et Paul Guth, dans son Histoire de la Littérature, *résume à sa manière lyrique notre impression : « Les vingt-quatre sonnets de Louise Labé reproduisent les palpitations du corps amoureux. Pour les réciter, la bouche modèle la forme des baisers, le cœur s'affole ». On ne saurait mieux dire.*

M. T.

QUATRE SONNETS

Je vis, je meurs, je me brule et me noye.
J'ay chaut estrème en endurant froidure :
La vie m'est et trop molle et trop dure.
J'ay grans ennuis entremeslez de joye :

Tout à un coup je ris et je larmoye,
Et en plaisir maint grief tourment j'endure :
Mon bien s'en va, et à jamais il dure :
Tout en un coup je seiche et je verdoye.

Ainsi Amour inconstamment me meine :
Et quand je pense avoir plus de douleur,
Sans y penser je me treuve hors de peine.

Puis quand je croy ma joye estre certeine,
Et estre au haut de mon désiré heur,
Il me remet en mon premier malheur.

*
**

Tout aussi tôt que je commence à prendre
Dens le mol lit le repos désiré,
Mon triste esprit hors de moy retiré
S'en va vers toy incontinent se rendre.

Lors m'est avis que dedans mon sein tendre
Je tiens le bien, où j'ay tant aspiré,
Et pour lequel j'ay si haut souspiré,
Que de sanglots ay souvent cuidé fendre.

O dous sommeil, ô nuit à moy heureuse !
Plaisant repos, plein de tranquilité,
Continuez toutes les nuiz mon songe :

Et si jamais ma povre ame amoureuse
Ne doit avoir de bien en vérité,
Faites au moins qu'elle en ait en mensonge.

*
**

Predit me fut, que devoit fermement
Un jour aymer celui dont la figure
Me fut descrite : et sans autre peinture
Le reconnu quand vy premierement :

Puis le voyant aymer fatalement,
Pitié je pris de sa triste aventure :
Et tellement je forçay ma nature
Qu'autant que lui aymay ardentement.

Qui n'ust pensé qu'en faveur devoit croître
Ce que le Ciel et destins firent naître ?
Mais quand je voy si nubileus aprets,

Vents si cruels et tant horrible orage :
Je croy qu'estoient les infernaux arrets,
Qui de si loin m'ourdissoient ce naufrage.

⁂

Las ! que me sert, que si parfaitement
Louas jadis et ma tresse dorée,
Et de mes yeus la beauté comparée
A deus Soleils, dont Amour finement

Tira les trets causes de ton tourment ?
Où estes vous, pleurs de peu de durée ?
Et Mort par qui devoit estre honorée
Ta ferme amour et iteré serment ?

Donques c'estoit le but de ta malice
De m'asservir sous ombre de service ?
Pardonne moy, Ami, à cette fois,

Estant outrée et de despit et d'ire :
Mais je m'assur', quelque part que tu sois,
Qu'autant que moy tu soufres de martire.

(*Sonnets*)

DU BELLAY

(1522-1560)

Quand un poète meurt à trente-huit ans, on ne peut se défendre d'éprouver un grand regret s'il a laissé plus que des promesses, – ce qui est bien le cas de Joachim du Bellay. Des regrets qui s'apparentent à ceux que nous inspirent des musiciens comme Mozart, mort à trente-cinq ans, ou Schubert, disparu à trente et un ans. Le rapprochement s'impose d'autant plus qu'il y a parenté de création entre musique et poésie.

L'existence s'était pourtant présentée, au départ, à Joachim du Bellay sous d'heureux auspices : né en 1522 dans une famille aristocratique à Liré en Anjou, le destin l'a d'abord favorisé en lui faisant rencontrer Ronsard dans une auberge sur la route de Poitiers. Il le rejoindra à Paris, chez le savant Dorat qui dirige le fameux collège Coqueret. La Pléiade est là : Antoine de Baïf, Rémi Belleau, Jodelle, etc.

Du Bellay a vingt-sept ans ; il s'offre à tenir la plume pour le manifeste du groupe : Défense et illustration de la langue française.

« Donne-moi, dit-il à son lecteur, ces beaux sonnets,

plaisante invention italienne ». Il prêche d'exemple et publie un recueil de ses propres sonnets.

Pendant quatre ans, il accompagnera son cousin, le cardinal du Bellay, ambassadeur à Rome. C'est encore une chance ! Mais sa santé le trahira. Quand il revient en France, il est obligé de vivre en reclus.

La poésie reste son ultime recours, et, comme il le dit lui-même, « mes vers ont été mes plus sûrs secrétaires ». Qu'il leur confie ses amours, ses ambitions, ou ses regrets, ce furent des interprètes parfaits. Ce sont eux qui ont assuré à du Bellay la place si vivante qu'il occupe et occupera sans doute à jamais dans notre littérature.

M. T.

SONNETS

Heureux qui, comme Ulysse, a fait un beau voyage,
Ou comme celui-là qui conquit la toison,
Et puis est retourné, plein d'usage et raison,
Vivre entre ses parents le reste de son âge.

Quand reverrais-je, hélas !, de mon petit village
Fumer la cheminée, et en quelle saison
Reverrai-je le clos de ma pauvre maison,
Qui m'est une province et beaucoup davantage !

Plus me plaît le séjour qu'ont bâti mes aïeux,
Que des palais romains le front audacieux :
Plus que le marbre dur me plaît l'ardoise fine,

Plus mon Loire gaulois que le Tibre latin,
Plus mon petit Liré que le mont Palatin,
Et plus que l'air marin la douceur angevine.

***

France, mère des arts, des armes et des lois,
Tu m'as nourri longtemps du lait de ta mamelle :
Ores, comme un agneau que sa nourrice appelle,
Je remplis de ton nom les antres et les bois.

Si tu m'as pour enfant avoué quelquefois,
Que ne me réponds-tu maintenant, ô cruelle ?
France, France, réponds à ma triste querelle.
Mais nul, sinon Écho, ne répond à ma voix.

Entre les loups cruels j'erre parmi la plaine,
Je sens venir l'hiver, de qui la froide haleine
D'une tremblante horreur fait hérisser ma peau.

Las, tes autres agneaux n'ont faute de pâture,
Ils ne craignent le loup, le vent, ni la froidure :
Si ne suis-je pourtant le pire du troupeau.

***

Maintenant je pardonne à la douce fureur
Qui m'a fait consumer le meilleur de mon âge,
Sans tirer autre fruit de mon ingrat ouvrage,
Que le vain passetemps d'une si longue erreur.

Maintenant je pardonne à ce plaisant labeur,
Puisque seul il endort le souci qui m'outrage,
Et puisque seul il fait qu'au milieu de l'orage,
Ainsi qu'auparavant je ne tremble de peur.

Si les vers ont été l'abus de ma jeunesse,
Les vers seront aussi l'appui de ma vieillesse :
S'ils furent ma folie, ils seront ma raison ;

S'ils furent ma blessure, ils seront mon Achille,
S'ils furent mon venin, le scorpion utile
Qui sera de mon mal la seule guérison.

***

Je ne veux point fouiller au sein de la nature,
Je ne veux point chercher l'esprit de l'univers,
Je ne veux point sonder les abîmes couverts,
Ni dessiner du ciel la belle architecture.

Je ne peins mes tableaux de si riche peinture,
Et si hauts arguments ne recherche à mes vers ;
Mais suivant de ce lieu les accidents divers,
Soit de bien, soit de mal, j'écris à l'aventure.

Je me plains à mes vers, si j'ai quelque regret ;
Je me ris avec eux, je leur dis mon secret,
Comme étant de mon cœur les plus sûrs secrétaires.

Aussi ne veux-je tant les peigner et friser,
Et de plus braves noms ne les veux déguiser
Que de papiers journaux, ou bien de commentaires.

(*Poésies*)

Pierre de RONSARD

(1524-1585)

Pour bien apprécier Pierre de Ronsard, il faut d'abord le situer par rapport aux écrivains de son époque : Montaigne, né en 1533, dont Les Essais *parurent en 1580, Joachim du Bellay, dont le premier recueil date de 1549. Et afin de mieux goûter son style, disons qu'il est en quelque sorte encadré par Rabelais, né vers 1494, et Descartes, né en 1596. Rabelais s'illustre en 1532 par ses* Chroniques de Gargantua, *et Descartes par son* Discours de la Méthode *en 1637. Ce dernier ouvrage était en réalité le premier essai philosophique qu'on avait osé écrire en français courant !*

Saluons d'un grand coup de chapeau Ronsard, poète de cour, mais aussi chef de file avec du Bellay de cette Pléiade *à qui nous devons le manifeste de* La Défense et illustration de la langue française.

Il s'agissait de rien moins que de libérer le français du latin.

Le groupe s'appela d'abord du nom plus combatif de la Brigade *: il comprenait, outre Ronsard, Jean*

Dorat, le principal du collège Coqueret à Paris, humaniste éminent, le maître de l'École, Rémi Belleau, Antoine de Baïf, Jodelle, et du Bellay, qui tint la plume pour rédiger le manifeste commun :

« Notre langue ne doit pas être déprisée, même de ceux auxquels elle est presque naturelle, et qui en rien ne sont moindres que les Grecs et les Romains. »

Ainsi Ronsard mérite de figurer au rang de nos libérateurs, les vrais, ceux qui ont donné à la langue française ses lettres de noblesse. Et l'on sait fort bien que ces lettres-là sont l'acte de baptême d'un grand pays.

Ce fut si profondément vrai qu'un Montaigne, pourtant né en 1533, dix années après Ronsard, eut pour langue maternelle le latin et ne commença à apprendre le français que dans le dialecte périgourdin. Nous l'avons échappé belle : on frémit en pensant que les Essais *auraient pu être écrits en latin, tout comme le* Discours de la méthode *courut le même risque !*

Oui, il faut rendre grâce aux poètes, et particulièrement à Ronsard dont l'œuvre lyrique immense sut conquérir les suffrages de tous les esprits cultivés de son temps, non seulement en France, mais dans tout l'espace européen.

M.T.

BAISER

Quand hors de tes lèvres décloses
Comme entre deux fleuris sentiers,
Je sens ton haleine de roses,
Les miennes les avant-portiers
Du baiser se rougissent d'aise,
Et de mes souhaits tous entiers
Me font jouir quand je te baise.
Car l'humeur du baiser apaise,
S'écoulant au cœur peu à peu,
Cette chaude amoureuse braise,
Dont tes yeux allumaient le feu.

SONNET

Vous êtes déjà vieille, et je le suis aussi,
Joignons notre vieillesse et l'accollons ensemble,
Et faisons d'un hiver qui de froidure tremble,
Autant que nous pourrons, un printemps adouci.
Un homme n'est point vieil s'il ne le croit ainsi ;
Vieillard n'est qui ne veut ; qui ne veut, il assemble
Une nouvelle trame à sa vieille, et ressemble
Un serpent rajeuni quand l'an retourne ici.
Otez-moi de ce fard l'impudente encrousture ;
On ne saurait tromper la loi de la nature,
Ni dérider un front condamné du miroir,
Ni durcir un tétin déjà pendant et flasque.
Le Temps de votre face arrachera le masque,
Et deviendra un cygne au lieu d'un corbeau noir.

LES AMOURS DE MARIE

Je reçois plus de joie à regarder vos yeux,
Qu'à boire, qu'à manger, qu'à dormir, ni qu'à faire
Chose qui soit à l'âme ou au corps nécessaire,
Tant de votre regard je suis ambitieux.

Pour ce ni froid hiver, ni été chaleureux
Ne me peut empêcher que je n'aille complaire
A ce cruel plaisir, qui me rend tributaire
De vos yeux qui me sont si doux et rigoureux.

Marie, vous avez de vos lentes œillades
Gâté de mes deux yeux les lumières malades,
Et si ne vous chaut point du mal que m'avez fait,

Ou guérissez mes yeux, ou confessez l'offense :
Si vous la confessez, je serai satisfait,
Me donnant un baiser pour toute récompense.

LES AMOURS D'HÉLÈNE

Quand vous serez bien vieille, au soir à la chandelle,
Assise auprès du feu, dévidant et filant,
Direz chantant mes vers, en vous émerveillant :
Ronsard me célébrait du temps que j'étais belle.

Lors vous n'aurez servante oyant telle nouvelle,
Déjà sous le labeur à demi sommeillant,
Qui au bruit de mon nom ne s'aille réveillant,
Bénissant votre nom, de louange immortelle.

Je serai sous la terre et fantôme sans os
Par les ombres myrteux je prendrai mon repos ;
Vous serez au foyer une vieille accroupie,

Regrettant mon amour et votre fier dédain.
Vivez, si m'en croyez, n'attendez à demain :
Cueillez dès aujourd'hui les roses de la vie.

(*Poésies*)

MONTAIGNE

(1533-1592)

Montaigne approche de la quarantaine lorsqu'il entreprend d'écrire ses Essais. *C'est l'année de la Saint-Barthélemy, 1572. Jusque-là, il a vécu en gentilhomme. Conseiller à la Cour des Aides de Périgueux, puis au Parlement de Bordeaux. Volontiers voyageur, adversaire de la violence, il a goûté à l'amitié la plus vive. Après la mort de son ami La Boétie et celle de son père, il vend sa charge de conseiller, aménage dans son château une pièce qu'il appelle sa « librairie », pour y lire et s'y reposer en méditant sur sa condition d'homme. Aux poutres du plafond, il a fait graver des phrases comme celles-ci :*

– Notre esprit divague dans les ténèbres, et, aveugle, il ne peut connaître le vrai.

– Tout, et le ciel, et la terre et les eaux, ne sont rien auprès de l'immensité.

– L'homme élève sa pensée, mais il reste mortel.

– Que sais-je ?

Il y en a plus de cinquante, en grec et en latin.

Je l'imagine dans l'épaisseur de sa tour ; il avait fait

creuser une niche au-dessus de la fenêtre ; et on a eu raison de laisser là une carcasse de grand fauteuil – le sien sans doute –, un fauteuil à haut dossier légèrement incliné. Assis, replié sur lui-même, enfoui, l'hiver, sous les couvertures car la pièce ne pouvait être chauffée, il ne voyait, levant les yeux, que le rectangle de ciel découpé par la fenêtre.

Quiconque visitera la tour de Montaigne ne pourra s'empêcher de voir l'homme, le sage, présent dans ce vide, la tête appuyée au dossier, avec son masque de mandarin chinois tel que le représente une célèbre gravure. Quand il ne regardait pas le ciel, il lisait. Et il méditait dans le silence. Sans doute avait-il soin de noter telle ou telle réflexion qui lui venait à l'esprit. L'ensemble de ces notes, souvent toutes simples, naturelles, forment ce livre qu'il a intitulé Essais, *c'est-à-dire ses* épreuves.

Sa conclusion ? Il nous la donne de la manière la plus lucide, la plus naïve, mais aussi la plus émouvante : « Les plus belles vies sont, à mon gré, celles qui se rangent au modèle commun et humain, avec ordre, mais sans miracle et sans extravagance ».

M.T.

DES RAPPORTS ENTRE LES PARENTS ET LES ENFANTS

Je condamne toute violence en l'éducation d'une âme tendre, qu'on dresse pour l'honneur et la liberté. Il y a je ne sais quoi de servile en la rigueur et en la contrainte ; et je tiens que ce qui ne peut se faire par la raison et par prudence et adresse, ne se fait jamais par la force. On m'a ainsi élevé. Ils disent qu'en tout mon premier âge je n'ai tâté des verges qu'à deux coups, et mollement. J'ai rendu la pareille aux enfants que j'ai eus ; ils me meurent tous en nourrice ; mais Léonore, une seule fille qui est échappée à cet infortune, a atteint six ans et plus sans qu'on ait employé à sa conduite et pour le châtiment de ses fautes puériles, l'indulgence de sa mère s'y appliquant aisément, autre chose que paroles, et bien douces. Et quand mon désir y serait frustré, il est assez d'autres causes auxquelles nous prendre, sans entrer en reproche avec ma discipline, que je sais être juste et naturelle. J'eusse été beaucoup plus scrupuleux encore en cela envers des mâles, moins nés à servir et de condition plus libre ; j'eusse aimé à leur grossir le cœur d'ingénuité et de franchise. Je n'ai vu autre effet aux verges, sinon de rendre les âmes plus lâches ou plus malicieusement opiniâtres.

Voulons-nous être aimés de nos enfants ? leur voulons-nous ôter l'occasion de souhaiter notre mort ? Accommodons leur vie raisonnablement de ce qui est en notre puissance. Pour cela, il ne faudrait pas nous marier si jeunes que notre âge vienne quasi à se confondre avec le leur. Car cet inconvénient nous jette dans plusieurs grandes difficultés. Je le dis spécialement à la noblesse, qui est d'une condition oisive et qui ne vit, comme on dit, que de ses rentes. Car ailleurs, où la vie doit être gagnée, la pluralité et compagnie des enfants, c'est un agencement de ménage, ce sont autant de nouveaux outils et instruments à s'enrichir.

Je me mariai à trente-trois ans et tiens pour favorable le choix de trente-cinq, qu'on dit être d'Aristote. Platon ne veut pas qu'on se marie avant les trente ; mais il a raison de se moquer de ceux qui font les œuvres de mariage après cinquante-cinq ; et condamne leur engeance indigne d'aliment et de vie…

Les anciens Gaulois estimaient à extrême reproche d'avoir eu accointance de femme avant l'âge de vingt ans, et recommandaient singulièrement aux hommes qui se voulaient dresser pour la guerre, de conserver bien avant en l'âge leur pucelage, d'autant que les courages s'amolissent et divertissent par l'accouplage des femmes...

En certaine contrée des Indes espagnoles, on ne permettait aux hommes de se marier qu'après quarante ans, et pourtant on le permettait aux filles à dix ans.

Un gentilhomme qui a trente-cinq ans, il n'est pas temps qu'il fasse place à son fils qui en a vingt ; il est lui-même au train de paraître et aux voyages des guerres et en la cour de son Prince ; il a besoin de ses ressources et en doit certainement faire part, mais telle part qu'il ne s'oublie pas pour autrui...

J'essayerai, par une douce conversation, de nourrir en mes enfants une vive amitié et bienveillance non feinte en mon endroit, ce qu'on gagne aisément en une nature bien née ; car si ce sont bêtes furieuses comme notre siècle en produit à foison, il les faut haïr et fuir pour telles. Je veux mal à cette coutume d'interdire aux enfants l'appellation paternelle et leur en enjoindre une étrangère, comme plus respectueuse, nature n'ayant volontiers pas suffisamment pourvu à notre autorité ; nous appelons Dieu tout-puissant père, et dédaignons que nos enfants nous appellent ainsi. C'est aussi injustice et folie de priver les enfants qui sont en âge de la familiarité des pères, vouloir maintenir en leur endroit une morgue austère et dédaigneuse, espérant par là les tenir en crainte et obéissance. Car, c'est une farce très inutile qui rend les pères ennuyeux aux enfants et, qui pis est, ridicules. Ils ont la jeunesse et les forces en la main, et par conséquent le vent et la faveur du monde ; et reçoivent avec moquerie ces mines fières et tyranniques d'un homme qui n'a plus de sang ni au cœur, ni aux veines, vrais épouvantails de chenevière. Quand je pourrai me faire craindre, j'aimerais encore mieux me faire aimer.

Il y a tant de sortes de défauts en la vieillesse, tant d'impuissance ; elle est si propre au mépris, que la meilleure acquisition qu'elle puisse faire, c'est l'affection et amour des siens : le commandement et la crainte, ce ne sont plus ses armes.

(*Essais*)

BRANTÔME

(1540-1614)

Il s'appelait Pierre de Bourdeille, mais comme il fut abbé et seigneur de l'abbaye de Brantôme en Gascogne, les libraires choisirent de préférence ce patronyme pour l'auteur du livre sur les Dames.

Élevé au château de Bourdeille, notre gentilhomme n'a qu'un désir, au sortir de l'adolescence : voir le monde, ce qui était l'un des privilèges des aristocrates. Il parcourt ainsi l'Espagne, l'Italie, le Portugal, l'Angleterre, l'Écosse, et même Malte et le Maroc, participant aux joutes guerrières des princes contre les Barbares.

A son retour en France, il prend place parmi les courtisans pensionnés de Charles IX, second fils de Henri II. A la mort de ce roi, en 1574, commence le règne de Henri III. Pierre de Bourdeille a entrepris d'écrire des Mémoires, qui devraient constituer, dans sa pensée, une sorte d'essai sur les mœurs de son temps, à travers les anecdotes recueillies un peu partout, au hasard de ses séjours dans les cours qu'il fréquente.

A la différence des autres mémorialistes qui se veulent volontiers historiens, notre gentilhomme gascon entend que ses historiettes tournent autour d'un axe nettement défini dans les titres des chapitres :

– Premier discours sur les dames qui font l'amour et leurs maris cocus.

– Deuxième discours sur le sujet qui contente plus les amours ou le toucher, ou la vue, ou la parole.

– Troisième discours sur la beauté de la belle jambe et la vertu qu'elle a.

– Sixième discours sur ce qu'il ne faut jamais parler mal des dames et la conséquence qui en vient. Etc.

Pour nous, l'agrément de cette lecture vient surtout de la façon de raconter. Nos aïeux avaient une franchise de langage qui nous surprend même lorsqu'elle est utilisée avec distinction par un Rabelais ou un Montaigne, entre autres. Brantôme, tout naturellement, emploie un langage simple, précis, plus parlé qu'écrit, car il obéit à la nécessité de se faire entendre d'abord par le truchement d'un lecteur public. La divulgation de ses livres par l'imprimerie n'a vraiment été efficace qu'au moment où ils ont été publiés en Hollande, à Leyde, en 1666, sous le titre Vies des dames galantes. *Mais Brantôme, lui, était mort depuis plus de cinquante ans.*

Leur publication s'est poursuivie en France tout au long des XIX*e et* XX*e siècles. Les lettrés français y ont pris goût, comme à un plat de hors-d'œuvre où les crudités gardent leurs saveurs d'épices.*

M. T.

TROISIÈME DISCOURS SUR LA BEAUTÉ DE LA BELLE JAMBE ET LA VERTU QU'ELLE A

Entre plusieurs belles beautés que j'ai vu louer quelquefois parmi nous autres courtisans, et autant propres à attirer à l'amour, c'est qu'on estime fort une belle jambe à une belle dame ; dont j'ai vu plusieurs dames en avoir gloire, et soin de les avoir et entretenir belles. Entre autres, j'ai entendu raconter d'une très grande princesse que j'ai connue, laquelle aimait une de ses dames par-dessus toutes les siennes, et la favorisait par-dessus les autres, seulement parce qu'elle lui tirait ses chausses si bien tendues et mettait si proprement la jarretière, et mieux que toute autre ; de sorte qu'elle était fort avancée auprès d'elle ; même lui fit de bons biens. Et par ainsi, sur cette curiosité d'entretenir sa jambe ainsi belle, faut penser que ce n'était point pour la cacher sous sa jupe, mais pour en faire parade quelquefois avec de beaux caleçons de toile d'or et d'argent, ou d'autre étoffe, très proprement et mignonnement faits, qu'elle portait d'ordinaire.

Je sais un gentilhomme fort galant et honnête qui, pour avoir vu à Reims, au sacre du roi dernier, la belle jambe, chaussée d'un bas de soie blanc, d'une belle et grande dame veuve et de haute taille, par-dessous les échafauds que l'on fait pour les dames à voir le sacre, en devint si épris que depuis il pensa désespérer d'amour ; et ce que n'avait pu faire le beau visage, la belle jambe le fit ; aussi cette dame méritait bien en toutes ses belles parties de faire mourir un honnête gentilhomme. J'en ai tant connu d'autres pareils en cet humeur !

Tant y a, pour finir, la montre d'une belle jambe et d'un beau pied est fort dangereuse à ensorceler les yeux lascifs à l'amour, et m'étonne que plusieurs bons écrivains, tant de nos poètes qu'autres, n'en ont écrit des louanges comme ils ont fait d'autres parties de leur corps. De moi, j'en eusse écrit davantage ; mais j'aurais peur, pour trop louer ces parties du corps, que l'on m'objectât que je ne me souciasse guère des autres, et aussi qu'il me faut écrire d'autres sujets...

Je termine donc par ce petit mot : « Pour Dieu, Mesdames, ne soyez si curieuses à vous faire paraître grandes de taille et vous montrer autres, que vous n'advisiez à la beauté de vos jambes, lesquelles vous avez belles, au moins aucunes ; mais vous en gâtez le lustre par ces hauts patins et grands chevaux. Certes, il vous en faut bien ; mais si démesurément, vous en dégoûtez le monde plus que vous ne pensez ».

Sur ce discours louera qui voudra les autres beautés de la dame, comme ont fait plusieurs poètes ; mais une belle jambe et un beau pied ont une grande faveur et pouvoir à l'empire d'amour.

(*Vies des dames galantes*)

François de MALHERBE

(1555-1628)

Une fois pour toutes, Boileau lui a assuré une place dans notre littérature en lançant son fameux

Enfin Malherbe vint, et le premier en France
Fit sentir dans les vers une juste cadence.

Malherbe avait, en effet, prononcé en quelque sorte l'oraison funèbre de la Pléiade, en particulier celle de Ronsard. Le poète des Amours de Cassandre *ne ressuscitera que deux siècles plus tard quand un autre critique, Sainte-Beuve, le révélera aux Français de 1828, dans son* Tableau de la poésie française au XVIe siècle.

En désirant plus de rigueur dans la forme et l'orientation vers des œuvres plus ambitieuses, Malherbe ouvrit l'ère classique. Il eut une sorte d'intuition divinatoire, car il n'a connu aucun des grands qui allaient illustrer le siècle de Louis XIV.

Peu d'écrivains demeurent aussi énigmatiques : sa vie fut celle d'un courtisan, ce qui, en ce temps-là, pouvait constituer un métier mondain. Mais sur le plan affectif, le sort ne lui a guère été favorable : son seigneur, le duc d'Angoulême, est assassiné ; il se marie et deux de ses enfants meurent ; le troisième tuera en duel un bourgeois d'Aix-en-Provence et sera condamné à mort. Malherbe réussit à le faire grâcier au bout de deux ans d'efforts et de supplice moral. Libéré, ce fils ne retrouvera pas son équilibre et périra à son tour dans une bagarre avec des voyous. Le père criera vengeance et son cri sera celui d'un homme à bout de forces physiques et morales :

Je suis vaincu du temps, je cède à ses outrages :
Mon esprit seulement, exempt de sa rigueur,
A de quoi témoigner en ses derniers ouvrages
Sa première vigueur.

Dès lors, on peut, semble-t-il, comprendre ses positions parfois contradictoires : la foi en Dieu :

Vouloir ce que Dieu veut, est la seule science
Qui nous met en repos.

...la résignation devant la mort, et sa confiance dans son propre génie : « Ce que Malherbe écrit, dure éternellement ». *Attitude d'artiste dont nous trouverons l'écho chez Corneille :* « Je sais ce que je vaux et crois ce qu'on m'en dit ».

En reniant le caractère confidentiel des poésies de Ronsard, Malherbe ne s'est-il pas fourvoyé, lui qui écrit :

« Et de toutes les douleurs, la douleur la plus grande
C'est qu'il faut laisser nos amours... ? »

Qu'il le veuille ou non, l'écrivain, et surtout le poète, reste à l'écoute du cœur. Sur ce chapitre, les classifications s'effacent : il n'y a plus de classiques, de romantiques, de surréalistes. Comme le dit Pascal : « Quand on voit le style naturel, on est tout étonné et ravi, car on s'attendait à voir un auteur et on trouve un homme. »

M. T.

PARAPHRASE D'UN PSAUME

N'espérons plus, mon âme, aux promesses du monde ;
Sa lumière est un verre, et sa faveur une onde
Que toujours quelque vent empêche de calmer.
Quittons ces vanités, lassons-nous de les suivre ;
C'est Dieu qui nous fait vivre,
C'est Dieu qu'il faut aimer.

En vain, pour satisfaire à nos lâches envies,
Nous passons près des rois tout le temps de nos vies
A souffrir des mépris et ployer les genoux.
Ce qu'ils peuvent n'est rien ; ils sont comme nous [sommes,
Véritablement hommes,
Et meurent comme nous.

Ont-ils rendu l'esprit, ce n'est plus que poussière
Que cette majesté si pompeuse et si fière
Dont l'éclat orgueilleux étonne l'univers ;
Et dans ces grands tombeaux où leurs âmes hautaines
Font encore les vaines,
Ils sont mangés des vers.

Là se perdent ces noms de maîtres de la terre,
D'arbitres de la paix, de foudres de la guerre ;
Comme ils n'ont plus de sceptre, ils n'ont plus de [flatteurs ;
Et tombent avec eux d'une chute commune
Tous ceux que leur fortune
Faisait leurs serviteurs.

STANCES A M. DU PÉRIER
SUR LA MORT DE SA FILLE

Ta douleur, du Périer, sera donc éternelle,
Et les tristes discours
Que te met en l'esprit l'amitié paternelle
L'augmenteront toujours ?

Le malheur de ta fille au tombeau descendue
Par un commun trépas,
Est-ce quelque dédale, où ta raison perdue
Ne se retrouve pas ?

Je sais de quels appas son enfance était pleine,
Et n'ai pas entrepris,
Injurieux ami, de soulager ta peine
Avecque son mépris.

Mais elle était du monde, où les plus belles choses
Ont le pire destin ;
Et rose, elle a vécu ce que vivent les roses,
L'espace d'un matin.

Puis quand ainsi serait, que selon ta prière,
Elle aurait obtenu
D'avoir en cheveux blancs terminé sa carrière,
Qu'en fût-il advenu ?

Penses-tu que, plus vieille, en la maison céleste
Elle eût eu plus d'accueil ?
Ou qu'elle eût moins senti la poussière funeste
Et les vers du cercueil ?

Non, non, mon du Périer, aussitôt que la Parque
Ote l'âme du corps,
L'âge s'évanouit au deçà de la barque,
Et ne suit point les morts...

La Mort a des rigueurs à nulle autre pareille ;
On a beau la prier,

La cruelle qu'elle est se bouche les oreilles,
Et nous laisse crier.

Le pauvre en sa cabane, où le chaume le couvre,
Est sujet à ses lois ;
Et la garde qui veille aux barrières du Louvre
N'en défend point nos rois.

De murmurer contre elle, et perdre patience,
Il est mal à propos,
Vouloir ce que Dieu veut, est la seule science
Qui nous met en repos.

(*Poésies*)

DESCARTES

(1596-1650)

Descartes, né en 1596 à La Haye, sur la rive droite de la Creuse, a fait ses études au collège de La Flèche, l'une des plus « célèbres écoles de l'Europe », puis il les termine en 1616 à l'université de Poitiers. Son père, Joachim Descartes, exerçait les fonctions de conseiller au Parlement de Bretagne. A quoi destinait-il son fils ? Sans doute à l'armée, puisque le jeune René s'engage dans le métier des armes en Hollande, sous le commandement de Maurice de Nassau.

En réalité, dès ce départ dans la vie, il ne cherche « plus d'autre science que celle qu'il pourrait trouver en lui-même ou dans le grand livre du monde ».

Dès cette époque, la langue française a pris un tel essor qu'elle a en quelque sorte créé l'Europe. Les esprits cultivés y circulent et s'y rencontrent sous ce signe. Descartes subit cette influence et cet attrait. Le voici tour à tour en Allemagne, au service de l'armée catholique du duc de Bavière, puis de nouveau en France, à Paris, en Suisse, en Italie enfin.

La condamnation de Galilée en 1633 le frappe de

stupeur, le bouleverse. Cette attaque contre l'esprit scientifique n'est pas étrangère à sa détermination de composer son Discours de la méthode. *Au grand étonnement des intellectuels de son temps, il l'écrit en « langue vulgaire », c'est-à-dire en français, alors que les ouvrages de philosophie étaient rédigés en latin. Ce petit livre a connu un destin prodigieux : ne dit-on pas qu'il fut à l'origine de la création du système Taylor, puis à la mise en pratique du stakhanovisme ?*

René Descartes s'établit en Hollande, au village d'Egmont. Admiré par la princesse Élisabeth, l'aînée des filles de l'électeur palatin Frédéric, élu roi de Bohême, il écrivit à son intention un Traité des passions. *Quelques années plus tard, c'est la reine Christine de Suède qui l'invite. Le* Traité, *imprimé à Amsterdam, paraît à Paris, en 1649, sous le titre* Les Passions de l'âme.

Mais la santé de notre philosophe est minée par la rudesse du climat nordique, et, peut-être aussi, qui sait, par la rigueur de sa vie quotidienne : la reine Christine avait fixé les entretiens philosophiques à cinq heures du matin... Une pneumonie l'emporta, le 11 février 1650. Ses restes furent ramenés en France en 1667 ; ils sont ensevelis dans l'église Saint-Étienne-du-Mont, à Paris.

M.T.

LES PASSIONS DE L'ÂME

L'espérance et la crainte. – L'espérance est une disposition de l'âme à se persuader que ce qu'elle désire adviendra, laquelle est causée par un mouvement particulier des esprits, à savoir par celui de la joie et du désir mêlés ensemble. Et la crainte est une autre disposition de l'âme qui lui persuade qu'il n'adviendra pas ; et il est à remarquer que bien que ces deux passions soient contraires, on les peut néanmoins avoir toutes deux ensemble, à savoir lorsqu'on se représente en même temps diverses raisons dont les unes font juger que l'accomplissement du désir est facile, les autres le font paraître difficile.

Et jamais l'une de ces passions n'accompagne le désir, qu'elle ne laisse quelque place à l'autre ; car lorsque l'espérance est si forte qu'elle chasse entièrement la crainte, elle change de nature et se nomme sécurité ou assurance ; et quand on est assuré que ce qu'on désire adviendra, qu'on continue à vouloir qu'il advienne, on cesse néanmoins d'être agité de la passion du désir, qui en faisait rechercher l'événement avec inquiétude. Tout de même, lorsque la crainte est si extrême qu'elle ôte tout lieu à l'espérance, elle se convertit en désespoir, et ce désespoir, représentant la chose comme impossible, éteint entièrement le désir, lequel ne se porte qu'aux choses possibles.

La jalousie. – La jalousie est une espèce de crainte qui se rapporte au désir qu'on a de se conserver la possession de quelque bien ; et elle ne vient pas tant de la force des raisons qui font juger qu'on le peut perdre, que dans la grande estime qu'on en fait, laquelle est cause qu'on examine jusques aux moindres sujets de soupçon, et qu'on les prend pour des raisons fort considérables.

Et pour ce qu'on doit avoir plus de soin de conserver les biens qui sont fort grands, que ceux qui sont moindres, cette passion peut être juste et honnête en quelques occasions. Ainsi par exemple, un capitaine qui garde une place de grande importance, a droit d'en être jaloux, c'est-à-dire de se défier de tous les moyens par lesquels elle pourrait être surprise ; et une honnête femme n'est pas blâmée d'être jalouse de son honneur, c'est-à-dire de ne se garder pas seulement de mal faire, mais aussi d'éviter jusques aux moindres sujets de médisance.

Mais on se moque d'un avaricieux lorsqu'il est jaloux de son trésor, c'est-à-dire lorsqu'il le couve des yeux et ne s'en veut jamais éloigner de peur qu'il lui soit dérobé, car l'argent ne vaut pas la peine d'être gardé avec tant de soin. Et on méprise un homme qui est jaloux de sa femme parce que c'est un témoignage qu'il ne l'aime pas de la bonne sorte, et qu'il a mauvaise opinion de soi ou d'elle. Je dis qu'il ne l'aime pas de la bonne sorte, car s'il avait un vrai amour pour elle, il n'aurait aucune inclination à s'en défier ; mais ce n'est pas proprement elle qu'il aime, c'est seulement le bien qu'il imagine consister à en avoir seul la possession.

CORNEILLE

(1606-1684)

Nous devons à Corneille d'avoir été le premier créateur d'une tragédie : Le Cid, *en 1636. Voilà une date qui a marqué la période classique de notre littérature.*

Quelle que soit la prédominance de son œuvre théâtrale, j'ai choisi deux poésies qui nous révèlent mieux que les tirades d'une tragédie les véritables qualités de ce Normand, né à Rouen en 1606, élevé chez les Jésuites de cette ville.

Plutôt que de poursuivre des études de droit, il aborda la scène dès l'âge de vingt-trois ans, préférant sans doute, comme le dit le titre de l'une de ses poésies, « que la vérité parle au-dedans du cœur sans aucun bruit de paroles ». Comme l'on continue à jouer ses meilleures pièces, il suffit d'aller les voir : ni Le Cid, *ni* Horace, *ni* Le Menteur *n'ont vieilli, bien que la facture du théâtre classique en vers impose sa date.*

Tout autre est l'impression que laisse la lecture des poésies. Les vers que Corneille écrivit sur lui-même apportent un ton neuf, très alerte, pleins d'un humour qui sonne bien à nos oreilles. D'aucuns leur trouveront, si je puis dire, une tournure à la Rostand, celui de l'auteur de Cyrano, *à propos des mots d'esprit :*

Je me les sers moi-même avec assez de verve
Et je ne permets pas qu'un autre me les serve...

Plus de deux siècles et demi les séparent ! Il en est de même des Stances à la marquise *; ces vers-là n'évoqueront-ils pas pour plus d'un lecteur la finesse d'un Alfred de Musset quand il déclare à une personne qu'il a aimée :*

Si je vous le disais, pourtant, que je vous aime...

Relisons donc les poésies complètes de Corneille, qui ont été réimprimées dans la collection de la Pléiade, à l'occasion du tricentaire de sa mort, en 1984.

M. T.

CORNEILLE SUR LUI-MÊME

Nous nous aimons un peu, c'est notre faible à tous ;
Le prix que nous valons, qui le sait mieux que nous ?
Et puis la mode en est, et la cour l'autorise.
Nous parlons de nous-même avec toute franchise ;
La fausse humilité ne met plus en crédit ;
Je sais ce que je vaux et crois ce qu'on m'en dit.
Pour me faire admirer, je ne fais point de ligue ;
J'ai peu de voix pour moi, mais je les ai sans brigue ;
Et mon ambition, pour faire plus de bruit,
Ne les va point quêter de réduit en réduit ;
Mon travail sans appui monte sur le théâtre ;
Chacun en liberté le blâme ou l'idolâtre ;
Là sans que mes amis prêchent leurs sentiments,
J'arrache quelquefois leurs applaudissements ;
Là content du succès que le mérite donne,
Par d'illustres avis je n'éblouis personne ;
Je satisfais ensemble et peuple et courtisans,

Et mes vers en tous lieux sont mes seuls partisans ;
Par leur seule beauté ma plume est estimée ;
Je ne dois qu'à moi seul toute ma renommée,
Et pense toutefois n'avoir point de rival
A qui je fasse tort en le traitant d'égal.

STANCES A LA MARQUISE

Marquise, si mon visage
A quelques traits un peu vieux,
Souvenez-vous qu'à mon âge
Vous ne vaudrez guère mieux.

Le temps aux plus belles choses
Se plaît à faire un affront,
Et saura faner vos roses
Comme il a ridé mon front.

Le même cours des planètes
Règle nos jours et nos nuits ;
On m'a vu ce que vous êtes ;
Vous serez ce que je suis.

Cependant j'ai quelque charmes
Qui sont assez éclatants
Pour n'avoir pas trop d'alarmes
De ces ravages du temps.

Vous en avez qu'on adore,
Mais ceux que vous méprisez
Pourraient bien durer encore
Quand ceux-là seront usés.

Ils pourront sauver la gloire
Des yeux qui me semblent doux,
Et dans mille ans faire croire
Ce qu'il me plaira de vous.

Chez cette race nouvelle,
Où j'aurai quelque crédit,
Vous ne passerez pour belle
Qu'autant que je l'aurai dit.

Pensez-y, belle marquise,
Quoiqu'un grison fasse effroi,
Il vaut bien qu'on le courtise,
Quand il est fait comme moi.

(*Poésies complètes*)

LA ROCHEFOUCAULD

(1613-1680)

Les grands peintres cèdent souvent à la tentation de se portraiturer eux-mêmes. Ils se complaisent alors à se regarder dans un miroir. De même les grands écrivains. L'occasion nous est ici donnée de constater que l'écriture va infailliblement au-delà de l'image. La Rochefoucauld nous en fournit en quelque sorte l'exemple type, puisqu'il commence par le croquis extérieur : « Je suis d'une taille médiocre, libre et bien proportionnée », pour s'engager à fond dans un portrait intime et dans les aveux de son comportement social jusqu'à nous révéler sa conception de l'amour.

Il sent si bien la valeur de ce sentiment que ce sera le thème sur lequel il terminera son autoportrait. Le cardinal de Retz, l'un des acteurs principaux de la Fronde, définira très bien le véritable caractère de son contemporain La Rochefoucauld : « Il n'a jamais été guerrier, quoiqu'il fût très soldat ; il n'a jamais été par lui-même bon courtisan, quoiqu'il ait toujours eu bonne intention de l'être ; il n'a jamais été bon homme de parti quoique toute sa vie il y ait été engagé ». En quelques lignes, voilà l'homme dessiné.

J'ai eu la curiosité de relever quelques remarques émanant de femmes qui ont connu, et même estimé, voire aimé, La Rochefoucauld. D'abord, Mme de Schomberg, au moment où vient d'être publié (sans nom d'auteur et antidaté, mais personne n'est dupe) le manuscrit des Maximes, *qui circulait de main en main depuis longtemps déjà : « C'est un homme de qualité qui connaît parfaitement la cour et le monde, qui en a goûté autrefois toutes les douceurs, qui en a aussi senti souvent les amertumes, et qui s'est donné le plaisir d'en étudier tous les détours et toutes les finesses. »*

Autre réaction, celle de Mme de La Fayette, qui écrit à leur amie commune, Mme de Sablé : « Ah ! Madame, quelle corruption il faut avoir dans l'esprit et dans le cœur pour être capable d'imaginer tout cela ! J'en suis si épouvantée que je vous assure que, si les plaisanteries étaient des choses sérieuses, de telles maximes gâteraient plus ses affaires que tous les potages qu'il mangea l'autre jour chez vous... »

*Mme de La Fayette a résolu de devenir l'amie du moraliste ; elle se flattera même de l'*amender, *quand elle décèle « la persuasion où est M. de La Rochefoucauld, que la corruption est générale ».*

Le destin ne fut pas clément au duc et pair : la maladie s'empara de son corps, sous forme de la goutte, à partir de 1672. Il reçut dans l'isolement de sa retraite les annonces des mauvais coups du sort, entre autres la mort de son fils, tué lors du passage du Rhin, tandis que son frère était grièvement blessé. Puis, ce fut le décès de l'enfant qu'il avait eu autrefois avec Mme de Longueville. On ne s'étonnera pas que cela ait contribué à forger sa carapace philosophique : « Je ne crains guère de choses et ne crains aucunement la mort ».

Lorsque celle-ci l'atteint, dans la nuit du 16 au 17 mars 1680, Bossuet se trouve à son chevet. Le prélat a-t-il présente à la mémoire la réflexion morale de son ami : « L'espérance, toute trompeuse qu'elle est, sert au moins à nous mener à la fin de la vie par un chemin agréable. »?

AUTOPORTRAIT

Je suis fort secret, et j'ai moins de difficulté que personne à taire ce qu'on m'a dit en confidence. Je suis extrêmement régulier à ma parole : je n'y manque jamais, de quelque conséquence que puisse être ce que j'ai promis, et je m'en suis fait toute ma vie une loi indispensable.

J'ai une civilité fort exacte parmi les femmes, et je ne crois pas avoir jamais rien dit devant elles qui leur ait pu faire de la peine. Quand elles ont l'esprit bien fait, j'aime mieux leur conversation que celle des hommes : on y trouve une certaine douceur qui ne se rencontre point parmi nous, et il me semble, outre cela, qu'elles s'expliquent avec plus de netteté, et qu'elles donnent un tour plus agréable aux choses qu'elles disent.

Pour galant, je l'ai été un peu autrefois ; présentement, je ne le suis plus, quelque jeune que je sois. J'ai renoncé aux fleurettes, et je m'étonne seulement de ce qu'il y a encore tant d'honnêtes gens qui s'occupent à en débiter. J'approuve extrêmement les belles passions : elles marquent la grandeur de l'âme ; et, quoique dans les inquiétudes qu'elles donnent il y ait quelque chose de contraire à la sévère sagesse, elles s'accommodent si bien d'ailleurs avec la plus austère vertu que je crois qu'on ne les saurait condamner avec justice. Moi qui connais tout ce qu'il y a de délicat et de fort dans les grands sentiments de l'amour, si jamais je viens à aimer, ce sera assurément de cette sorte ; mais, de la façon dont je suis, je ne crois pas que cette connaissance que j'ai me passe jamais de l'esprit au cœur.

MAXIMES

– Il faut demeurer d'accord, à l'honneur de la vertu, que les plus grands malheurs des hommes sont ceux où ils tombent par leurs crimes.

– Il est plus honteux de se défier de ses amis que d'en être trompé.

– L'amour-propre est le plus grand de tous les flatteurs.

– Les vertus se perdent dans l'intérêt comme les fleuves se perdent dans la mer.

– Le refus des louanges est un désir d'être loué deux fois.

– La pitié est souvent un sentiment de nos propres maux dans les maux d'autrui.

– La clémence des princes n'est souvent qu'une politesse pour gagner l'affection des peuples.

– Nous avons tous assez de force pour supporter les maux d'autrui.

– Le soleil ni la mort ne se peuvent regarder fixement.

– Qui vit sans folie n'est pas si sage qu'il croit.

– Ce qui fait que les amants et les maîtresses ne s'ennuient pas d'être ensemble, c'est qu'ils parlent toujours d'eux-mêmes.

– Peu de gens savent être vieux.

CYRANO DE BERGERAC

(1619-1655)

Cette page est extraite d'un chapitre de L'Autre Monde ou les États et Empires de la lune et du soleil. *Ce récit a été imaginé par Cyrano Savinien de Bergerac, dans la première moitié du* XVIIe *siècle. Celui-ci avait pour père Abel Cyrano, avocat au Parlement, et pour grand-père un marchand devenu notaire, puis secrétaire du roi. Ce fut cet aïeul qui acheta en 1582 les fiefs de Mauvières et de Bergerac dans la vallée de Chevreuse, non loin de Paris.*

La famille portait armoiries, mais n'était pas anoblie. Lorsque Abel Cyrano eut vendu ses fiefs, les Cyrano de la branche aînée se firent appeler de Mauvières et l'auteur de L'Autre Monde *ajouta de Bergerac à son nom.*

À vingt ans, ce dernier entre dans la Compagnie des Gardes de Carbon de Casteljaloux. Cavalier intrépide, il participe aux combats, à côté de ses camarades gascons. Coup sur coup, il est par deux fois terriblement blessé, d'abord au siège de Mouzon où un tir de mousquet le transperce de part en part, puis, quelques mois plus tard, à Arras où, dans un corps à corps, son adversaire le pourfend d'un coup d'épée.

C'est dès lors un grand mutilé. Hors du service des armes, il s'applique à enrichir son esprit. Le mathématicien Gassendi, le poète Chapelle, l'acteur-dramaturge Molière l'excitent au travail intellectuel. Il compose des pièces de théâtre, dont l'une, Le Pédant joué, *fournira à Molière la célèbre réplique : « Qu'allait-il faire dans cette galère ? ». Et surtout il imagine la plus folle histoire de science-fiction : un voyage dans la lune et dans le soleil.*

Par moments, on est ébloui. En tout cas, quel régal de découvrir ces textes à notre époque de voyages à travers l'espace, où l'on nous parle d'apesanteur et où l'on a assisté à la descente sur la lune ! Et tout cela, raconté il y a plus de deux siècles, dans un style d'une merveilleuse clarté. Oui, Cyrano de Bergerac fut, avant de devenir un héros de comédie, un écrivain français remarquable.

M. T.

LE VOYAGE VERS LE SOLEIL

La sphère de notre monde ne me paraissait plus qu'un astre à peu près de la grandeur que nous paraît la lune ; encore il s'étrécissait, à mesure que je montais, jusqu'à devenir une étoile, puis une bluette, et puis rien.

Encore ce qui m'effraya davantage, ce fut de sentir, comme si le vague de l'air se fût pétrifié, je ne sais quel obstacle invisible qui repoussait mes bras quand je les pensais étendre. Il me vint alors dans l'imagination qu'à force de monter, j'étais sans doute arrivé dans le firmament, que certains philosophes et quelques astronomes ont dit être solide. Je commençai à craindre d'y demeurer enchâssé ; mais l'horreur dont me consterna la bizarrerie de cet accident s'accrut bien davantage par ceux qui succédèrent ; car ma vue qui vaguait çà et là, étant par hasard tombée sur ma poitrine, au lieu de s'arrêter à la superficie de mon corps, passa tout à travers ; puis un moment ensuite je m'avisai que je regardais par-derrière, et presque sans aucun intervalle. Comme si mon corps n'eût plus été qu'un organe de voir, je sentis ma chair, qui s'étant décrassée de son opacité, transférait les objets à mes yeux, et mes yeux aux objets par chez elle. Enfin, après avoir heurté mille fois sans la voir la voûte, le plancher et les murs de ma chaise, je connus que, par une secrète nécessité de la lumière dans sa source, nous étions ma cabane et moi devenus transparents.

Pendant que je considérais cette métamorphose, mon voyage s'accourcissait toujours, mais pour lors avec beaucoup de lenteur, à cause de la sérénité de l'éther qui se raréfiait à proportion que je m'approchais de la source du jour ; car comme la matière en cet étage est fort déliée pour le grand vide dont elle est pleine, et que cette matière est par conséquent fort paresseuse à cause du vide qui n'a point d'action, cet air ne pouvait produire, en passant par le trou de ma boîte, qu'un petit vent à peine capable de la soutenir.

Je ne réfléchis jamais au malicieux caprice de la Fortune, qui toujours s'opposait au succès de mon entreprise avec tant d'opiniâtreté, que je m'étonne comment le cerveau ne me tourna point. Mais écoutez un miracle que les siècles futurs auront de la peine à croire :

Enfermé dans une boîte à jour que je venais de perdre de vue, et mon essor tellement appesanti, que je faisais beaucoup de ne pas tomber ; enfin dans un état où tout ce que renferme la machine entière du monde était impuissant à me secourir, je me trouvais réduit au période d'une extrême infortune. Toutefois comme alors que nous expirons, nous sommes intérieurement poussés à vouloir embrasser ceux qui nous ont donné l'être, j'élevai mes yeux au soleil, notre père commun. Cette ardeur de ma volonté non seulement soutint mon corps, mais elle le lança vers la chose qu'il aspirait embrasser. Mon corps poussa ma boîte, et de cette façon je continuai mon voyage.

(*L'Autre Monde*
ou les États et Empires de la lune et du soleil)

LA FONTAINE

(1621-1695)

Lorsque La Fontaine publia son premier recueil de fables, en 1668, il avait quarante-sept ans. Il était né en 1621 à Château-Thierry, dans une famille très aisée. Son père occupait la charge de Maître des Eaux et Forêts. Après des études à l'Oratoire, il s'intéressa au droit, mais surtout aux lettres, particulièrement aux fables des Anciens, Ésope et Phèdre.

Son existence fut celle d'un mondain, toujours à court d'argent, d'un mari volage, d'un père inattentif. Personne ne l'a mieux défini que lui-même :

J'aime le jeu, l'amour, les livres, la musique ;
La ville et la campagne, enfin tout ; il n'est rien
Qui ne me soit souverain bien,
Jusqu'au sombre plaisir d'un cœur mélancolique.

Ce n'est pas sans raison qu'il a placé le jeu et l'amour au premier rang. Grand ami du Surintendant des Finances Fouquet, il savait de quoi il parlait. Bref, il se trouva dès sa maturité au centre d'une société de gens de Cour : Racine, Molière, Boileau, Mme de La

Fayette, Mme de Sévigné... Tous se régalaient de son esprit.

S'il n'est pas un homme exemplaire, du moins est-il un observateur aigu. Voici sa vocation :

...construire
une ample comédie à cent actes divers
Et dont la scène est l'univers.
Hommes, dieux, animaux, tout y fait quelque rôle.

Dans sa préface pour ses Fables, *il avoue son but avec sa franchise naturelle : « Ces fables sont un tableau où chacun de nous se trouve dépeint. Ce qu'elles nous représentent confirme les personnes d'âge avancé dans les connaissances que l'usage leur a données, et apprend aux enfants ce qu'il faut qu'ils sachent ».*

Rien de plus banal, et pourtant, le miracle est là qui se cache derrière tant de bon sens : c'est que La Fontaine sait admirablement raconter des histoires ; il le fait avec une connaissance parfaite de la langue française, mais aussi avec l'application qui convient à un style aussi difficile à manier. On s'est étonné de ne pas avoir trouvé les brouillons de ses fables. L'explication serait celle-ci : à force de travailler ses phrases, de choisir ses adjectifs, ses verbes, ses tournures tantôt rapides, tantôt développées, tous ces brouillons étaient si surchargés de ratures que lui seul pouvait les déchiffrer pour les recopier, et qu'il n'avait donc plus ensuite qu'à les déchirer, puisque personne d'autre n'aurait pu s'en servir.

On pourrait parler à l'infini de ce génie, le plus pur sans doute de notre langue. N'est-il pas en tout cas extraordinaire qu'il soit le seul écrivain qui enchante à la fois les enfants, les adolescents, les adultes et les gens d'âge ? Le seul aussi que l'on se plaise à relire, à apprendre par cœur...

Il m'apparaît comme le cristal dont la transparence

est si belle et dont le choc provoque des vibrations musicales. Peut-être trouvé-je la source de l'admiration qu'on lui voue dans le mélange d'esprit et de chaleur humaine, car enfin, c'est La Fontaine qui aura écrit les plus beaux vers sur l'amitié :

Qu'un ami véritable est une douce chose !
Il cherche vos besoins au fond de votre cœur ;
Il vous épargne la pudeur
De les découvrir vous-même...

Et c'est lui encore qui aura lancé, pour défendre son ami Fouquet en disgrâce, ce cri :

Et c'est être innocent que d'être malheureux *!*

LA CHATTE MÉTAMORPHOSÉE EN FEMME

Un homme chérissait éperdument sa chatte ;
Il la trouvait mignonne, et belle, et délicate,
Qui miaulait d'un ton fort doux.
Il était plus fou que les fous.
Cet homme donc, par prières, par larmes,
Par sortilèges et par charmes,
Fait tant qu'il obtient du destin
Que sa chatte en un beau matin
Devient femme, et le matin même
Maître sot en fait sa moitié.
Le voilà fou d'amour extrême,
De fou qu'il était d'amitié.
Jamais la dame la plus belle
Ne charma tant son favori
Que fait cette épouse nouvelle
Son hypocondre de mari.
Il l'amadoue, elle le flatte ;
Il n'y trouve plus rien de chatte,
Et poussant l'erreur jusqu'au bout,
La croit femme en tout et partout,

Lorsque quelques souris qui rongeaient de la natte
Troublèrent le plaisir des nouveaux mariés.
Aussitôt la femme est sur pieds :
Elle manqua son aventure.
Souris de revenir, femme d'être en posture.
Pour cette fois elle accourut à point :
Car, ayant changé de figure,
Les souris ne la craignaient point.
Ce lui fut toujours une amorce,
Tant le naturel a de force.
Il se moque de tout, certain âge accompli :
Le vase est imbibé, l'étoffe a pris son pli.
En vain de son train ordinaire
On le veut désaccoutumer.
Quelque chose qu'on puisse faire,
On ne saurait le réformer.
Coups de fourche ni d'étrivières
Ne lui font changer de manières ;
Et, fussiez-vous embâtonnés,
Jamais vous n'en serez les maîtres.
Qu'on lui ferme la porte au nez,
Il reviendra par les fenêtres.

(*Fables*)

MOLIÈRE

(1622-1673)

*Le père de Jean-Baptiste Poquelin était valet de chambre du roi. En 1622, une telle charge permettait de faire instruire les enfants au collège de Clermont à Paris, notre lycée Louis-le-Grand. Ses études scolaires à peu près terminées, Jean-Baptiste se sent irrésistiblement porté vers le théâtre. Une vocation où l'on courait des risques, et d'abord celui d'être excommunié. Mais la passion l'emporte : le jeune homme, sous le pseudonyme de Molière, fonde avec les Béjart une troupe qui s'intitule l'*Illustre Théâtre*. En dépit de cet adjectif ronflant, c'est l'échec à Paris et, pendant douze années, nos comédiens font leur apprentissage en parcourant la France entière. A cette école sur le tas, Molière étudie son art, perfectionne ses dons d'acteur et de directeur. Enfin il s'essaye à la création dramatique. Quand il reviendra à Paris, il pourra enfin jouer devant le roi, en 1658. Le travail assidu a développé son génie :* L'Étourdi, Les Précieuses Ridicules *lui valent de pouvoir offrir à ses camarades le titre de « Troupe de Monsieur » et de s'installer* *bientôt dans le plus beau théâtre, celui du Palais-Royal.*

Dès lors, les chefs-d'œuvre vont se succéder, non sans exciter des jalousies parfois féroces. Mais Molière se révèle tellement novateur qu'il triomphe. Sa règle : plaire. *Son cheminement : peindre les hommes et leurs défauts, pour tirer de cette peinture des effets comiques. « Il faut plaisanter, dit-il, et c'est une étrange entreprise que celle de faire rire les honnêtes gens. »*

Cette errance provinciale pendant des années lui a permis d'observer les caractères de multiples professions. Il nourrira ses pièces de cette analyse. Pour expliquer sa méthode, il déclare clairement : « Il faut peindre les hommes d'après nature ; on veut que ces portraits ressemblent, et vous n'avez rien fait si vous n'y faites reconnaître les gens de notre siècle ».

Parmi les métiers qu'il analyse comme à la loupe : les marchands, les comédiens, les huissiers, et aussi et surtout les médecins. Molière a lui-même une santé fragile. La profession de comédien est épuisante, et l'épuise, mais il en est à ce point épris qu'elle l'amènera à la mort : un soir, après une représentation du Malade imaginaire, *il succombera à un infarctus.*

Une fin tragique, fatale, pourrait-on dire, comme si elle avait été combinée par le destin pour le dramaturge auteur du Médecin malgré lui, *du* Malade imaginaire, *et de cet* Amour médecin, *dans lequel, au début du IIIe acte, il met dans la bouche du Dr Filerin une véritable diatribe pour et contre la profession médicale. Molière avait ouvert, si je puis dire, la voie à un thème qui ne cessera d'être traité, souvent avec beaucoup de brio comme dans* Le Docteur Knock *de Jules Romains. Gageons que ce ne sera pas la dernière pièce sur le sujet !*

M. T.

L'AMOUR MÉDECIN

Docteur Filerin. – N'avez-vous point de honte, Messieurs, de montrer si peu de prudence pour des gens de votre âge, et de vous être querellés comme de jeunes étourdis ? Ne voyez-vous pas bien quel tort ces sortes de querelles nous font parmi le monde ? Et n'est-ce pas assez que les savants voient les contrariétés et les dissensions qui sont entre nos auteurs et nos anciens maîtres sans découvrir encore au peuple, par nos défauts et querelles, la forfanterie de notre art ? Pour moi, je ne comprends rien du tout à cette méchante politique de quelques-uns de nos gens. Et il faut confesser que toutes ces constatations nous ont décriés, depuis peu, d'une étrange manière, et que, si nous n'y prenons garde, nous allons nous ruiner nous-mêmes. Je n'en parle pas pour mon intérêt. Car, Dieu merci, j'ai déjà établi mes petites affaires. Qu'il vente, qu'il pleuve, qu'il grêle, ceux qui sont morts sont morts, et j'ai de quoi me passer des vivants. Mais enfin, toutes ces disputes ne valent rien pour la Médecine. Puisque le Ciel nous a fait la grâce, que depuis tant de siècles, on demeure infatué de nous, ne désabusons point les hommes avec nos cabales extravagantes, et profitons de leur sottise le plus doucement que nous pourrons. Nous ne sommes pas les seuls, comme vous savez, qui tâchons de nous prévaloir de la faiblesse humaine. C'est là que va l'étude de la plupart du monde, et chacun s'efforce de prendre les hommes par leur faible, pour en tirer quelque profit. Les flatteurs, par exemple, cherchent à profiter de l'amour que les hommes ont pour les louanges, en leur donnant tout le vain encens qu'ils souhaitent ; et c'est un art où l'on fait, comme on voit, des fortunes considérables. Les alchimistes tâchent à profiter de la passion que l'on a pour les richesses. Et les diseurs d'Horoscope, par leurs prédictions trompeuses, profitent de la vanité, et de l'ambition des crédules esprits. Mais le plus grand faible des hommes, c'est l'amour qu'ils ont pour la vie, et nous en profitons nous autres, par notre pompeux galimatias, et savons prendre nos avantages de cette vénération que la peur de mourir leur donne pour notre métier. Conservons-nous donc dans le degré d'estime où leur faiblesse nous a mis, et soyons de concert auprès des malades, pour nous attribuer les heureux succès de la maladie, et rejeter sur la Nature toutes les bévues de notre art. N'allons point, dis-je, détruire sottement les heureuses préventions d'une erreur qui donne du pain à tant de personnes.

SONNET A M. DE LA MOTHE LE VAYER
SUR LA MORT DE SON FILS

Aux larmes, Le Vayer, laisse tes yeux ouverts :
Ton deuil est raisonnable, encor qu'il soit extrême,
Et lors que pour toujours on perd ce que tu perds,
La Sagesse, crois-moi, peut pleurer elle-même.

On se propose à tort cent préceptes divers
Pour vouloir d'un œil sec voir mourir ce qu'on aime ;
L'effort en est barbare aux yeux de l'Univers,
Et c'est brutalité plus que vertu suprême.

On sait bien que les pleurs ne ramèneront pas
Ce cher fils que t'enlève un imprévu trépas ;
Mais la perte par là n'en est pas moins cruelle :

Ses vertus de chacun le faisaient révérer,
Il avait le cœur grand, l'esprit beau, l'âme belle,
Et ce sont des sujets à toujours le pleurer.

PASCAL

(1623-1662)

Pascal avait quatorze ans lorsque parut le Discours de la méthode *de Descartes, qui marque l'apparition du premier essai philosophique en français. Nul doute que ce livre ait eu sur son esprit précoce une influence considérable.*

A cet âge-là, le jeune Blaise, épris de sciences mathématiques et physiques, joue les écoliers studieux ; il réinvente une géométrie plutôt qu'il ne l'apprend, et, à seize ans, il rédige un Essai sur les coniques. *Son père, commissaire du roi à Rouen, est si émerveillé qu'il le fait publier.*

De son origine auvergnate, Blaise Pascal garde un don de l'aventure, que celle-ci soit voyageuse, hasardeuse ou simplement commerçante. On est frappé de lire sous sa plume, dès sa vingtième année, une véritable réclame pour vanter une machine à calculer dont il est l'inventeur : « Avis nécessaire à ceux qui auront la curiosité de voir la Machine arithmétique et de s'en servir ». L'esprit pratique domine. Nous avons affaire à un savant, certes, mais à un savant qui songe à l'amélioration de la vie de ses concitoyens, surtout des plus pauvres.

Une telle intelligence est soudain secouée par la fragilité maladive de son corps. Le hasard lui apporta un premier remède inattendu : en 1646 (Blaise a vingt-trois ans) son père a un accident à la hanche. Deux voisins, plus rebouteux que chirurgiens, s'appliquent à lui rendre l'usage de sa jambe. Installés au domicile du commissaire du roi, ils reçoivent des amis à eux, animés par la foi janséniste. Le jeune Blaise est attiré par cette doctrine des solitaires de Port-Royal qui lui apparaissent comme les intermédiaires parfaits entre son âme et le Dieu qu'il cherchait. Afin de se rapprocher d'eux, Blaise revient à Paris.

Il n'en délaisse pas pour autant ses expériences scientifiques, et notamment celles qui touchent à la pression atmosphérique. On le voit au sommet du Puy de Dôme, et, de retour à Paris, il recommence ses démonstrations en haut de la tour Saint-Jacques. Mais les troubles de son corps et le tourment de son esprit à la poursuite de la foi le terrassent. Souvent, il a envie de quitter la vie mondaine, mais ce n'est qu'une envie théorique. A preuve, son désarroi quand il manque se noyer dans un accident de voiture au pont de Neuilly. L'approche de Dieu menace de lui faire perdre la raison. Comme d'autres assoiffés de mysticisme, il est sujet à une illumination, dans la nuit du 23 novembre 1654 (il a trente et un ans). Il y a un témoignage : Blaise Pascal a fait coudre dans la doublure de son vêtement un morceau de parchemin sur lequel il a écrit les phrases clefs de son salut :

> « Certitude. Sentiment. Joie. Paix.
> Joie, joie, joie, pleurs de joie.
> Soumission totale à Jésus-Christ... »

La retraite dans une cellule de Port-Royal serait la conclusion logique. C'est à la lumière de cet élan mystique qu'il faut lire ses Lettres provinciales *de 1656-57. Pascal s'y révèle un polémiste redoutable.*

La postérité portera sa préférence sur les Pensées, *œuvre posthume parue en 1670. Est-ce à vrai dire une œuvre ? Ce sont, en réalité, des notes accumulées en marge de ses autres écrits. C'est l'encens de son esprit et de son cœur réunis, c'est-à-dire de son âme. Il nous a révélé, en quelque sorte à son insu, que son cerveau brûlait de trouvailles. Telles de ses réflexions, en effet, brillent d'une flamme extraordinaire :*

– Le silence éternel de ces espaces infinis m'effraie.

– La vraie éloquence se moque de l'éloquence.

– Quand on voit le style naturel, on est tout étonné et ravi, car on s'attendait de voir un auteur et on trouve un homme.

– Qu'est-ce que l'homme dans la nature ? Un néant à l'égard de l'infini, un tout à l'égard du néant, un milieu entre rien et tout.

A lire les Pensées, *on se sent pris dans un engrenage ; on n'en finit pas de les relire. A chaque relecture, on en respire des parfums nouveaux. Et l'on ne se pose même plus la question de savoir s'il s'agit d'une œuvre inachevée... Comme le formule si bien Paul Guth dans son* Histoire de la littérature *: « Rien ne suggère mieux l'infini que ce qui n'est pas fini ». D'accord !*

M. T.

LE DIVERTISSEMENT

Tel homme passe sa vie sans ennui, en jouant tous les jours peu de chose. Donnez-lui tous les matins l'argent qu'il peut gagner chaque jour, à la charge qu'il ne joue point : vous le rendrez malheureux. On dira peut-être que c'est qu'il recherche l'amusement du jeu, et non pas le gain. Faites-le donc jouer pour rien, il ne s'y échauffera pas et s'y ennuiera. Ce n'est donc pas l'amusement seul qu'il recherche : un amusement languissant et sans passion l'ennuiera. Il faut qu'il s'y échauffe et qu'il se pipe lui-même, en s'imaginant qu'il serait heureux de gagner ce qu'il ne voulait pas qu'on lui donnât à condition de ne point jouer afin qu'il se forme un sujet de passion, et qu'il excite sur cela son désir, sa colère, sa crainte, pour l'objet qu'il s'est formé, comme les enfants qui s'effrayent du visage qu'ils ont barbouillé.

D'où vient que cet homme, qui a perdu depuis peu de mois son fils unique, et qui, accablé de procès et de querelles, était ce matin si troublé, n'y pense plus maintenant ? Ne vous en étonnez point : il est tout occupé à voir par où passera ce sanglier que les chiens poursuivent avec tant d'ardeur depuis six heures. Il n'en faut pas davantage. L'homme, quelque plein de tristesse qu'il soit, si on peut gagner sur lui de le faire entrer en quelque divertissement, le voilà heureux pendant ce temps-là ; et l'homme, quelque heureux qu'il soit, s'il n'est diverti et occupé par quelque passion ou quelque amusement qui empêche l'ennui de se répandre, sera bientôt chagrin et malheureux. Sans divertissement il n'y a point de joie ; avec le divertissement, il n'y a point de tristesse. Et c'est aussi ce qui forme le bonheur des personnes de grande condition, qu'ils ont un nombre de personnes qui les divertissent, et qu'ils ont le pouvoir de se maintenir en cet état.

Prenez-y garde. Qu'est-ce autre chose d'être surintendant, chancelier, premier président, sinon d'être en une condition où l'on a dès le matin un grand nombre de gens qui viennent de tous côtés pour ne leur laisser pas une heure en la journée où ils puissent penser à eux-mêmes ? Et quand ils sont dans la disgrâce et qu'on les renvoie à leurs maisons des champs, où ils ne manquent ni de biens, ni de domestiques pour les assister dans leur besoin, ils ne laissent pas d'être misérables et abandonnés, parce que personne ne les empêche de songer à eux.

Les hommes s'occupent à suivre une balle et un lièvre ; c'est le plaisir même des rois.

(*Pensées*)

Madame de SÉVIGNÉ

(1626-1696)

Comme s'il y avait eu une destinée astrale en faveur de madame de Sévigné, elle vint au monde en 1626, l'année où l'Administration Royale eut l'idée d'installer dans certaines villes des « bureaux-de-dépêches ». *De ces bureaux on pouvait envoyer, une fois ou deux par semaine, des plis qui mettaient, par exemple, cinq jours pour aller de Paris à Marseille ou dix de Rennes en Provence. A une époque où il n'existait point de journaux ni de communications systématiques des nouvelles sociales, religieuses ou politiques, on devine de quelle utilité fut cette institution. Dans le cas de Mme de Sévigné, ce devait être une véritable aubaine.*

Son existence fut très douloureusement frappée par les deuils : orpheline de père à dix-huit mois, de mère à sept ans, Marie de Rabutin-Chantal a été élevée par un oncle de la lignée maternelle, Christophe de Coulanges, abbé de Livry.

Pour sa plus grande infortune, elle épouse en 1644 un débauché, le marquis de Sévigné. Pour son bon-

heur, elle n'eut qu'une passion, celle de l'amour maternel. Sa fille avait cinq ans quand mourut le marquis, tué en duel pour une histoire de tromperie.

Dès lors, la marquise se consacre à sa fille. Elle souffre de se séparer d'elle au moment où celle-ci épouse le comte de Grignan. Très riche, Mme de Sévigné, placée par son rang et sa culture au centre de la vie intellectuelle de son temps, reste liée à sa fille par ce que l'on pourrait appeler le cordon ombilical de la tendresse : « Je vous donne avec plaisir le dessus de tous les paniers, lui écrit-elle, c'est-à-dire la fleur de mon esprit, de ma tête, de mes yeux, de ma plume, de mon écriture. »

Elle s'étourdit de confidences, et comme elle est douée d'un style admirable de vivacité, on frémit de penser à ce que nos lettres françaises auraient perdu si cette femme avait pu bénéficier du téléphone ! Nul doute qu'elle se serait payé le luxe d'une ligne directe entre sa fille et elle. Mais la conversation impromptue ne saurait égaler la formulation par l'écriture. La parole circule trop spontanément du cerveau aux lèvres, tandis que la phrase écrite se façonne en glissant par l'intermédiaire de la plume et par la main, avant de s'inscrire sur la page blanche.

Ce qu'il y a d'éblouissant dans le style d'une madame de Sévigné, c'est que, s'il bénéficie de réflexion, il garde aussi la spontanéité qu'auraient des réparties. Elle s'en rend compte elle-même. Après s'être laissé aller à des confidences, ne lui écrit-elle pas, un jour : « Ma bonne, quelle espèce de lettre est-ce ici ? Je pense que je suis folle... Vraiment, j'ai bien contenté le désir que j'avais de conter ! »

Dans l'immense production classique, la correspondance de madame de Sévigné représente pour nous une fresque de première grandeur, un document qui garde sa valeur à travers les siècles.

M. T.

A MADAME GRIGNAN

A Paris, lundi 30 mai 1672

Je ne reçus point hier vos lettres, ma pauvre enfant. Votre voyage de Monaco vous avoit mise hors de toute mesure : je me doutois que ce petit malheur m'arriveroit... Mon fils m'écrit fort souvent ; il se porte bien jusqu'à présent. Ma tante est toujours dans un état déplorable ; et cependant, ma chère bonne, nous avons le courage d'envisager un jour pour partir, en jouant une espérance que de bonne foi nous n'avons point. Je suis toujours à trouver certaines choses fort mal arrangées parmi les événements de notre vie : ce sont de grosses pierres, dans le chemin, trop lourdes pour les déranger ; je crois que nous passerons par-dessus ; ce n'est pas sans peine : la comparaison est juste.

Je ne mènerai point ma petite-enfant ; elle se porte très bien à Livry ; elle y passera tout l'été. La beauté de Livry est au-dessus de tout ce que vous avez vu : les arbres sont plus beaux et plus verts, tout est plein de ces aimables chèvrefeuilles : cette odeur ne m'a point encore dégoûtée ; mais vous méprisez bien nos petits buissons, auprès de vos forêts d'orangers. Voici une histoire très tragique de Livry. Vous vous souvenez bien de ce prétendu très-dévôt, qui n'osoit tourner la tête ; je disois qu'il sembloit qu'il y portât un verre d'eau. La dévotion l'a rendu fou : une belle nuit il s'est donné cinq ou six coups de couteau ; et tout nu, et tout en sang, il se mit à genoux au milieu de la chambre. On entre, on le trouve en cet état : « Eh ! mon Dieu, mon frère, que faites-vous ? et qui vous a accommodé ainsi ? – Mon père, dit-il froidement, c'est que je fais pénitence. » Il tombe évanoui, on le couche, on le panse ; on le trouve très blessé ; on le guérit après trois mois de soins, et puis ils l'ont renvoyé à Lyon à ses parents.

Si vous ne trouvez pas cette tête-là assez renversée, vous n'avez qu'à le dire et je vous donnerai celle de Mme Paul (la veuve du jardinier de Livry) qui est devenue éperdue et s'est amourachée d'un grand benêt de vingt-cinq ou vingt-six ans, qu'elle avoit pris pour faire le jardin.

Vraiment il a fait un beau ménage. Cette femme l'épouse. Ce garçon est brutal, il est fou, il la battra bientôt, il l'a déjà menacée. N'importe, elle en veut passer par là ; je n'ai jamais vu tant de passion : ce sont tous les plus beaux violents sentiments qu'on puisse imaginer ; mais ils sont croqués comme les grosses peintures ; toutes les couleurs y sont, il n'y aura qu'à les étaler. Je me suis extrêmement divertie sur ces caprices de l'amour ; je me suis effrayée moi-même en voyant de tels attentats… Où trouvera-t-on quelque sûreté ? Voilà de belles nouvelles, ma pauvre bonne, au lieu de vos aimables relations.

Mme de La Fayette est toujours languissante ; M. de La Rochefoucauld toujours éclopé ; nous faisons quelquefois des conversations d'une tristesse qu'il semble qu'il n'y ait plus qu'à nous enterrer. Le jardin de Mme de La Fayette est la plus jolie chose du monde : tout est fleuri, tout est parfumé ; nous y passons bien des soirées, car la pauvre femme n'ose pas aller en carrosse. Nous vous souhaiterions bien quelquefois derrière une palissade pour entendre certains discours de certaines terres inconnues que nous croyons avoir découvertes. Enfin, ma fille, en attendant ce jour heureux de mon départ, je passe du faubourg au coin du feu de ma tante, et du coin du feu de ma tante à ce pauvre faubourg...

(*Lettres*)

BOSSUET

(1627-1704)

Peu d'existences semblent avoir été aussi prédestinées que celle de Bossuet : né à Dijon, en 1627, Jacques Bénigne fait ses premières études chez les jésuites ; il est tonsuré à huit ans, poursuit ses classes au collège de Navarre à Paris ; se trouve pourvu d'un canonicat à Metz à l'âge de treize ans ; passe son doctorat en théologie dans sa vingt-cinquième année ; puis, tout naturellement, est ordonné prêtre. Il rejoint Metz, aussitôt honoré du titre d'archidiacre de Sarrebourg.

Orateur prestigieux, travailleur infatigable, il est souvent appelé à Paris par M. Vincent pour y prêcher à la Cour ou prononcer les oraisons funèbres des grands de ce monde. Louis XIV lui prouve son estime en le faisant nommer évêque de Condom, et se l'attachant ensuite comme précepteur du dauphin, en 1670. Mais Bossuet n'entend pas cumuler les charges et les bénéfices : il démissionne de son évêché pour se consacrer à l'instruction du futur roi. Son travail tient du prodige : il veut que l'éducation nourrisse le cœur et l'esprit de son élève. D'où son programme : enseigner par les faits et échafauder une sorte de traité civique total, d'abord un Discours sur l'histoire universelle, *pour initier le dauphin à l'expérience humaine depuis l'an I de la création jusqu'à l'avènement du Christ, en l'an 4004, et au-delà. Telles étaient les notions historiques scientifiques de l'époque.*

L'Académie française l'accueille en 1671. Puis Louis XIV l'installe à l'évêché de Meaux, en 1681. Dans ces dix années il enrichit son œuvre de moraliste :

– *sur l'éminente dignité des pauvres*
– *sur l'honneur du monde*
– *sur les devoirs des rois*
– *sur la mort*
– *sur la Providence, etc.*

Après avoir terminé son préceptorat, Bossuet se retire à Meaux et dans sa maison de Germiny, où il reçoit, en grand seigneur de l'Église, Mme de Montespan, le Grand Condé, et son ancien élève le dauphin. A la fin du siècle, les infirmités et la maladie de la pierre limitent son activité. Pendant des années il souffre le martyre, et meurt en 1704.

Avec beaucoup de courage, il s'était engagé dans une démarche qui s'apparentait à l'œcuménisme. Les jésuites et le jansénisme l'irritaient également. Un lecteur attentif de son Discours sur l'histoire universelle *aurait pu pressentir cette disposition de son âme.*

Dans le texte choisi, j'ai ressenti que tel était le sens des mérites civiques que Bossuet attribue à la liberté.

M. T.

LA GRÈCE

Ce que la Grèce avait de plus grand était une politique ferme et prévoyante, qui savait abandonner, hasarder et défendre ce qu'il fallait ; et ce qui est plus grand encore, un courage que l'amour de la liberté et celui de la patrie rendaient invincible.

Les Grecs, naturellement pleins d'esprit et de courage, avaient été cultivés de bonne heure par des rois et des colonies venus d'Égypte, qui, s'étant établis dès les premiers temps en divers endroits du pays, avaient répandu partout cette excellente police des Egyptiens. C'est de là qu'ils avaient appris les exercices du corps, la lutte, la course à pied, la course à cheval et sur des chariots, et les autres exercices qu'ils mirent dans leur perfection par les glorieuses couronnes des Jeux olympiques. Mais ce que les Égyptiens leur avaient appris de meilleur était à se rendre dociles et à se laisser former par les lois sur le bien public. Ce n'était pas des particuliers qui ne songent qu'à leurs affaires, et ne sentent les maux de l'État qu'autant qu'ils en souffrent eux-mêmes, ou que le repos de leur famille en est troublé. Les Grecs étaient instruits à se regarder et à regarder leur famille comme partie d'un plus grand corps qui était le corps de l'État. Les pères nourrissaient leurs enfants dans cet esprit ; et les enfants apprenaient dès le berceau à regarder la patrie comme une mère commune à qui ils appartenaient plus encore qu'à leurs parents. Le mot de civilité ne signifiait pas seulement parmi les Grecs la douceur et la déférence mutuelle qui rendent les hommes sociables : l'homme civil n'était autre chose qu'un bon citoyen qui se regarde toujours comme membre de l'État, qui se laisse conduire par les lois et conspire avec elles au bien public, sans rien entreprendre sur personne.

Les Grecs, ainsi policés peu à peu, se crurent

capables de se gouverner eux-mêmes, et la plupart des villes se formèrent en républiques. Mais de sages législateurs qui s'élevèrent en chaque pays, un Thalès, un Pythagore, un Lycurgue, un Solon, et tant d'autres que l'histoire marque, empêchèrent que la liberté ne dégénérât en licence. Des lois simplement écrites et en petit nombre tenaient les peuples dans leur devoir, et les faisaient concourir au bien commun du pays.

L'idée de liberté qu'une telle condition inspirait était admirable : car la liberté que se figuraient les Grecs était une liberté soumise à la loi, c'est-à-dire à la raison même, reconnue par tout le peuple. Ils ne voulaient pas que les hommes eussent du pouvoir parmi eux. Les magistrats redoutés dans le temps de leur ministère redevenaient des particuliers qui ne gardaient d'autorité qu'autant que leur en donnait leur expérience. La loi était regardée comme la maîtresse : c'était elle qui établissait les magistrats, qui en réglait le pouvoir, et qui enfin châtiait leur mauvaise administration.

(*Discours sur l'histoire universelle*)

Charles PERRAULT

(1628-1703)

Voilà un personnage bien curieux, ce Charles Perrault ! Il a eu le goût de l'invention en tous les domaines. On lui prête une bien jolie réplique à Colbert qui voulait interdire le jardin des Tuileries aux enfants. « Gardez-vous-en, lui aurait-il répondu, les jardins du Roi ne sont si grands et si spacieux qu'afin que tous les enfants puissent s'y promener. » Colbert se rendit à cet argument.

Mais l'aventure de Perrault et de ses fameux contes a quelque chose de bien plus extraordinaire : on est persuadé, aujourd'hui, que Charles Perrault a eu l'idée, vraiment audacieuse pour l'époque (1697), de faire raconter et écrire ces histoires fantasques et fantastiques par un jeune homme de dix-huit ans, qui n'était autre que son fils, Pierre. Avec une belle ruse mensongère, le père laisse dire dans une dédicace que l'auteur de ces contes est un inconnu. Et d'ailleurs, en effet, ils ont d'abord paru sans signature.

Naturellement personne n'a cru, par la suite, à cette affabulation, et tout le monde a attribué les contes au célèbre académicien Charles Perrault. Et tout le monde a eu tort.

Nous savons pertinemment ce qui s'est passé : Charles Perrault les a racontés à son fils. Lorsqu'il a pris sa retraite, en 1683, il a déclaré « se retrancher à prendre soin de l'éducation de ses enfants ».

Dans sa dédicace du livre intitulé Histoires ou Contes du temps passé, *le fils, Pierre Perrault d'Armancour, explique : « Ces contes donnent une image de ce qui se passe dans les moindres familles, où la louable impatience d'instruire les enfants fait imaginer des histoires dépourvues de raison, pour s'accommoder à ces mêmes enfants, qui n'en ont pas encore ».*

En réalité, on peut fort bien indiquer qu'il y eut une étroite collaboration d'âme et d'esprit entre le père et le fils. En disant que ces histoires sont les contes de Perrault, *sans prénom, il me semble qu'on serait au plus près de la vérité.*

M. T.

LES FÉES

Il était une fois une veuve qui avait deux filles. La cadette, qui était le vrai portrait de son père pour la douceur et l'honnêteté, était avec cela une des plus belles filles qu'on eût su voir. La mère était folle de sa fille aînée et, en même temps, avait une aversion effroyable pour la cadette. Elle la faisait manger à la cuisine et travailler sans cesse.

Il fallait entre autres choses que cette pauvre enfant allât, deux fois par jour, puiser de l'eau à une grande demi-lieue du logis, et qu'elle en rapportât plein une grande cruche. Un jour qu'elle était à cette fontaine, il vint à elle une pauvre femme, qui la pria de lui donner à boire.

« Oui-da, ma bonne mère », dit cette belle fille ; et rinçant aussitôt sa cruche, elle puisa de l'eau au plus bel endroit de la fontaine et la lui présenta, soutenant toujours la cruche, afin qu'elle bût aisément. La bonne femme, ayant bu, lui dit : « Vous êtes si belle, si bonne, et si honnête, que je ne puis m'empêcher de vous faire un don ». Car c'était une fée qui avait pris la forme d'une pauvre femme de village, pour voir jusqu'où irait l'honnêteté de cette jeune fille. « Je vous donne pour don, poursuivit la fée, qu'à chaque parole que vous direz, il vous sortira de la bouche ou une fleur ou une pierre précieuse. »

Lorsqu'elle arriva au logis, sa mère la gronda de revenir si tard de la fontaine. « Je vous demande pardon, ma mère, dit la pauvre fille, d'avoir tardé si longtemps », et, en disant ces mots, il lui sortit de la bouche deux roses, deux perles, et deux gros diamants. « D'où vient cela ?... » La pauvre enfant raconta tout ce qui lui était arrivé, non sans jeter une infinité de diamants. « Venez, dit la mère, il faut que j'y envoie mon autre fille. Tenez, Fanchon, voyez ce qui sort de la bouche de votre sœur quand elle parle ; ne seriez-vous pas bien aise d'avoir le même don ? Vous n'avez qu'à aller puiser de l'eau à la fontaine, et quand une pauvre femme vous demandera à boire, lui en donner bien honnêtement. – Il me ferait beau voir, répondit la brutale, aller à la fontaine ! – Je veux que vous y alliez, reprit la mère, et tout à l'heure. »

Elle y alla, mais toujours en grondant. Elle ne fut pas plutôt arrivée à la fontaine, qu'elle vit sortir du bois une dame magnifiquement vêtue, qui vint lui demander à boire. C'était la même fée qui avait apparu à sa sœur. « Est-ce que je suis venue ici pour vous donner à boire ? Justement, j'ai apporté un flacon d'argent : buvez à même si vous voulez. – Vous n'êtes guère honnête, reprit la fée... Eh bien, puisque vous êtes si peu obligeante, je vous donne pour don qu'à chaque parole que vous direz, il vous sortira de la bouche ou un serpent ou un crapaud. »

Dès que sa mère l'aperçut, elle lui cria : – « Eh bien, ma fille ! – Eh bien, ma mère, lui répondit la brutale, en jetant deux vipères et deux crapauds. – O ciel, s'écria la mère ! C'est sa sœur qui en est la cause ; elle me le paiera ». Et aussitôt elle courut pour la battre. La pauvre enfant s'enfuit et alla se sauver dans la forêt prochaine. Le fils de roi, qui revenait de la chasse, la voyant si belle, lui demanda ce qu'elle faisait là toute seule et ce qu'elle avait à pleurer. « Hélas ! Monsieur, c'est ma mère qui m'a chassée du logis. » Le fils du roi, qui vit sortir de sa bouche cinq ou six perles et autant de diamants, la pria de lui dire d'où cela venait. Elle lui conta toute son aventure. Le fils du roi en devint amoureux ; il l'emmena au palais du roi son père, où il l'épousa.

Pour sa sœur, elle se fit tant haïr, que sa propre mère la chassa de chez elle, et la malheureuse, après avoir bien couru sans trouver personne qui voulût la recevoir, alla mourir au coin d'un bois.

(*Histoires ou Contes du temps passé*)

FLÉCHIER

(1632-1710)

Le fragment choisi des Grands Jours d'Auvergne *marque bien le ton original de ce livre rédigé en 1665, en quatre mois de voyage, de septembre 1665 à février 1666. C'est sans doute le premier* reportage *dont puisse se glorifier notre littérature. La qualité de son style, vif, simple, élégant, s'explique par les circonstances qui l'ont imposé.*

Brièvement, voici : Fléchier a trente ans lorsqu'il est amené à suivre l'expédition que représentait le déplacement d'une Cour de justice extraordinaire, dénommée Les Grands Jours. *Présidée par un haut dignitaire de la magistrature, composée de magistrats triés sur le volet, cette délégation de la justice royale avait pour mission de répondre aux appels des Intendants, excédés souvent par les abus – exactions, brimades ou crimes – dont la noblesse se rendait coupable, profitant de l'éloignement pour jouir d'une audacieuse impunité.* Les Grands Jours *avaient fonctionné à plein sous le règne de François Ier. Louis XIV, d'accord avec Colbert, décida de montrer son autorité sur l'Auvergne, en 1665. Cette province se distinguait alors par ses excès. A la tête de la délégation, il y avait un président à mortier, M. de Novion, un avocat général, M. Denis Talon, et M. de Caumartin, maître des Requêtes, qui tenait les sceaux et représentait directement le pouvoir royal.*

Comme il s'agissait d'un long déplacement, ces hauts personnages se faisaient accompagner de leurs familles. C'est ainsi que Fléchier fut du voyage, en sa qualité de précepteur du fils aîné de M. de Caumartin. Mme de Caumartin, qui appréciait l'esprit, le talent de plume de Fléchier, son art de conter, lui demanda de tenir le journal de l'expédition judiciaire et mondaine.

Ainsi se justifie le terme de reportage *dont j'ai qualifié cet écrit. Rien de péjoratif : le reportage est devenu un genre littéraire ; il a été illustré par des écrivains de premier rang, par exemple Chateaubriand dans son* Itinéraire de Paris à Jérusalem. *Le fait que Fléchier devait, sans doute, un jour ou l'autre lire ce qu'il avait consigné confère au récit une tournure vivace, directement accessible à l'auditeur ou au lecteur. Sainte-Beuve, qui a préfacé une édition des* Grands Jours, *dit très bien que Fléchier considère « son livre comme une sorte de tragi-comédie », et qu'« il y dispose le touchant, l'horrible, le gai avec alternative ». En fait, ce reportage original nous offre, après plusieurs siècles, le portrait d'une province entière, saisie sur le vif, dans sa noblesse, son clergé, son tiers état, ses paysans, bref, un vrai livre d'histoire, et comme l'écrit Sainte-Beuve en conclusion, « un tableau neuf et hors de pair ».*

Après ce voyage, Fléchier recueillit le bénéfice de ses essais littéraires – notamment ses poésies en vers latins – et de sa situation de prédicateur du roi. *A quarante ans, il entre à l'Académie française en remplacement de l'évêque de Vence. Lui-même ne tardera pas à être nommé évêque. En 1690 – honneur suprême –, c'est à lui qu'échoit la mission de prononcer l'oraison funèbre de la Dauphine.*

Il s'éteignit en 1712, à l'âge de soixante-dix-huit ans.

M. T.

UNE AUDIENCE PLAISANTE

La dernière audience qu'on tint devant les fêtes de Noël fut assez plaisante. On y plaida fort sérieusement la cause ridicule d'un homme qui l'était aussi. C'était un bonhomme visionnaire qui s'était imaginé plusieurs crimes, et qui les poursuivait comme véritables. Il accusait sa belle-mère et ses frères du second lit d'avoir empoisonné son père, sans autre preuve que l'apparence qu'il y avait qu'une belle-mère et les enfants qui viennent d'elle n'aiment jamais les enfants du premier mariage, à cause qu'ils ont des intérêts différents, et que le partage du sang est toujours une source de division des cœurs. Cette première vision était si fort imprimée dans son esprit qu'il croyait qu'on ne pouvait mourir que du poison quand on avait de tels parents : aussi les accusait-il encore de la mort de sa femme, et demandait justice à la Chambre des Grands Jours. L'avocat, qui n'avait point encore plaidé et qui faisait attendre une belle cause à toutes les demoiselles de la ville, fit un exorde fort emphatique à l'honneur de la compagnie, rechercha tout ce qu'il y avait de déclamatoire contre le poison et les belles-mères, et l'on peut dire qu'il épuisa toute la matière, disant beaucoup de choses qui ne disaient rien. L'affaire fut entendue comme elle méritait. M. Talon (le président) se leva ensuite, et se radoucissant un peu, contre sa coutume rapporta deux chefs des informations pour montrer l'importance de la cause : le premier était que cet homme ayant toujours eu soupçon de l'empoisonnement de sa femme, avait fait ouvrir son tombeau six ou sept ans après sa mort, pour voir s'il n'y trouverait point encore quelques marques du poison sur son corps. Le deuxième était encore plus imaginaire : il raconta qu'un jour étant allé pour voir ses vignes, et voulant couper avec une cognée quelques branches avancées qui incommodaient les passants, le fer s'étant échappé du manche, et étant tombé inopinément sur son pied, n'avait percé que le soulier sur lequel il avait formé un Y. Cette lettre à double corne lui parut une triste figure, et considérant que ce hasard marquait peut-être quelque vérité, et que l'impression du pied pouvait être une figure pour la tête, quelque bonne opinion qu'il eût de sa femme, il entra en des soupçons qui le tourmentèrent durant longtemps. Sur l'exposition de ces folies, M. Talon conclut à ce qu'il fût traité et qu'on lui fît prendre de bons bouillons.

La Cour, faisant droit, suivit ses conclusions, et finit les audiences jusqu'après les fêtes.

(*Les Grands Jours d'Auvergne*)

Madame LA FAYETTE

(1634-1693)

Corneille avait composé en 1636 Le Cid, *la première tragédie classique ; Mme de La Fayette écrivit en 1678 le premier roman psychologique :* La Princesse de Clèves.

Fille d'un ingénieur à la cour de Richelieu, mariée à vingt et un ans avec le comte de La Fayette, propriétaire terrien, elle fut vite lassée des plaisirs de la campagne, et, après la naissance de son second fils, vint à Paris où profiter des mondanités de la Cour et des divertissements intellectuels des salons. Dans le sien, elle reçoit le cardinal de Retz, Condé, La Rochefoucauld, son grand ami, son aîné de vingt ans.

Pas étonnant qu'elle éprouve le besoin d'écrire, et publie d'abord des histoires amoureuses assez violentes, sous le pseudonyme de Segrais. *Mais son roman* La Princesse de Clèves *paraîtra sans nom d'auteur après qu'elle l'eut travaillé pendant six années, avec les conseils de La Rochefoucauld.*

Quand il paraît, quel succès, orchestré par tous les

potins de la Cour, colportés, amplifiés par Mme de Sévigné !

En réalité, l'étonnement vient de ce que ce récit de deux cents pages surprend les lecteurs, habitués aux péripéties rocambolesques des romans d'aventures en dix ou douze volumes comme L'Astrée *ou* Le Grand Cyrus. *Mme de La Fayette remplace ce fatras de cape et d'épée par l'analyse des secrets du cœur. Le cœur devient le véritable héros, le héros principal : tout échauffé par l'héroïsme de l'honneur cher aux personnages de Corneille, il essaye de ne pas succomber aux passions des héros chers à Racine.*

En artiste habile, Mme de La Fayette capte son lecteur dès le début de l'action sans autre moyen que la vérité des observations sentimentales, et elle ne le lâche plus jusqu'au dénouement.

*L'effet fut foudroyant. Le jeune Fontenelle – 1657-1757 – le relut plusieurs fois de suite, lui « trouva des charmes assez forts pour se faire sentir à des mathématiciens », et le proclama à tous vents, c'est-à-dire chez Mme de Tencin, Mme du Deffand et surtout chez Mme Geoffrin, la protectrice des Encyclopédistes. Bref, Mme de La Fayette avait conquis ses lettres de noblesse littéraire. Si elle avait vécu au XX*e *siècle, il est fort probable qu'elle eût été appelée soit à l'Académie Goncourt, soit à l'Académie française, comme le furent Colette et Marguerite Yourcenar.*

M. T.

LA PRINCESSE DE CLÈVES

Sitôt que M. de Nemours fut dans ce jardin, il n'eut pas de peine à démêler où était madame de Clèves ; il vit beaucoup de lumières dans le cabinet ; toutes les fenêtres en étaient ouvertes ; et en se glissant le long des palissades, il s'en approcha avec un trouble et une émotion qu'il est aisé de se représenter. Il se rangea derrière une des fenêtres qui servaient de porte, pour voir ce que faisait madame de Clèves. Il vit qu'elle était seule ; mais il la vit d'une si admirable beauté, qu'à peine fut-il maître du transport que lui donna cette vue. Il faisait chaud et elle n'avait rien sur sa tête et sur sa gorge, que ses cheveux confusément rattachés. Elle était sur un lit de repos avec une table devant elle, où il y avait plusieurs corbeilles pleines de rubans ; elle en choisit quelques-uns, et M. de Nemours remarqua que c'était des mêmes couleurs qu'il avait portées au tournoi. Il vit qu'elle en faisait des nœuds à une canne des Indes, fort extraordinaire, qu'il avait portée quelque temps, et qu'il avait donnée à sa sœur, à qui madame de Clèves l'avait prise sans faire semblant de la reconnaître pour avoir été à M. de Nemours. Après qu'elle eut achevé son ouvrage, elle prit un flambeau et s'en alla proche d'une grande table, vis-à-vis du tableau du siège de Metz, où était le portrait de M. de Nemours ; elle s'assit et se mit à regarder ce portrait avec une attention et une rêverie que la passion seule peut donner...

Ce prince était tellement hors de lui-même, qu'il demeurait immobile à regarder madame de Clèves, sans songer que les moments lui étaient précieux. Quand il fut un peu remis, il pensa qu'il devait attendre à lui parler qu'elle allât dans le jardin ; il crut qu'il le pourrait faire avec plus de sûreté, parce qu'elle serait plus éloignée de ses femmes ; mais, voyant qu'elle demeurait dans le cabinet, il prit la résolution d'y entrer. Quand il voulut l'exécuter, quel trouble n'eut-il point ! Quelle crainte de lui déplaire ! Quelle peur de faire changer ce visage où il y avait tant de douceur, et de le voir devenir plein de sévérité et de colère !

Il trouva qu'il y avait eu de la folie, non pas à venir voir madame de Clèves sans être vu, mais à penser de s'en faire voir ; il vit tout ce qu'il n'avait point encore envisagé. Il lui parut de l'extravagance dans sa hardiesse de venir surprendre, au milieu de la nuit, une personne à qui il n'avait encore jamais parlé de son amour. (...) Tout son courage l'abandonna, et il fut prêt plusieurs fois à prendre la résolution de s'en retourner sans se faire voir. Poussé néanmoins par le désir de lui parler, et rassuré par les espérances que lui donnait tout ce qu'il avait vu, il avança quelques pas, mais avec tant de trouble, qu'une écharpe qu'il avait s'embarrassa dans la fenêtre, en sorte qu'il fit du bruit. Madame de Clèves tourna la tête, et, soit qu'elle eût l'esprit rempli du prince, ou qu'il fût dans un licu où la lumière donnait assez pour qu'elle le pût distinguer, elle crut le reconnaître ; et, sans balancer, ni se retourner du côté où il était, elle entra dans le lieu où étaient ses femmes. Elle y entra avec tant de trouble, qu'elle fut contrainte, pour le cacher, de dire qu'elle se trouvait mal ; et elle le dit aussi pour occuper tous ses gens, et pour donner le temps à M. de Nemours de se retirer. Quand elle eut fait quelque réflexion, elle pensa qu'elle s'était trompée, et que c'était un effet de son imagination d'avoir cru voir M. de Nemours.

BOILEAU

(1636-1711)

D'abord destiné à l'Église, Boileau opta bientôt pour l'étude du droit. A vingt ans, il est avocat. Son père lui laisse une petite fortune. L'orphelin choisit l'indépendance. D'où son choix de la satire comme genre littéraire. Un premier volume paraît discrètement à Rouen, en 1660. Aussitôt Boileau constate qu'il n'est pas sans danger de s'abandonner trop librement à l'exercice de la liberté. Avec ses amis, Racine, La Fontaine, Molière, il mène joyeuse vie ; mais ces derniers – écrivains de la nouvelle école – savent aussi être prudents. Le roi et la Cour dispensent des faveurs. Boileau retouche ses premières satires. Quand paraît le nouveau volume, en 1666 à Paris, les violences ont d'autant plus été atténuées que l'auteur lui-même a qualifié de « monstrueuse » l'édition publiée dans sa jeunesse. En ces temps-là, le livre retenait l'attention des milieux intellectuels et mondains, car il n'y avait le contrepoids d'aucun autre moyen d'expression.

Récompense officielle : à quarante ans, Boileau est

nommé historiographe du roi, en même temps que son confrère Racine. Et l'influence du roi lui ouvrira bientôt les portes de l'Académie française. Dès lors, il pourra écrire son œuvre en toute tranquillité dans sa maison d'Auteuil, où il s'éteindra en 1711, à l'âge de soixante-quinze ans.

En toute tranquillité ? Au sens physique, oui, mais pas au sens de l'esprit. Boileau se piquait de n'avoir pour étude que la « libre vérité ». Pour nous, citadins du XXe *siècle, rien ne pouvait davantage nous inciter à réflexion sur les difficultés que les hommes éprouvent à vivre en société. L'insécurité a de tout temps constitué une de leurs préoccupations majeures. N'existe-t-il pas une satire de Juvénal sur les « embarras de Rome », au début de l'ère chrétienne ? Les historiens de Paris nous signalent qu'en décembre 1659 les maîtres de la ville ont accordé une forte somme destinée aux gardes municipaux. Une telle décision aura fort bien pu être à l'origine de l'idée que Boileau a eue d'écrire sa fameuse satire.*

Trois siècles plus tard, le problème demeure entier, semble-t-il, et c'est ce qui donne à ce texte un accent qui, au lieu de nous amuser, nous inquiète, en réalité.

M. T.

LES EMBARRAS DE PARIS

Qui frappe l'air, bon Dieu ! de ces lugubres cris ?
Est-ce donc pour veiller qu'on se couche à Paris ?...
J'entends déjà partout les charrettes courir,
Les maçons travailler, les boutiques s'ouvrir ;
Tandis que, dans les airs, mille cloches émues,
D'un funèbre concert font retentir les nues,
Et, se mêlant au bruit de la grêle et des vents,
Pour honorer les morts font mourir les vivants.

Encor, je bénirais la bonté souveraine,
Si le ciel à ces maux avait borné ma peine.
Mais, si seul en mon lit je peste avec raison,
C'est encor pis vingt fois en quittant la maison.
En quelque endroit que j'aille, il faut fendre la presse
D'un peuple d'importuns qui fourmillent sans cesse.
L'un, me heurte d'un ais, dont je suis tout froissé ;
Je vois d'un autre coup mon chapeau renversé ;
Là, d'un enterrement la funèbre ordonnance,
D'un pas lugubre et lent vers l'église s'avance ;
Et plus loin, des laquais, l'un l'autre s'agaçant,
Font aboyer les chiens et jurer les passants.
Des paveurs, en ce lieu, me bouchent le passage ;
Là, je trouve une croix de funeste présage ;
Et des couvreurs, grimpés au toit d'une maison,
En font pleuvoir l'ardoise et la tuile à foison.
Là, sur une charrette une poutre branlante
Vient menaçant de loin la foule qu'elle augmente :
Six chevaux attelés à ce fardeau pesant
Ont peine à l'émouvoir sur le pavé glissant ;
D'un carrosse, en tournant, il accroche une roue,
Et du choc le renverse en un grand tas de boue ;
Quand un autre à l'instant s'efforçant de passer
Dans le même embarras se vient embarrasser.
Vingt carrosses bientôt arrivant à la file
Y sont en moins de rien suivis de plus de mille ;
Et, pour surcroît de maux, un sort malencontreux
Conduit en cet endroit un grand troupeau de bœufs ;
Chacun prétend passer ; l'un mugit, l'autre jure ;
Des mulets en sonnant augmentent le murmure ;
Aussitôt, cent chevaux dans la foule appelés
De l'embarras qui croît ferment les défilés,
Et partout, des passants enchaînant les brigades,
Au milieu de la paix font voir les barricades.
On n'entend que des cris poussés confusément.
Dieu pour s'y faire ouïr tonnerait vainement...
Tandis que dans un coin en grondant je m'essuie,

Souvent, pour m'achever, il survient une pluie :
On dirait que le ciel, qui se fond tout en eau,
Veuille inonder ces lieux d'un déluge nouveau...
La frayeur de la nuit précipite mes pas.
Car, sitôt que du soir les ombres pacifiques
D'un double cadenas font fermer les boutiques ;
Que, retiré chez lui, le paisible marchand
Va revoir ses billets et compter son argent ;
Que dans le Marché-Neuf tout est calme et tranquille ;
Les voleurs à l'instant s'emparent de la ville.
Le bois le plus funeste et le moins fréquenté
Est, au prix de Paris, un lieu de sûreté.
Malheur donc à celui qu'une affaire imprévue
Engage un peu trop tard au détour d'une rue !
Bientôt quatre bandits lui serrant les côtés :
« La bourse !... » Il faut se rendre ; ou bien, non ! [résistez !
Afin que votre mort, de tragique mémoire,
Des massacres fameux aille grossir l'histoire !
Pour moi, fermant ma porte, et cédant au sommeil,
Tous les jours je me couche avecque le soleil.
Mais, en ma chambre à peine ai-je éteint la lumière,
Qu'il ne m'est plus permis de fermer la paupière.
Des filous effrontés, d'un coup de pistolet,
Ébranlent ma fenêtre, et percent mon volet.
J'entends crier partout : « Au meurtre ! on [m'assassine ! »
Ou : « Le feu vient de prendre à la maison voisine ! »
Tremblant, et demi-mort, je me lève à ce bruit,
Et souvent sans pourpoint je cours toute la nuit.

(*Satires*)

Jean RACINE

(1639-1699)

Avec une extrême habileté, Jean Racine a su exprimer ses propres tourments et ses propres joies en les attribuant à des personnages historiques. Tel était d'ailleurs le système mis à l'honneur par la tragédie classique que Corneille, de trente-trois ans l'aîné de Racine, avait créée avec Le Cid, *en 1636.*

Orphelin dès son plus jeune âge, Racine a été confié aux dames de Port-Royal. C'est là qu'il accomplit ses humanités, puis au collège d'Harcourt à Paris. Dès qu'il sort du collège, il se lance à la recherche de la gloire. A vingt et un ans, son premier poème, La Nymphe de la Seine, *lui vaut une gratification officielle. La Fontaine, Molière le découvrent, et ce dernier lui facilite ses débuts au théâtre en acceptant de faire jouer sa* Thébaïde, *en 1664.*

On comprend que Racine se soit aussitôt lié avec une actrice, la Du Parc, qui, plus âgée que lui, l'éveille à l'amour, lui donne un enfant, et porte au succès Andromaque, *au théâtre de l'Hôtel de Bourgogne.*

Racine cherche l'originalité ; il la trouve dans la

simplicité de l'intrigue et dans l'expression émouvante des sentiments : l'amour, la jalousie, la haine, l'envie, la domination. Quand il donne Bérénice *en 1670, il peut juger de l'efficacité de ses principes. Dans la préface, il s'enorgueillit d'« une tragédie qui a été honorée de tant de larmes, et dont la trentième représentation a été aussi suivie que la première ».*

Racine a illustré sans le savoir, un siècle plus tôt, la célèbre réflexion de Vauvenargues : « Les grandes pensées viennent du cœur ». Sur la scène, il excelle à ménager les effets provoqués par les aveux. La curiosité, l'émotion des spectateurs sont sans cesse tenues en éveil et excitées par les sursauts intérieurs des héros.

Lorsqu'il sentit qu'il avait, en quelque sorte, épuisé son répertoire d'analyses sentimentales, Racine cessa d'écrire pour le théâtre, nous laissant ainsi l'impression qu'il n'avait produit que des chefs-d'œuvre. Avant la quarantaine, il devint, en même temps que Boileau, historiographe du roi.

Pour satisfaire à une requête de Mme de Maintenon, il composera encore deux tragédies édifiantes, Esther *et* Athalie. *Mais, dans le fond de son âme, sa ferveur va au Dieu de Port-Royal, c'est-à-dire qu'il rejette la gloire d'ici-bas, surtout si elle est le fruit de la littérature. Du moins est-ce ce qu'il écrit à son fils Jean-Baptiste, en 1693 : « Je ne saurais trop vous recommander de ne vous point laisser aller à la tentation de faire des vers français qui ne serviraient qu'à vous dissiper l'esprit ».*

Étrange, n'est-ce pas ?

M. T.

LA SÉPARATION

Bérénice

Hé bien, il est donc vrai que Titus m'abandonne ?
Il faut nous séparer ; et c'est lui qui l'ordonne.

Titus

N'accablez point, Madame, un prince malheureux.
Il ne faut point ici nous attendrir tous deux.
Un trouble assez cruel m'agite et me dévore,
Sans que des pleurs si chers me déchirent encore...

Bérénice

Qu'avez-vous fait ? Hélas ! je me suis crue aimée.
Au plaisir de vous voir mon âme accoutumée
Ne vit plus que pour vous. Ignoriez-vous vos lois,
Quand je vous l'avouai pour la première fois ?
A quel excès d'amour m'avez-vous amenée !
Que ne me disiez-vous : « Princesse infortunée,
Où vas-tu t'engager, et quel est ton espoir ?
Ne donne point un cœur qu'on ne peut recevoir ».
Ne l'avez-vous reçu, cruel, que pour le rendre,
Quand de vos seules mains ce cœur voudrait dépendre ?
Tout l'Empire a vingt fois conspiré contre nous.
Il était temps encor : que ne me quittiez-vous ?
Mille raisons alors consolaient ma misère
Je pouvais de ma mort accuser votre père,
Le peuple, le sénat, tout l'Empire romain,
Tout l'univers, plutôt qu'une si chère main.
Leur haine dès longtemps contre moi déclarée
M'avait à mon malheur dès longtemps préparée.
Je n'aurais pas, Seigneur, reçu ce coup cruel
Dans le temps que j'espère un bonheur immortel,
Quand votre heureux amour peut tout ce qu'il désire,
Lorsque Rome se tait, quand votre père expire,
Lorsque tout l'univers fléchit à vos genoux,
Enfin quand je n'ai plus à redouter que vous.

Titus

Je sais tous les tourments où ce dessein me livre ;
Je sens bien que sans vous je ne saurais plus vivre,
Que mon cœur de moi-même est prêt à s'éloigner ;
Mais il ne s'agit plus de vivre, il faut régner.

Bérénice

Hé bien ! régnez, cruel ; contentez votre gloire :
Je ne dispute plus. J'attendais, pour vous croire,
Que cette même bouche, après mille serments
D'un amour qui devait unir tous nos moments,
Cette bouche, à mes yeux s'avouant infidèle,
M'ordonnât elle-même une absence éternelle.
Moi-même j'ai voulu vous entendre en ce lieu.
Je n'écoute plus rien ; et pour jamais, adieu.
Pour jamais ! Ah ! Seigneur, songez-vous en vous-même
Combien ce mot cruel est affreux quand on aime ?
Dans un mois, dans un an, comment souffrirons-nous,
Seigneur, que tant de mers me séparent de vous ?
Que le jour recommence et que le jour finisse
Sans que jamais Titus puisse voir Bérénice,
Sans que de tout le jour je puisse voir Titus ?
Mais quelle est mon erreur, et que de soins perdus !
L'ingrat, de mon départ consolé par avance,
Daignera-t-il compter les jours de mon absence ?
Ces jours si longs pour moi lui sembleront trop courts.

Titus

Je n'aurai pas, Madame, à compter tant de jours.
J'espère que bientôt la triste renommée
Vous fera confesser que vous étiez aimée.
Vous verrez que Titus n'a pu sans expirer…

Bérénice

Ah ! Seigneur, s'il est vrai, pourquoi nous séparer ?

(*Bérénice*, Acte IV, scène 5)

Mariana ALCOFORADO, dite la Religieuse portugaise

(1640-1723)

Il règne toujours autour de ces Lettres de la Religieuse portugaise *(publiées à Paris en 1669) un mystère qui sert à la fois l'amour et l'aventure d'où elles sont nées. Le libraire ne donnait ni le nom de celle qui les avait écrites, ni celui du destinataire, ni le nom de celui qui les avait traduites du portugais. On chuchotait à Versailles qu'il s'agissait d'une histoire d'amour malheureux : un officier français s'était épris d'une nonne ; il en était aimé plus qu'il n'aimait. Son temps de service accompli, il a regagné la France où le rappelait le service du roi. Mais il laissait là-bas une âme en peine, qui, dans sa douleur, abandonnait toute pudeur.*

Des chercheurs, en 1810, ont révélé que la religieuse s'appelait Mariana Alcoforado, et qu'elle survécut longtemps à sa déception douloureuse, puisqu'on a retrouvé trace de son décès, en 1723, à l'âge de quatre-vingt-trois ans.

Le succès de la publication de ces lettres fut immense. On découvrit que le traducteur était le comte

Guilleragues, un ami de Boileau. Des érudits ont émis l'hypothèse que Guilleragues travailla à cette traduction avec l'aide de Molière et de Racine. D'où leur qualité de style et de finesse psychologique.

Dès lors, il ne serait plus étonnant que Mariana, la religieuse portugaise, se soit métamorphosée en amante éternelle. Sa plainte devient celle de toute femme à la poursuite de l'amour. « J'eusse été trop heureuse, écrit-elle dans une lettre, si nous avions passé notre vie ensemble. » Voilà le cri qui renferme le secret, grâce à quoi le mystère continuera d'envelopper l'aventure de Mariana Alcoforado. Éternelle nostalgie du bonheur par l'amour qui hante le cœur des mortels.

M. T.

CINQUIÈME LETTRE

(*fragment*)

Je vous écris pour la dernière fois, et j'espère vous faire connaître par la différence des termes, et de la manière de cette Lettre, que vous m'avez enfin persuadée que vous ne m'aimez plus, et qu'ainsi je ne dois plus vous aimer… Ah ! je me suis attiré tous mes malheurs. J'ai vécu longtemps dans un abandonnement et dans une idolâtrie qui me donne de l'horreur, et mon remords me persécute avec une rigueur insupportable, je sens vivement la honte des crimes que vous m'avez fait commettre, et je n'ai plus, hélas ! la passion qui m'empêchait d'en connaître l'énormité ; quand est-ce que mon cœur ne sera plus déchiré ? quand est-ce que je serai délivrée de cet embarras cruel ? Cependant je crois que je ne vous souhaite point de mal, et que je me résoudrais à consentir que vous fussiez heureux ; mais comment pourrez-vous l'être, si vous avez le cœur bien fait ?

Je veux vous écrire une autre Lettre, pour vous faire voir que je serai peut-être plus tranquille dans quelque temps... Que j'aurai de plaisir de pouvoir vous reprocher vos procédés injustes après que je n'en serai plus si vivement touchée et lorsque je vous ferai connaître que je vous méprise, que je parle avec beaucoup d'indifférence de votre trahison, que j'ai oublié tous mes plaisirs et toutes mes douleurs, et que je ne me souviens de vous que lorsque je veux m'en souvenir ! Je demeure d'accord que vous avez de grands avantages sur moi, et que vous m'avez donné une passion qui m'a fait perdre la raison, mais vous devez en tirer peu de vanité ; j'étais jeune, j'étais crédule, on m'avait enfermée dans ce Couvent depuis mon enfance, je n'avais vu que des gens désagréables, je n'avais jamais entendu les louanges que vous me donniez incessamment ; il me semblait que je vous devais les charmes et la beauté que vous me trouviez, et dont vous me faisiez apercevoir ; j'entendais dire du bien de vous, tout le monde me parlait en votre faveur, vous faisiez tout ce qu'il fallait pour me donner de l'Amour ; mais je suis, enfin, revenue de cet enchantement, vous m'avez donné de grands secours, et j'avoue que j'en avais un extrême besoin : en vous renvoyant vos Lettres, je garderai soigneusement les deux dernières que vous m'avez écrites, et je les relirai encore plus souvent que je n'ai lu les premières, afin de ne retomber plus dans mes faiblesses. Ah ! qu'elles me coûtent cher, et que j'aurais été heureuse, si vous eussiez voulu souffrir que je vous eusse aimé ! Je connais bien que je suis encore un peu trop occupée de mes reproches et de votre infidélité, mais souvenez-vous que je me suis promis un état plus paisible, et que j'y parviendrai, ou que je prendrai contre moi quelque résolution extrême, que vous apprendrez sans beaucoup de déplaisir ; mais je ne veux plus rien de vous, je suis une folle de redire ces mêmes choses si souvent ; il faut vous quitter et ne penser plus à vous ; je crois même que je ne vous écrirai plus ; suis-je obligée de vous rendre un compte exact de tous mes divers mouvements ?...

(*Lettres de la Religieuse portugaise*)

LA BRUYÈRE

(1645-1696)

Il était fort naturel, au XVIIe siècle, qu'un homme né dans une famille bourgeoise fît des études sérieuses en vue d'obtenir une charge dans le sillage de celle que son père avait remplie. Le père de La Bruyère était contrôleur général des ventes de la ville de Paris. Son fils fut avocat, à l'âge de vingt ans, puis, quelques années plus tard, à la faveur d'un héritage, devint trésorier de la généralité de Caen. Cette fonction lui permit de continuer à vivre auprès de ses amis parisiens jusqu'au jour où, grâce à l'appui de Bossuet, on lui offrit la place très enviée de précepteur du duc de Bourbon, petit-fils du Grand Condé.

Il lui fallut alors quitter la capitale pour le château de Chantilly. Quand son élève se maria, La Bruyère eut la faveur d'être nommé bibliothécaire du château.

Homme de cour, volontiers solitaire, il ne cessa d'être préoccupé par l'écriture. Il disait volontiers que c'était « un métier que de faire un livre, comme de faire une pendule ». Sous le prétexte de travailler en horloger consciencieux, il entreprit la traduction des

Caractères *de l'auteur grec Théophraste (370 av. J-C.), faisant habilement suivre ce texte de son propre essai sur les* Caractères et mœurs de ce siècle. *La première édition parut en 1688. La Bruyère avait donc quarante-trois ans. Le succès immédiat et prolongé de cet ouvrage le conduisit à l'Académie française où il entra non sans difficulté, malgré le patronage actif de Bossuet et de Racine.*

Sa situation à la cour des Condé lui servait de poste d'observation idéal. Ses remarques ne furent pas toujours du goût de ses contemporains. Mais les uns et les autres, trouvant dans la diversité de ces réflexions de quoi satisfaire leurs égoïsmes, La Bruyère sortit indemne de son entreprise virulente, peut-être parce qu'une mort relativement précoce le préserva de la vindicte de ses détracteurs, en 1696, à l'âge de cinquante et un ans.

Cet homme à l'esprit acerbe se lit agréablement. Sa pensée s'exprime souvent avec humour et son style a la vivacité des répliques théâtrales :

« Il faut rire avant d'être heureux, de peur de mourir sans avoir ri. »

Ce qu'il y a de bien chez ce moraliste, c'est finalement, qu'au lieu de susciter notre contradiction il éveille notre propre cerveau. Ainsi, même à trois siècles d'intervalle, demeure-t-il actuel pour chacun de ses lecteurs.

M. T.

DES FEMMES

– Une belle femme qui a les qualités d'un honnête homme est ce qu'il y a au monde d'un commerce plus délicieux. On trouve en elle tout le mérite des deux sexes.

– Une femme oublie d'un homme qu'elle n'aime plus jusques aux faveurs qu'il a reçues d'elle.

– Une femme faible est celle à qui l'on reproche une faute, qui se la reproche à elle-même, dont le cœur combat la raison, qui veut guérir, qui ne guérira point, ou bien tard.

– Il y a des femmes déjà flétries, qui par leur complexion ou par leur mauvais caractère sont naturellement la ressource des jeunes gens qui n'ont pas assez de bien. Je ne sais qui est plus à plaindre, ou d'une femme avancée en âge qui a besoin d'un cavalier, ou d'un cavalier qui a besoin d'une vieille.

– Les femmes sont extrêmes ; elles sont meilleures ou pires que les hommes.

– La plupart des femmes n'ont guère de principes ; elles se conduisent par le cœur, et dépendent pour leurs mœurs de ceux qu'elles aiment.

– Un homme éclate contre une femme qui ne l'aime plus, et se console ; une femme fait moins de bruit quand elle est quittée, et demeure longtemps inconsolable.

– Une femme insensible est celle qui n'a pas encore vu celui qu'elle doit aimer.

– Ne pourrait-on point découvrir l'art de se faire aimer de sa femme ?

DU CŒUR

– L'amitié peut subsister entre des gens de différents sexes, exempte même de toute grossièreté ; une femme cependant regarde toujours un homme comme un homme, et réciproquement un homme regarde une femme comme une femme : cette liaison n'est ni passion ni amitié pure ; elle fait une classe à part.

– Le temps, qui fortifie les amitiés, affaiblit l'amour.

– L'amour et l'amitié s'excluent l'un l'autre.

– L'on n'aime bien qu'une seule fois, c'est la première : les amours qui suivent sont moins involontaires.

– Quelque délicat que l'on soit en amour, on pardonne plus de fautes que dans l'amitié.

– Être avec des gens qu'on aime, cela suffit ; rêver, leur parler, ne leur parler point, penser à eux, penser à des choses plus indifférentes, mais auprès d'eux, tout est égal.

DE LA CONVERSATION

– Que dites-vous ? Comment ? je n'y suis pas ; vous plairait-il de recommencer ? j'y suis encore moins ; je devine enfin : vous voulez me dire, Acis, qu'il fait froid ; que ne disiez-vous : « Il fait froid » ; vous voulez m'apprendre qu'il pleut ou qu'il neige ; dites : « Il pleut, il neige » ; vous me trouvez bon visage, et vous désirez de m'en féliciter ; dites : « Je vous trouve bon visage ». Mais, répondez-vous, cela est bien uni et bien clair, et d'ailleurs qui ne pourrait pas en dire autant ? Qu'importe, Acis ? est-ce un si grand mal que d'être entendu quand on parle, et de parler comme tout le monde ? Une chose vous manque, Acis, et à vos semblables,... c'est l'esprit. Ce n'est pas tout, il y a en vous une chose de trop, qui est l'opinion d'en avoir plus que les autres : voilà la source de votre pompeux galimatias, de vos phrases embrouillées et de vos grands mots qui ne signifient rien. Vous abordez cet homme ou vous entrez dans cette chambre, je vous tire par votre habit et vous dis à l'oreille : « Ne songez point d'avoir de l'esprit, n'en ayez point, c'est votre rôle ; ayez, si vous pouvez, un langage simple, et tel que l'ont ceux en qui vous ne trouvez aucun esprit : peut-être alors croira-t-on que vous en avez. »

(*Caractères*)

FÉNELON

(1651-1715)

La célébrité de Fénelon a débarrassé son nom de tous les attributs de la noblesse ; il s'appelait en effet François de Salignac de La Mothe. Parce qu'il était animé par une foi sincère, il fut tout de suite nommé, à sa sortie du séminaire de Saint-Sulpice, au poste de supérieur des Nouvelles Catholiques *; on désignait ainsi les jeunes filles protestantes qui se convertissaient à la religion catholique.*

Grâce à l'appui de Bossuet, son maître, qui avait été le précepteur de Louis XIV, Fénelon fut choisi pour enseigner trois élèves privilégiés : le duc de Bourgogne, destiné au trône, le duc d'Anjou et le duc de Berry. Pour eux, il composa une sorte de roman, Télémaque. *En réalité, c'était un livre d'éducation civique et morale, avec des formules très neuves pour l'époque (1690) : « Aimez les peuples ; n'oubliez rien pour être aimé. N'oubliez jamais que les rois ne règnent point pour leur propre gloire, mais pour le bien des peuples. »*

Fénelon a un sens profond de l'humanité ; il aime

son pays, certes, mais il voit dans l'espèce humaine une communauté fraternelle. Les mœurs et la langue dont nous nous servons ne doivent pas être des sujets de discorde. Au contraire.

Ainsi s'explique sa conception de l'enrichissement de la langue française.

Comment ne pas être profondément étonné de trouver sous la plume d'un écrivain d'il y a trois siècles l'exposé d'un problème qui est le nôtre depuis la moitié du XXe *siècle ? Non seulement Fénelon expose le problème, mais il y apporte des solutions.*

Ce que nous combattons, nous, c'est ce que nous considérons comme l'envahissement de notre langue par des mots étrangers. Et voilà que dans sa Lettre à l'Académie *Fénelon conseille, lui, d'enrichir le français en faisant appel au latin d'abord, puis aux autres idiomes.*

Je pensais à l'entrée dans notre langage des mini, maxi, *des* super, *et à tous les vocables anglo-saxons, depuis le* parking *et le* self *jusqu'au* fast-food. *Beaucoup de bons esprits s'élèvent contre cette invasion. N'affirmons pas trop vite que Fénelon eût été d'accord ; il y a dans son texte une phrase qui en dit long : « Il faudrait que des personnes d'un goût et d'un discernement éprouvés choisissent les termes que nous devrions autoriser. » Voilà le piège que tend le célèbre Fénelon : en fait, il n'ouvre pas la langue française à l'invasion, mais il voudrait créer une dictature du choix.*

Difficile à concilier... et à comprendre, et plus encore à interpréter.

M. T.

ENRICHIR LA LANGUE

Notre langue manque d'un grand nombre de mots et de phrases : il me semble même qu'on l'a gênée et appauvrie, depuis environ cent ans, en voulant la purifier. Il est vrai qu'elle étoit encore un peu informe et trop *verbeuse*. Mais le vieux langage se fait regretter, quand nous le retrouvons dans Marot, dans Amyot, dans le cardinal d'Ossat, dans les ouvrages les plus enjoués, et dans les plus sérieux : il avoit je ne sais quoi de court, de naïf, de hardi, de vif et de passionné. On a retranché, si je ne me trompe, plus de mots qu'on n'en a introduit. D'ailleurs, je voudrois n'en perdre aucun, et en acquérir de nouveaux. Je voudrois autoriser tout terme qui nous manque, et qui a un son doux, sans danger d'équivoque.

Quand on examine de près la signification des termes, on remarque qu'il n'y en a presque point qui soient entièrement synonymes entre eux. On en trouve un grand nombre qui ne peuvent désigner suffisamment un objet, à moins qu'on n'y ajoute un second mot : de là vient le fréquent usage des circonlocutions. Il faudroit abréger en donnant un terme simple et propre pour exprimer chaque objet, chaque sentiment, chaque action. Je voudrois même plusieurs synonymes pour un seul objet : c'est le moyen d'éviter toute équivoque, de varier les phrases, et de faciliter l'harmonie, en choisissant celui de plusieurs synonymes qui sonneroit le mieux avec le reste du discours.

J'entends dire que les Anglois ne se refusent aucun des mots qui leur sont commodes : ils les prennent partout où ils les trouvent chez leurs voisins. De telles usurpations sont permises. En ce genre, tout devient commun par le seul usage. Les paroles ne sont que des sons dont on fait arbitrairement les figures de nos pensées. Ces sons n'ont en eux-mêmes aucun prix. Ils sont autant au peuple qui les emprunte, qu'à celui qui les a prêtés. Qu'importe qu'un mot soit né dans notre pays, ou qu'il nous vienne d'un pays étranger ? La jalousie seroit puérile, quand il ne s'agit que de la manière de mouvoir ses lèvres, et de frapper l'air.

D'ailleurs nous n'avons rien à ménager sur ce faux point d'honneur. Notre langue n'est qu'un mélange de grec, de latin et de tudesque, avec quelques restes confus de gaulois. Puisque nous ne vivons que sur ces emprunts, qui sont devenus notre fonds propre, pourquoi aurions-nous une mauvaise honte sur la liberté d'emprunter, par laquelle nous pouvons achever de nous enrichir ? Prenons de tous côtés tout ce qu'il nous faut pour rendre notre langue plus claire, plus précise, plus courte, et plus harmonieuse ; toute circonlocution affoiblit le discours.

Il est vrai qu'il faudroit que des personnes d'un goût et d'un discernement éprouvés choisissent les termes que nous devrions autoriser. Les mots latins paraîtraient les plus propres à être choisis : les sons en sont doux ; ils tiennent à d'autres mots qui ont déjà pris racine dans notre fonds ; l'oreille y est déjà accoutumée. Ils n'ont plus qu'un pas à faire pour entrer chez nous : il faudroit leur donner une agréable terminaison. Quand on abandonne au hasard, ou au vulgaire ignorant, ou à la mode des femmes, l'introduction des termes, il en vient plusieurs qui n'ont ni la clarté ni la douceur qu'il faudroit désirer.

J'avoue que si nous jetions à la hâte et sans choix dans notre langue un grand nombre de mots étrangers, nous ferions du françois un amas grossier et informe des autres langues d'un génie tout différent. C'est ainsi que les aliments trop peu digérés mettent, dans la masse du sang d'un homme, des parties hétérogènes qui l'altèrent au lieu de le conserver.

On me dira peut-être que l'Académie n'a pas le

pouvoir de faire un édit avec une affiche en faveur d'un terme nouveau ; le public pourroit se révolter. Mais je crois que le public ne manqueroit point de complaisance pour l'Académie, quand elle le ménageroit. Pourquoi ne viendrions-nous pas à bout de faire ce que les Anglois font tous les jours ?

Un terme nous manque, nous en sentons le besoin : choisissez un son doux et éloigné de toute équivoque, qui s'accommode à notre langue, et qui soit commode pour abréger le discours. Chacun en sent d'abord la commodité : quatre ou cinq personnes le hasardent modestement en conversation familière, d'autres le répètent par le goût de la nouveauté, le voilà à la mode. C'est ainsi qu'un sentier qu'on ouvre dans un champ devient bientôt le chemin le plus battu, quand l'ancien chemin se trouve raboteux et moins court.

Notre langue deviendroit bientôt abondante, si les personnes qui ont la plus grande réputation de politesse s'appliquaient à introduire les expressions ou simples ou figurées dont nous avons été privés jusqu'ici.

(*Lettre à l'Académie*)

FONTENELLE

(1657-1757)

L'année même de la naissance de Fontenelle, paraît en librairie l'ouvrage posthume de Cyrano de Bergerac, Histoire comique des États et Empires de la Lune. *Fontenelle n'abordera le même thème que trente ans plus tard, dans ses* Entretiens sur la pluralité des mondes. *Ce livre est le reflet de son occupation favorite : animer les salons de Mme Geoffrin et de Mme de Tencin, en transmettant les résultats de ses recherches. Depuis Descartes et son* Discours de la méthode *(1637), toute la France mondaine pense et rêve de découvertes scientifiques. Fontenelle deviendra vite le guide et le chef des Modernes dans la querelle qui les oppose aux Anciens.*

Élu à trente-quatre ans membre de l'Académie française, il cumulera bientôt les honneurs les plus enviés : Secrétaire perpétuel de l'Académie des Sciences, membre de la Société royale de Londres et de l'Académie de Berlin, etc. Ce succès est le fruit de sa méthode : « J'ai voulu traiter la philosophie d'une manière qui ne fût point philosophique, ni trop sèche pour les gens du monde, ni trop badine pour les savants ».

Sous ce masque spirituel se cache un homme qui songe avant tout à sa propre tranquillité intérieure. Fontenelle se méfie de « cette espèce bizarre de créatures qu'on appelle le genre humain ». Un jour, Mme de Tencin lui met l'index sur la poitrine à l'emplacement du cœur en disant : « C'est de la cervelle que vous avez là ».

Nous imaginons le sourire de Fontenelle, et peut-être fut-ce à la suite d'un incident de ce genre qu'il nota cette recette pour le bonheur individuel : « Celui qui veut être heureux se réduit et se resserre autant qu'il est possible. Il a ces deux caractères : il change peu de place et en tient peu. Le plus grand secret pour le bonheur, c'est d'être bien avec soi ».

La recette serait à retenir si elle ne se doublait d'égoïsme : « J'aurais les mains pleines de vérités que je ne l'ouvrirais pas pour le peuple », dit-il, précédant Voltaire qui, lui, écrira à l'un de ses amis : « Il me paraît essentiel qu'il y ait des gueux ignorants ; ce n'est pas le manœuvre qu'il faut instruire, c'est le bon bourgeois ».

La Bruyère formulera un jugement sévère : « Fontenelle est un composé de pédant et de précieux... » S'il n'avait pas été aveuglé par sa jalousie de confrère contemporain, il aurait malgré tout rendu hommage à l'auteur de Dialogue des morts et des Entretiens (1686), où l'on trouve des passages comme celui-ci : « Quand le ciel n'était que cette voûte bleue où les étoiles étaient clouées, l'univers me paraissait petit et étroit ; je m'y sentais comme oppressé. Présentement qu'on a donné infiniment plus d'étendue et de profondeur à cette voûte, il me semble que je respire avec plus de liberté, et assurément l'univers a une tout autre magnificence ».

Il est bien que le seul centenaire de notre littérature

ait été aussi un écrivain de la plus haute qualité. C'est peut-être ce qu'il entendait par « être bien avec soi ».

M. T.

UN JOUR ON IRA JUSQU'A LA LUNE

– J'ai une pensée très ridicule, qui a un air de vraisemblance qui me surprend... Je gage que je vais vous réduire à avouer, contre toute raison, qu'il pourra y avoir un jour du commerce entre la terre et la lune. Remettez-vous dans l'esprit l'état où était l'Amérique avant qu'elle eût été découverte par Christophe Colomb. Ses habitants vivaient dans une ignorance extrême. Loin de connaître les sciences, ils ne connaissaient pas les arts les plus simples et les plus nécessaires. Ils allaient nus, ils n'avaient point d'autres armes que l'arc ; ils n'avaient jamais conçu que des hommes pussent être portés par des animaux ; ils regardaient la mer comme un grand espace défendu aux hommes, qui se joignait au ciel, et au-delà duquel il n'y avait rien... Cependant voilà un beau jour le spectacle du monde le plus étrange et le moins attendu qui se présente à eux. De grands corps énormes qui paraissent avoir des ailes blanches, qui volent sur la mer, qui vomissent le feu de toutes parts, et qui viennent jeter sur le rivage des gens inconnus... D'où sont-ils venus ? Qui a pu les amener par-dessus les mers ?... Je ne sais, madame, si vous entrez comme moi dans la surprise des Américains ; mais jamais il ne peut y en avoir eu une pareille dans le monde. Après cela, je ne veux plus jurer qu'il ne puisse y avoir commerce quelque jour entre la terre et la lune. Les Américains eussent-ils cru qu'il eût dû y en avoir entre l'Amérique et l'Europe qu'ils ne connaissaient seulement pas ? Il est vrai qu'il faudra traverser ce grand espace d'air et de ciel qui est entre la terre et la lune. Mais ces grandes mers paraissaient-elles aux Américains plus propres à être traversées ?

– En vérité, dit la marquise en me regardant, vous êtes fou. – Qui vous dit le contraire ? répondis-je. – Je veux vous le prouver, reprit-elle ; je ne me contente pas de l'aveu que vous en faites... Les Américains étaient si ignorants, qu'ils n'avaient garde de soupçonner qu'on pût se faire des chemins au travers des mers si vastes ; mais nous qui avons tant de connaissances, nous nous figurerions bien qu'on pût aller par les airs, si l'on pouvait effectivement y aller. – On fait plus que se figurer la chose possible, répliquai-je, on commence déjà à voler un peu ; plusieurs personnes différentes ont trouvé le secret de s'ajuster des ailes qui les soutiennent en l'air, de leur donner du mouvement, et de passer par-dessus les rivières. A la vérité, ce n'a pas été un vol d'aigle et il en a quelquefois coûté à ces nouveaux oiseaux un bras ou une jambe, mais enfin cela ne représente encore que les premières planches que l'on a mises sur l'eau, et qui ont été le commencement de la navigation. De ces planches-là, il y avait bien loin jusqu'à de gros navires qui pussent faire le tour du monde. Cependant peu à peu sont venus les gros navires. L'art de voler ne fait encore que de naître ; il se perfectionnera, et quelque jour on ira dans la lune.

(*Entretiens sur la pluralité des mondes*)

LESAGE

(1668-1747)

Quand Lesage a vingt ans, en 1688, Molière, Corneille, Racine sont les trois piliers du théâtre français : le premier est mort en 1673, le second en 1684 et le troisième, déçu d'avoir eu à lutter pour défendre sa tragédie de Phèdre, *accepte, en fin de course, de composer deux pièces pour Mme de Maintenon,* Esther *et* Athalie. *D'autre part, La Bruyère triomphe avec ses* Caractères.

Ainsi se présente à Lesage le domaine littéraire ; c'est donc du côté de la scène que le champ lui apparaît le plus dégagé, car, en réalité, il exerce son métier d'avocat sans passion, simplement comme un gagne-pain.

Sans doute le succès des Caractères *n'est-il pas étranger à son projet de porter au théâtre le thème de l'argent et le personnage de l'homme riche. « L'opulent, a-t-il pu lire dans La Bruyère, n'est guère éloigné de la friponnerie » ou : « Il faut une sorte d'esprit pour faire fortune, et surtout une grande fortune : ce n'est ni le bon ni le bel esprit, ni le grand ni le sublime, ni le fort ni le délicat ; je ne sais précisément lequel c'est, et j'attends que quelqu'un veuille bien m'instruire ».*

Emporté par sa vocation d'auteur dramatique, Lesage décide de s'y consacrer entièrement, donc d'en vivre. Se souvenant que Corneille a tiré son inspiration du Cid *d'un récit espagnol (*Les Enfances du Cid, *de Guilhem de Castro), il s'emploie à traduire des pièces espagnoles, et ce n'est qu'à l'approche de la quarantaine qu'il se risquera à écrire une œuvre de son cru,* Crispin rival de son maître, *jouée en 1707 au Théâtre-Français, puis une véritable comédie de mœurs,* Turcaret, *qui restera dans notre littérature comme le type du financier combinard. Le valet de la pièce, Frontin, définit en deux lignes le ressort de la situation : « Nous plumons une coquette ; la coquette mange un homme d'affaires ; l'homme d'affaires en pille d'autres : cela fait un ricochet de fourberies le plus plaisant du monde ».*

Lesage y gagne une honnête réputation, mais pas assez d'argent pour faire vivre décemment sa femme et ses enfants. Sa facilité et sa bourse trouveront leur compte dans la fabrication de comédies destinées au Théâtre de la Foire.

La recherche des sources espagnoles lui aura révélé un autre filon, celui des récits picaresques. « Picaro », *en espagnol, désigne un fripon, avec cette nuance que ce penchant à la friponnerie naît souvent d'une injustice sociale. « Je ne suis pas moins prêt à faire une bonne action qu'une mauvaise », déclare volontiers le coquin. Ce sera la source de* Gil Blas de Santillane, *qui représente, grosso modo, ce que dans un roman de mœurs du* XXe *siècle on appellerait un « Français moyen ».*

Lesage conserve le cadre et le ton de ce récit anecdotique. Prudence oblige : on peut très bien se moquer de la France et de ses habitants en les faisant passer pour des Espagnols vivant en Espagne... Moraliste, il ne tient pas à s'imposer par le scandale. Aussi a-t-il débuté par une sorte de roman dont les héros sont le diable et un écolier naïf, don Cléophas. Un Diable boîteux, *indiquant sans doute par là que ses diableries cachent peut-être l'enseignement le plus sage, en tout cas le mieux déguisé.*

Suivra Gil Blas de Santillane, *dont la publication s'échelonnera de 1712 à 1735.*

L'accueil du public fut enthousiaste. Nul doute que Voltaire s'en est souvenu lorsqu'il entreprit, à partir de 1747, avec Zadig, *la série de ses contes philosophiques.*

M.T.

ASMODÉE, LE DIABLE ET L'ÉCOLIER DON CLÉOPHAS

Asmodée n'avait pas sans raison vanté son agilité. Il fendit l'air comme une flèche décochée avec violence, et s'alla percher sur la tour de San Salvador.

– Oh ! ça, dit le démon, vous ne savez pas pourquoi je vous amène ici ? Je prétends vous montrer tout ce qui se passe dans Madrid... Je vais, par mon pouvoir diabolique, enlever les toits des maisons, et malgré les ténèbres de la nuit, le dedans va se découvrir à vos yeux.

A ces mots, il ne fit simplement qu'étendre le bras droit, et aussitôt tous les toits disparurent. Alors, l'écolier vit, comme en plein midi, l'intérieur des maisons.

Le spectacle était trop nouveau pour ne pas attirer

son attention tout entière. Il promena sa vue de toutes parts, et la diversité des choses qui l'environnaient eut de quoi occuper longtemps sa curiosité.

– Seigneur don Cléophas, lui dit le diable, cette confusion d'objets que vous regardez avec tant de plaisir est, à la vérité, très agréable à contempler : mais ce n'est qu'un amusement frivole. Il faut que je vous le rende utile ; et, pour vous donner une parfaite connaissance de la vie humaine, je veux vous expliquer ce que font toutes ces personnes que vous voyez. Je vais vous découvrir les motifs de leurs actions et vous révéler jusqu'à leurs plus secrètes pensées. Par où commençons-nous ? Observons d'abord dans cette maison, à main droite, ce vieillard qui compte de l'or et de l'argent... Admirez ce vieux fou. Avec quelle satisfaction il parcourt des yeux ses richesses ! Il ne peut s'en rassasier. Mais prenez garde en même temps à ce qui se passe dans une petite salle de la même maison. Y remarquez-vous deux jeunes garçons avec une vieille femme ?

– Oui, répondit Cléophas. Ce sont apparemment ses enfants ?

– Non, reprit le diable, ce sont ses neveux qui doivent en hériter, et qui, dans l'impatience où ils sont de partager ses dépouilles, ont fait venir secrètement une sorcière pour savoir d'elle quand il mourra. J'aperçois dans la maison voisine deux tableaux assez plaisants. L'un est une coquette surannée, qui se couche après avoir laissé ses cheveux, ses sourcils et des dents sur sa toilette. L'autre, un galant sexagénaire qui revient de faire l'amour. Il a déjà ôté son œil et sa moustache postiches, avec sa perruque qui cachait une tête chauve. Il attend que son valet lui ôte son bras et sa jambe de bois pour se mettre au lit avec le reste...

(*Le Diable boiteux*)

Saint-Simon

(1675-1755)

Né en 1675, Saint-Simon, fils du duc et pair de Saint-Simon, s'engage tout naturellement dans la compagnie des mousquetaires du roi. Capitaine à dix-sept ans. A la mort de son père, en 1693, Louis XIV lui conserve ses titres de duc et pair.

Saint-Simon ne se contente pas de ses lettres de noblesse ; il participe aux actions militaires et trouve bien lente sa progression dans la hiérarchie. A vingt-sept ans, colonel, quelle dérision pour un duc et pair ! En 1702, il démissionne, mais le roi l'enchaîne à Versailles parmi les courtisans.

Aussi naturellement qu'il était entré, adolescent, dans l'armée, il s'installe dans l'écriture : il esquisse ses Mémoires *qu'il conçoit comme une histoire de son temps, au jour le jour. Une sorte de journalisme secret, où il peut épancher sa bile. Car il enrage de voir la France conduite par « un long règne de vile bourgeoisie ». On sera, plus tard, étonné par sa verve et l'on mesurera combien il a dû souffrir, par ambition rentrée, en lisant par exemple ce qu'il avoue de sa haine à l'endroit du duc de Noailles : « Je ne cache pas que le plus beau et le plus délicieux jour de ma vie ne fût celui où il me serait donné par la justice divine de l'écraser en marmelade et de lui marcher à deux pieds sur le ventre ».*

Après la mort de Louis XIV, il avait obtenu quelques satisfactions honorifiques de la part du Régent, notamment une mission d'ambassadeur en Espagne afin d'aller présenter au roi d'Espagne la demande en mariage de l'infante pour Louis XV. Mais, à partir de 1723, il se retira à Paris, puis dans sa terre de La Ferté-Vidame. Sa vie familiale qu'il chérissait lui fut une source de tristesse profonde, car sa femme, qu'il adorait, mourut, ainsi que leurs deux fils, prématurément. On aurait pu croire, en 1755, quand il disparut lui-même, que le duc de Saint-Simon avait tout perdu, son temps, sa vie, sa lignée.

En réalité, sa succession était ailleurs, invulnérable, dans son style.

Ses Mémoires *ne furent rendus publics que plusieurs années après sa mort. La noblesse et la Cour, l'État les mirent sous scellés. Quand, enfin, en 1829, le roi Charles X donna la liberté de les publier, le succès fut immédiat et considérable. Il le restera longtemps. Aussi étrange que cela puisse paraître, je dirai que Saint-Simon se révèle le Picasso de l'écriture : doué autant que les meilleurs – c'est-à-dire Montesquieu, Rousseau, Voltaire, etc. –, il se défend de vouloir les imiter. Alors, pour échapper volontairement au pastiche, il joue avec sa phrase : il l'allonge, la tord, la tortille, la truffe d'images baroques, bref, il fait du Saint-Simon, comme Picasso faisait du Picasso en torturant les pastiches qu'il faisait de Goya, de Vélasquez ou de Poussin. On le reconnaît entre mille. C'est le plus brillant original de notre littérature.*

M.T.

LA DUCHESSE DE BOURGOGNE

Les grâces naissaient d'elles-mêmes, de tous ses pas, de toutes ses manières et de ses discours les plus communs...

En public, sérieuse, mesurée, respectueuse avec le roi, et en timide bienséance avec madame de Maintenon, qu'elle n'appelait jamais que « ma tante », pour confondre joliment le rang et l'amitié ; en particulier, causante, sautante, voltigeante autour d'eux, tantôt perchée sur les bras d'un fauteuil de l'un ou l'autre, tantôt se jouant sur leurs genoux ; elle leur sautait au col, les embrassait, les baisait, les caressait, les chiffonnait, leur tirait le dessous du menton, les tourmentait, fouillait leurs tables, leurs papiers, leurs lettres, les décachetait, les lisait quelquefois malgré eux, selon qu'elle les voyait en humeur d'en rire, et parlait quelquefois dessus.

Je n'oserais jamais écrire... le trait que je vais rapporter, s'il ne servait plus qu'aucun autre à montrer jusqu'à quel point elle était parvenue d'oser tout dire et tout faire avec eux. Un soir qu'il y avait comédie à Versailles, la princesse, après avoir bien parlé toute sorte de langages, vit entrer Nanon, ancienne femme de chambre de Madame de Maintenon et aussitôt s'alla mettre, tout en grand habit, comme elle était, et parée, le dos à la cheminée, debout, appuyée sur le petit paravent entre les deux tables. Nanon passa derrière elle, et se mit comme à genoux. Le Roi qui en était le plus proche s'en aperçut et leur demanda ce qu'elles faisaient là. La princesse se mit à rire et répondit qu'elle faisait ce qui lui arrivait souvent de faire les jours de comédie. Le Roi insista. « Voulez-vous le savoir, puisque vous ne l'avez pas encore remarqué ? C'est que je prends un lavement d'eau. – Comment, s'écria le Roi, mourant de rire, actuellement, là, vous prenez un lavement d'eau ! – Eh ! vraiment oui, dit-elle. – Et comment faites-vous cela ? » Et les voilà tous les quatre à rire de tout leur cœur.

Nanon apportait la seringue toute prête sous les jupons, levait ceux de la princesse, qui se tenait comme se chaussant, et Nanon lui glissait le clystère ; les jupons retombaient et Nanon remportait la seringue sous les siens. Il n'y paraissait pas. Ils n'y avaient pas pris garde, ou ils croyaient que Nanon rajustait quelque chose à l'habillement... La surprise fut extrême, et tous deux trouvèrent cela fort plaisant. Le vrai est qu'elle alla avec ce lavement à la comédie, sans être pressée de le rendre ; quelquefois même elle ne le rendait qu'après le souper du Roi... Elle disait que cette eau la rafraîchissait et empêchait que la chaleur du lieu de la comédie ne lui fît mal à la tête. Depuis la découverte, elle ne s'en contraignait pas plus qu'auparavant... Le Roi ne pouvait se passer d'elle.

(*Mémoires*)

MARIVAUX

(1688-1763)

Marivaux ne peut s'empêcher, même lorsqu'il raconte une scène, de la faire en quelque sorte jouer par les personnages. Cette façon de traiter l'écriture explique-t-elle que ses premiers romans aient semblé ennuyeux à un public accoutumé à la prose limpide d'un Montesquieu ou d'un Voltaire, qui ne mêlaient pas les genres ? Car Marivaux se trouve être le contemporain des redoutables encyclopédistes. Il se veut, lui, moderne entre les modernes, préférant « être humblement assis sur le dernier banc de la petite troupe des auteurs originaux, qu'orgueilleusement placé à la première ligne dans le nombreux bétail des singes littéraires ».

Il a débuté au théâtre en 1720 avec une tragédie, Annibal, *jouée à la Comédie-Française, sans aucun succès. Il se rend compte que son esprit n'est pas fait pour « singer » les auteurs de vers classiques. Il se lance alors dans la voie de la comédie « naturelle », celle où les gens parlent comme dans les salons qu'il fréquente : « Entre gens d'esprit, écrit-il, les conversa-*

tions dans le monde sont plus vives qu'on ne pense, et tout ce qu'un auteur peut faire pour les imiter n'approchera jamais du feu et de la naïveté fine et subtile qu'ils mettent. » S'il avait vécu à l'époque du magnétophone, Marivaux aurait sans doute dissimulé un appareil pour capter sur le vif les propos échangés...

Les comédiens italiens ont aimé interpréter ces « marivaudages ». La jalousie des contemporains a donné un sens péjoratif à ce mot. Voltaire attaque l'auteur de La Double Inconstance *avec une férocité incroyable, ce Marivaux qui « pèse des œufs de mouche dans des balances en toile d'araignée ». Celui-ci réplique : « Voltaire, dit-il, est la perfection des idées communes », et il lui jette à la face : « Vous vous étonnez qu'un rien produise un si grand effet. Et ne savez-vous pas, raisonneur, que le rien est le motif des plus grandes catastrophes... Ne savez-vous pas, puisque je suis sur cet article, que vous n'êtes rien vous-même... »*

On devine quelle a dû être sa satisfaction de battre Voltaire à l'élection académique, en 1742 ! Ce dernier aura sa revanche quatre ans plus tard, en même temps qu'il recevra la charge d'historiographe du roi. Marivaux, lui, connaîtra la pauvreté. La faillite du système de Law l'a ruiné, et il finira sa vie misérablement, avec une maigre pension de la Pompadour et l'assistance charitable d'une vieille fille. Mais il aura su retourner à son avantage la signification du mot « marivaudage » : « Chez mes confrères, l'amour est en querelle avec tout ce qui l'environne et finit par être heureux malgré les opposants ; chez moi, il n'est en querelle qu'avec lui-même et finit par être heureux malgré lui ». De cette étiquette méchamment satirique, Marivaux a fait la marque même d'une création originale, qui continue à nous charmer au-delà des siècles.

M. T.

LA FAUSSE SUIVANTE

Trivelin. – Monsieur, on peut se fier à mes observations. Tenez, je n'ai qu'à regarder une femme entre deux yeux, je vous dirai ce qu'elle sent et ce qu'elle sentira, le tout à une virgule près. Tout ce qui se passe dans son cœur s'inscrit sur son visage, et j'ai tant étudié cette écriture-là, que je la lis aussi couramment que la mienne. Par exemple, tantôt, pendant que vous vous amusiez dans le jardin à cueillir des fleurs pour la comtesse, je raccommodais près d'elle une palissade, et je voyais le chevalier, sautillant, rire et folâtrer avec elle. « Que vous êtes badin ! » lui disait-elle, en souriant négligemment à ses enjouements. Tout autre que moi n'aurait rien remarqué dans ce sourire-là ; c'était un chiffre. Savez-vous ce qu'il signifiait ? Que vous m'amusez agréablement, chevalier ! Que vous êtes aimable dans vos façons ! Ne sentez-vous pas que vous me plaisez ?

Lélio. – Cela est ; mais rapporte-moi quelque chose que je puisse expliquer, moi, qui ne suis pas si savant que toi.

Trivelin. – ... Le chevalier continuait, lui volait quelques baisers, dont on se fâchait, et qu'on n'esquivait pas. « Laissez-moi donc ! » disait-elle avec un visage indolent, qui ne faisait rien pour se tirer d'affaire, qui avait la paresse de rester exposé à l'injure. « Mais, en vérité, vous n'y songez pas ! » ajoutait-elle ensuite. Et moi, tout en raccommodant ma palissade, j'expliquais ce *vous n'y songez pas*, et ce *laissez-moi donc* : et je voyais que cela voulait dire : Courage, chevalier, encore un baiser sur le même ton ; surprenez-moi toujours, afin de sauver les bienséances ; je ne dois consentir à rien ; mais si vous êtes adroit, je n'y saurais que faire : ce ne sera pas ma faute.

Lélio. – Oui-da : c'est quelque chose que des baisers.

Trivelin. – Voici le plus touchant. « Ah ! la belle main ! s'écria-t-il ensuite : souffrez que l'admire. – Il n'est pas nécessaire. – De grâce. – Je ne veux point... » Ce nonobstant, la main est prise, admirée, caressée ; cela va tout de suite... Point de nouvelles. Un coup d'éventail là-dessus, coup galant qui signifie : « Ne lâchez point ! » ; l'éventail est saisi ; nouvelles pirateries sur la main qu'on tient ; l'autre vient à son secours ; autant de pris encore par l'ennemi... Le procès en était là quand vous êtes venu, mais je crois maintenant les parties d'accord. Qu'en dites-vous ?

Lélio. – Je dis que ta découverte commence à prendre forme.

(Acte II)

MONTESQUIEU

(1689-1755)

« Je n'ai pas aimé à faire ma fortune par le moyen de la Cour ; j'ai songé à le faire en faisant valoir mes terres et à tenir toute ma fortune immédiatement de la main des dieux. »

Cette constatation de Montesquieu correspond à ce que nous savons de lui. Les dieux lui ont apporté ce qu'il aurait pu désirer de plus favorable à ses goûts et à ses aptitudes : d'abord la naissance dans une famille de propriétaires terriens, les Secondat, à La Brède, près de Bordeaux ; ensuite, un esprit délié dès le jeune âge, ce qui lui a permis d'être un brillant élève des Oratoriens à Juilly ; enfin, une situation au Parlement de Bordeaux, comme conseiller, en 1714. Deux ans plus tard, son oncle lui lègue à la fois sa fortune, la charge de président à mortier et le titre de baron de Montesquieu.

Il nourrit l'immense projet d'extraire des lois leur « esprit ». C'est tout bonnement vouloir définir la signification de la vie humaine. Pour écrire ce livre, il voyagera pendant trois années, de 1728 à 1731, en

Autriche, Hongrie, Italie, Angleterre... Mais il ne livrera le fruit de son labeur qu'à l'approche de la soixantaine, en 1741. Son ouvrage connaît un succès prodigieux : vingt éditions en vingt mois, et la traduction dans toutes les langues. Voltaire ne s'y trompe pas : « Le genre humain avait perdu ses titres, Montesquieu les a retrouvés. »

Pour être plus libre, il avait vendu sa charge en 1726. Et le Montesquieu brillant et austère de L'Esprit des lois *avait un peu triché avec ses contemporains ; il avait clandestinement publié, en 1721, sans nom d'auteur, à Cologne, un recueil de* Lettres persanes.

L'Orient était à la mode, certes, mais on peut dire que Montesquieu, lui, l'a mis à sa *mode. Dans ses pensées diverses, j'ai trié celles-ci :*

– Je ne sais pas haïr, il me semble que la haine est douloureuse. Je n'ai jamais vu de larmes sans être attendri.

– J'ai été, dans ma jeunesse, assez heureux pour m'attacher à des femmes que j'ai vu qui m'aimaient. Dès que j'ai cessé de le croire, je m'en suis détaché soudain.

Comme il n'y a vraisemblablement pas de lois humaines qui codifient l'amour, il était intéressant de voir de quelle manière un esprit aussi fin que Montesquieu considérerait les rapports entre les femmes et les hommes. Aussi ai-je choisi une lettre concernant la liberté du couple. J'avais noté aussi cette phrase mi-douce, mi-aigre qu'il écrit en parlant de la femme divorcée : « C'est toujours un grand malheur pour elle d'être contrainte d'aller chercher un second mari lorsqu'elle a perdu la plupart de ses agréments chez un autre. »

Le style de Montesquieu n'a pas trouvé de meilleur support que ce sujet des mœurs occidentales décrites par un spectateur venu d'Orient. « Pour bien écrire, dit-il, il faut sauter les idées intermédiaires, assez pour n'être pas ennuyeux, pas trop de peur de n'être pas entendu. »

On pourra juger de l'excellence de cette méthode en lisant cette lettre, datée de Paris, le 26 de la lune de Gemmadi 2, 1713.

M. T.

RICA A IBBEN

A Smyrne

C'est une grande question parmi les hommes de savoir s'il est plus avantageux d'ôter aux femmes la liberté que de la leur laisser. Il me semble qu'il y a bien des raisons pour et contre. Si les Européens disent qu'il n'y a pas de générosité à rendre malheureuses les personnes que l'on aime, nos Asiatiques répondent qu'il y a de la bassesse aux hommes de renoncer à l'empire que la nature leur a donné sur les femmes. Si on leur dit que le grand nombre des femmes enfermées est embarrassant, ils répondent que dix femmes qui obéissent embarrassent moins qu'une qui n'obéit pas. Que s'ils objectent à leur tour que les Européens ne sauroient être heureux avec des femmes qui ne leur sont pas fidèles, on leur répond que cette fidélité qu'ils vantent tant n'empêche point le dégoût qui suit toujours les passions satisfaites ; que nos femmes sont trop à nous ; qu'une possession si tranquille ne nous laisse rien à désirer ni à craindre ; qu'un peu de coquetterie est un sel qui pique et prévient la corruption. Peut-être qu'un homme plus sage que moi seroit embarrassé de décider : car, si les Asiatiques font fort bien de chercher des moyens propres à calmer leurs inquiétudes, les Européens font fort bien aussi de n'en point avoir.

« Après tout, disent-ils, quand nous serions malheureux en qualité de maris, nous trouverions toujours moyen de nous dédommager en qualité d'amants. Pour qu'un homme pût se plaindre avec raison de l'infidélité de sa femme, il faudroit qu'il n'y eût que trois personnes dans le monde ; ils seront toujours à but quand il y en aura quatre. »

C'est une autre question de savoir si la loi naturelle soumet les femmes aux hommes. « Non, me disoit l'autre jour un philosophe très galant : la nature n'a jamais dicté une telle loi ; l'empire que nous avons sur elles est une véritable tyrannie ; elles ne nous l'ont laissé prendre que parce qu'elles ont plus de douceur que nous, et par conséquent plus d'humanité et de raison ; ces avantages, qui devoient sans doute leur donner la supériorité si nous avions été raisonnables, la leur ont fait perdre parce que nous ne le sommes point.

« Or, s'il est vrai que nous n'avons sur les femmes qu'un pouvoir tyrannique, il ne l'est pas moins qu'elles ont sur nous un empire naturel, celui de la beauté, à qui rien ne résiste. Le nôtre n'est pas de tous les pays ; mais celui de la beauté est universel. Pourquoi aurions-nous donc un privilège ? Est-ce parce que nous sommes les plus forts ? Mais c'est une véritable injustice. Nous employons toutes sortes de moyens pour leur abattre le courage ; les forces seroient égales, si l'éducation l'étoit aussi ; éprouvons-les dans les talens que l'éducation n'a point affoiblis, et nous verrons si nous sommes si forts. »

Il faut l'avouer, quoique cela choque nos mœurs, chez les peuples les plus polis, les femmes ont toujours eu de l'autorité sur leurs maris ; elle fut établie par une loi chez les Égyptiens en l'honneur d'Isis, et chez les Babyloniens en l'honneur de Sémiramis. On disoit des Romains qu'ils commandoient à toutes les nations, mais qu'ils obéissoient à leurs femmes. Je ne parle point des Sauromates, qui étoient trop barbares pour que leur exemple puisse être cité.

Tu verras, mon cher Ibben, que j'ai pris le goût de ce pays-ci, où l'on aime à soutenir des opinions extraordinaires et à réduire tout en paradoxe. Le prophète a décidé la question, et a réglé les droits de l'un et de l'autre sexe. « Les femmes, dit-il, doivent honorer leurs maris : leurs maris les doivent honorer ; mais ils ont l'avantage d'un degré sur elles. »

A Paris, le 26 de la lune de Gemmadi 2, 1713.

(*Lettres persanes*)

VOLTAIRE

(1694-1778)

Quelques mois après avoir publié son Dictionnaire philosophique, *Voltaire écrit à son amie, Mme du Deffand : « La calomnie m'a attribué ce livre auprès du Roi, et cela trouble ma vieillesse qui devrait être tranquille ». A soixante-dix ans, il pratique encore l'art de se renier ; il avait fait de même pour* Candide, *« traduit de l'allemand par le docteur Ralph ».*

Dans le Dictionnaire, *Voltaire, désireux de vulgariser certaines de ses théories, a voulu « mettre la raison par alphabet ». Entre tous ses écrits, celui-ci nous est particulièrement précieux, parce qu'il s'adresse à l'esprit de tous dans le langage le plus simple.*

Des critiques malveillants ont fait passer Voltaire pour un athée ; c'était là une conclusion trop hâtive. Quelques *pages avant ce texte sur les* Bêtes, *Voltaire s'explique : « Le grand intérêt, écrit-il, n'est pas d'argumenter en métaphysique, mais de peser s'il faut, pour le bien commun de nous autres pauvres animaux misérables et pensants, admettre un Dieu rémunérateur et vengeur, ou rejeter cette idée en nous abandonnant à nos calamités sans espérances. »*

Sa prière à Dieu dans le Traité de la tolérance *reste l'hymne à l'amour fraternel : « Tu ne nous as point donné un cœur pour nous haïr et des mains pour nous égorger... »*

Tel est l'axe fondamental de la sagesse voltairienne. Il faut croire que la majorité des esprits de l'époque n'était pas d'accord avec cette conception pacifiste, puisque Voltaire a ressenti la nécessité d'être prudent au point d'écrire à Mme du Deffand, dans la lettre que je cite au début de ce commentaire : « Je n'ai pas moins d'indignation que vous de voir qu'on m'impute ce petit livre... ». Il s'agissait bien de son « Dictionnaire philosophique portatif ».

La prudence s'impose : il se souvient des séjours qu'il fit à la Bastille, et de la condamnation de ses Lettres philosophiques *qui l'ont obligé à se réfugier en Lorraine, chez Mme du Châtelet. Ce n'est pas pour une autre raison qu'il acquiert le domaine de Ferney, assez proche de la frontière pour n'avoir pas à redouter une arrestation.*

De cette époque datent les œuvres fortes, Candide, *le* Traité sur la tolérance, *le fameux* Dictionnaire philosophique. *L'affaire Calas – l'exécution d'un père injustement accusé d'avoir tué son fils qui voulait se convertir au catholicisme – donna à Voltaire l'occasion de prouver qu'il ne se contentait pas d'être un théoricien, puisqu'il lutta jusqu'à ce qu'il obtienne la réhabilitation du père martyr.*

Si on le lit attentivement, le fragment du chapitre sur les Bêtes *projette un éclairage évident sur les conditions qui firent de Voltaire le plus grand et le plus courageux des encyclopédistes.*

M. T.

BÊTES

Quelle pitié, quelle pauvreté, d'avoir dit que les bêtes sont des machines privées de connaissance et de sentiment, qui font toujours leurs opérations de la même manière, qui n'apprennent rien, ne perfectionnent rien, etc. !

Quoi ! cet oiseau qui fait son nid en demi-cercle quand il l'attache à un mur, qui le bâtit en quart de cercle quand il est dans un angle, et en cercle sur un arbre ; cet oiseau fait tout de la même façon ? Ce chien de chasse que tu as discipliné pendant trois mois n'en sait-il pas plus au bout de ce temps qu'il n'en savait avant tes leçons ? Le serin à qui tu apprends un air le répète-t-il dans l'instant ? n'emploies-tu pas un temps considérable à l'enseigner ? n'as-tu pas vu qu'il se méprend et qu'il se corrige ?

Est-ce parce que je te parle que tu juges que j'ai du sentiment, de la mémoire, des idées ? Eh bien ! je ne te parle pas ; tu me vois entrer chez moi l'air affligé, chercher un papier avec inquiétude, ouvrir le bureau où je me souviens de l'avoir enfermé, le trouver, le lire avec joie. Tu juges que j'ai éprouvé le sentiment de l'affliction et celui du plaisir, que j'ai de la mémoire et de la connaissance.

Porte donc le même jugement sur ce chien qui a perdu son maître, qui l'a cherché dans tous les chemins avec des cris douloureux, qui entre dans la maison, agité, inquiet, qui descend, qui monte, qui va de chambre en chambre, qui trouve enfin dans son cabinet le maître qu'il aime, et qui lui témoigne sa joie par la douceur de ses cris, par ses sauts, par ses caresses.

Des barbares saisissent ce chien, qui l'emporte si prodigieusement sur l'homme en amitié ; ils le clouent sur une table, et ils le dissèquent vivant pour te montrer les veines mésaraïques. Tu découvres dans lui tous les mêmes organes de sentiment qui sont dans toi. Réponds-moi, machiniste, la nature a-t-elle arrangé tous les ressorts du sentiment dans cet animal, afin qu'il ne sente pas ? a-t-il des nerfs pour être impassible ? Ne suppose point cette impertinente contradiction dans la nature.

Mais les maîtres de l'école demandent ce que c'est que l'âme des bêtes. Je n'entends pas cette question. Un arbre a la faculté de recevoir dans ses fibres sa sève qui circule, de déployer les boutons de ses feuilles et de ses fruits ; me demanderez-vous ce que c'est que l'âme de cet arbre ? Il a reçu ces dons ; l'animal a reçu ceux du sentiment, de la mémoire, d'un certain nombre d'idées. Qui a fait tous ces dons ? qui a donné toutes ces facultés ? Celui qui a fait croître l'herbe des champs et qui fait graviter la Terre vers le Soleil.

(*Dictionnaire philosophique*)

Abbé PRÉVOST

(1697-1763)

Peu de romans ont eu le sort de cette Histoire du chevalier des Grieux et de Manon Lescaut. *Presque tous les grands écrivains en ont vanté l'intérêt. Le volume parut d'abord en Hollande, à une époque où Prévost n'était plus abbé, mais avait émigré en Angleterre. Là, il s'était secrètement converti au protestantisme dans la chapelle de l'ambassade de Hollande. Car c'est en Hollande qu'il a négocié avec des libraires l'édition de son roman, qui constitue le septième tome de ses* Mémoires et Aventures d'un homme de qualité.

Deux ans plus tard paraîtra en France, en 1733, le roman de « Manon Lescaut, par Monsieur D... ». *Cette façon de publier était courante à cette époque ; elle ne trompait personne. La langue française avait cours dans toute l'Europe. Voltaire et Montesquieu furent au nombre des premiers admirateurs. Voltaire, croyant que Prévost se trouvait en Angleterre, demanda à son homme de confiance de féliciter le « tendre et passionné auteur de* Manon Lescaut ». *Et Montesquieu nota dans son journal : « Je ne suis pas étonné que ce roman dont le héros est un fripon et l'héroïne une catin, plaise, parce que toutes les actions du héros, le chevalier des Grieux, ont pour motif l'amour, qui est toujours un motif noble, quoique la conduite soit basse. Manon aime aussi, ce qui lui fait pardonner le reste de son caractère. »*

Telle est l'intention que l'abbé Prévost avait nourrie : « Le public verra dans la conduite de M. des Grieux un exemple terrible de la force des passions... L'ouvrage entier est un traité de morale. » Mais le Journal de la Cour et de la Ville s'insurge : « Outre que l'on fait jouer à des gens en place un rôle peu digne d'eux, le vice et le débordement y sont peints avec des traits qui n'en donnent pas assez d'horreur ».

C'est aussi le sentiment des censeurs de la police qui font interdire le livre à la fin de l'année 1733. Peut-être veut-on ainsi punir un auteur dont la conduite peut donner à croire qu'il s'est servi de son expérience personnelle pour décrire la réalité avec tant de perfection ? Un de ses confrères, l'abbé Lenglet-Dufresnoy, l'attaquera sans détours : « Ne pouvant aisément pratiquer les romans dans son ordre, il a eu la bonté de se retirer en Angleterre, d'où on l'a chassé, parce qu'il en pratiquait trop... Après avoir été soldat, puis jésuite, soldat pour la seconde fois, et ensuite jésuite, il s'est fait derechef soldat, puis officier, bénédictin, et enfin réformé, protestant ou gallican, qu'importe, il ne le sait pas lui-même. Il voudrait aujourd'hui se faire bénédictin à Cluny, sans doute pour aller de là jusqu'à Constantinople prêcher l'Alcoran, et devenir mufti s'il le faut, et fixer ensuite sa retraite au Japon... »

Finalement, Prévost, traducteur, historien, travailleur forcené, redevenu l'abbé Prévost, candidat à une aumônerie, meurt subitement sur la route, près de Senlis. Des moines bénédictins prennent soin de son âme ; ils l'enterrent dans l'église de Saint-Nicolas d'Acy.

Il a retrouvé la paix dans la gloire posthume.

M. T.

L'ULTIME DÉCLARATION

Après une navigation de deux mois, nous abordâmes enfin au rivage désiré. Le pays ne nous offrit rien d'agréable à la première vue... La maison du gouverneur nous parut un peu distinguée par sa hauteur et par sa situation... Nous fûmes d'abord présentés à lui... Le soir, il nous fit conduire au logement qu'on nous avait préparé. Nous trouvâmes une misérable cabane, composée de planches et de boue, qui consistait en deux ou trois chambres de plain-pied, avec un grenier au-dessus. Manon parut effrayée à la vue d'une si triste demeure. C'était pour moi qu'elle s'affligeait, beaucoup plus que pour elle-même. Elle s'assit lorsque nous fûmes seuls, et elle se mit à pleurer amèrement. J'entrepris d'abord de la consoler, mais lorsqu'elle m'eut fait entendre que c'était moi seul qu'elle plaignait, et qu'elle ne considérait, dans nos malheurs communs, que ce que j'avais à souffrir, j'affectai de montrer assez de courage, et même assez de joie pour lui en inspirer. « De quoi me plaindrai-je ? lui dis-je. Je possède tout ce que je désire. Vous m'aimez, n'est-ce pas ? Quel autre bonheur me suis-je jamais proposé ? Laissons au Ciel le soin de notre fortune. Je ne la trouve pas si désespérée. Le gouverneur est un homme civil ; il nous a marqué de la considération ; il ne permettra pas que nous manquions du nécessaire. Pour ce qui regarde la pauvreté de notre cabane et la grossièreté de nos meubles, vous avez pu remarquer qu'il y a peu de personnes ici qui paraissent mieux logées et mieux meublées que nous. Et puis, tu es une chimiste admirable, ajoutai-je en l'embrassant, tu transformes tout en or. »

« Vous serez donc la plus riche personne de l'univers, me répondit-elle, car, s'il n'y eût jamais d'amour tel que le vôtre, il est impossible aussi d'être aimé plus tendrement que vous l'êtes. Je me rends justice, continua-t-elle. Je sens bien que je n'ai jamais mérité ce prodigieux attachement que vous avez pour moi. Je vous ai causé des chagrins, que vous n'avez pu me pardonner sans une bonté extrême. J'ai été légère et volage, et même en vous aimant éperdument, comme j'ai toujours fait, je n'étais qu'une ingrate. Mais vous ne sauriez croire combien je suis changée. Mes larmes que vous avez vues couler si souvent depuis notre départ de France n'ont pas eu une seule fois mes malheurs pour objet. J'ai cessé de les sentir aussitôt que vous avez commencé à les partager. Je n'ai pleuré que de tendresse et de compassion pour vous. Je ne me console point d'avoir pu vous chagriner un moment dans ma vie. »

Ses pleurs, son discours et le ton dont elle le prononça firent sur moi une impression si étonnante, que je crus sentir une espèce de division dans mon âme. « Prends garde, lui dis-je, prends garde, ma chère Manon. Je n'ai point assez de force pour supporter des marques si vives de ton affection ; je ne suis point accoutumé à ces excès de joie. O Dieu, m'écriai-je, je ne vous demande plus rien. Je suis assuré du cœur de Manon. Il est tel que je l'ai souhaité pour être heureux ; je ne puis plus cesser de l'être à présent. Voilà ma félicité bien établie. »

(*Manon Lescaut*)

BUFFON

(1707-1788)

Buffon a été très célèbre : on lui a élevé une statue de son vivant. Il l'est encore aujourd'hui, mais il semble qu'on en ait un peu oublié les raisons.

Au cœur du XVIIIe *siècle, il a représenté l'esprit classique et construit un sytème dont Claude Bernard, un siècle plus tard (1813-1878), se fera le champion dans son* Introduction à l'étude de la médecine expérimentale.

*Tandis qu'on lit toujours cet essai, rares sont ceux qui ouvrent l'*Histoire naturelle de l'homme *de Buffon ou ses* Époques de la Nature.

Voltaire ne l'aimait guère. Sans doute était-il contrarié par la concurrence que lui faisaient les théories scientifiques de ce grand bourgeois. Dans le même moment où il s'interrogeait : « L'univers m'embarrasse, et je ne puis songer que cette horloge existe et n'ait pas d'horloger », en parlant de la nature, Buffon lui répondait par quarante volumes intitulés Histoire naturelle. *« Pas si naturelle que ça », disait Voltaire. Buffon le savait, mais se refusa toujours à quelque escarmouche que ce soit. Travailleur acharné, il eut la chance d'être favorisé par la fortune familiale. A vingt-six ans, élu « adjoint-mécanicien » à l'académie des sciences de Dijon – capitale européenne de l'esprit –, il liera amitié avec le ministre Maurepas. Celui-ci fera de Buffon l'intendant du Jardin du Roi, c'est-à-dire le Jardin des plantes.*

Ainsi à l'abri des intrigues, il bâtira son œuvre selon les principes de sa méthode : « La seule vraie science est la connaissance des faits » :

en zoologie et biologie, expérimentations, dissections, observations,

en histoire, des fouilles, – « ...tirer des entrailles de la terre les vieux monuments, recueillir leurs débris, et rassembler en un corps de preuves tous les indices des changements physiques qui peuvent nous faire remonter aux différents âges de la nature », ...car « on peut descendre par degrés insensibles de la créature la plus parfaite jusqu'à la matière la plus informe ».

Au départ donc, la nature. La Terre est un fragment du Soleil, libéré par une comète ; le feu, les eaux ont joué tour à tour leur rôle constructeur. Les espèces animales puis l'homme ont petit à petit secondé la nature : « La perfection de l'animal dépend de la perfection du sentiment ; plus il est étendu, plus l'animal a de rapports avec le reste de l'univers : et lorsque le sentiment est délicat, acquis, l'animal devient digne d'entrer en société avec l'homme ».

Certes, les innombrables découvertes en géographie et en histoire universelle nous font quelquefois sourire en lisant Buffon, mais nous gardons tout de même l'impression qu'il fut un visionnaire scientifique.

Enfin, il nous a démontré qu'une civilisation a besoin pour se développer d'un langage. Là, Buffon reste le maître incontesté : son Discours sur le style *– texte de son discours de réception à l'Académie française en 1753 – illustre bien le fond de sa pensée.*

Quand il écrit dans l'une de ses Époques de la nature *: « L'homme embellit la nature même, il la cultive, l'étend et la polit, en élague le chardon et la ronce, y multiplie le raisin et la rose... », et conclut : « Qu'elle est belle, cette nature cultivée ! », Buffon ne fait que fournir une belle image pour sa phrase fameuse sur le style :*

Le style est l'homme même.

Affirmation géniale qui explique comment la langue française a contribué, pendant des siècles, à diriger l'homme vers les buts que Buffon place au sommet de l'ambition de l'esprit dans sa conclusion des Époques *: la science (c'est-à-dire le* savoir*) et le bonheur.*

Buffon, l'un des tout premiers guides.

M. T.

LA SCIENCE ET LE BONHEUR

Qui sait jusqu'à quel point l'homme pourrait perfectionner sa nature, soit au naturel, soit au physique ?

Y a-t-il une seule nation qui puisse se vanter d'être arrivée au meilleur gouvernement possible, qui serait de rendre tous les hommes, non pas également heureux, mais moins inégalement malheureux, en veillant à leur conservation, à l'épargne de leurs sueurs et de leur sang par la paix, par l'abondance des subsistances, par les aisances de la vie et les facilités pour leur propagation. Voilà le but moral de toute société.

Il semble que de tout temps l'homme ait fait moins de réflexions sur le bien que de recherches pour le mal : toute société est mêlée de l'un et de l'autre ; et comme de tous les sentiments qui affectent la multitude, la crainte est le plus puissant, les grands talents dans l'art de faire du mal ont été les premiers qui aient frappé l'esprit de l'homme ; ensuite ceux qui l'ont amusé ont occupé son cœur ; et ce n'est qu'après un trop long usage de ces deux moyens de faux honneur et de plaisir stérile, qu'enfin il a reconnu que sa vraie gloire est la science, et la paix son vrai bonheur.

CONSEILS A CEUX QUI VEULENT ÉCRIRE

Le style n'est que l'ordre et le mouvement qu'on met dans ses pensées... C'est faute de plan, c'est pour n'avoir pas assez réfléchi sur son objet, qu'un homme d'esprit se trouve embarrassé, et ne sait par où commencer à écrire... Mais lorsqu'il se sera fait un plan, lorsqu'une fois il aura rassemblé et mis en ordre toutes les pensées essentielles à son sujet, il s'apercevra aisément de l'instant auquel il doit prendre la plume... Il n'aura même que du plaisir à écrire.

Pour bien écrire, il faut donc posséder pleinement son sujet. Il faut y réfléchir assez pour voir clairement l'ordre de ses pensées, et en former une suite, une chaîne continue, dont chaque point représente une idée... C'est en cela que consiste la sévérité du style ; c'est aussi ce qui en fera l'unité et ce qui en réglera la rapidité ; et cela seul aussi suffira pour le rendre précis et simple, égal et clair, vif et suivi. A cette première règle, si l'on y joint de la délicatesse et du goût, du scrupule sur le choix des expressions, le style aura de la noblesse... Enfin, si l'on écrit comme l'on pense, si l'on est convaincu de ce que l'on veut persuader, cette bonne foi avec soi-même, qui fait la bienséance pour les autres et la vérité du style, lui fera produire tout son effet...

Les ouvrages bien écrits seront les seuls qui passeront à la postérité. La quantité des connaissances, la singularité des faits, la nouveauté même des découvertes, ne sont pas de sûrs garants de l'immortalité ; si les ouvrages qui les contiennent ne roulent que sur de petits objets, s'ils sont écrits sans goût, sans noblesse, et sans génie, ils périront, parce que les connaissances, les faits et les découvertes s'enlèvent aisément, se transportent, et gagnent même à être mis en œuvre par des mains plus habiles. Ces choses sont hors de l'homme, le style est l'homme même.

(*Époques de la nature*)

Madame LEPRINCE DE BEAUMONT

(1711-1780)

Les contes de fées ont pris leur place dans notre littérature grâce à Charles Perrault (1628-1703), Mme d'Aulnoy (1650-1705), Mme Leprince de Beaumont (1711-1780), puis, plus tard, Mme la comtesse de Ségur (1799-1874).

Je fus d'abord tenté de choisir le conte de Mme Leprince de Beaumont, La Belle et la Bête *; mais, à cause du film merveilleux que Jean Cocteau et Jean Marais en ont tiré, il m'a semblé que c'eût été la solution de facilité. Aussi ai-je donné la préférence à un autre conte de Mme Leprince de Beaumont,* Le Prince Chéri.

A vrai dire, cet auteur n'offre que l'embarras du choix, puisqu'on lui doit soixante-dix volumes d'histoires pour enfants. Mme Leprince de Beaumont, née en 1711, quelques années après la disparition de Charles Perrault et Mme d'Aulnoy, estimait que « les jeunes forment un univers » et qu'« il leur faut une littérature ».

Elle part du principe que l'âme se nourrit de règles de conduite et que l'esprit a besoin d'épreuves.

Le conteur, ou plutôt le raconteur, *doit avant tout susciter la curiosité de son auditeur. Pour ce dernier, en effet, il faut que le langage adopte le ton vivace de la parole. D'où l'utilisation constante des conversations entre les personnages, même si ceux-ci n'appartiennent pas à notre monde banal – ce qui est le cas des fées et des démons. Un être qui s'exprime comme chacun de nous acquiert aussitôt la vie ; il existe ; et même si les actes qu'il accomplit sont étranges, nous n'avons aucune raison de les mettre en doute. Les enfants, en tout cas, acceptent cela comme une réalité – eux qui entendent de minute en minute leurs parents et leurs camarades dire tant de choses qu'ils ne savaient pas. La vie leur apparaît comme un immense bric-à-brac où tout se mêle, le bon et le mauvais, le doux et l'amer, le simple et le fantastique.*

Mme Leprince de Beaumont avait très bien traduit cela en intitulant ses recueils de contes de fées : Magasin des enfants *(1757),* Magasin des adolescents *(1760),* Magasin des pauvres artisans *(1769).*

Restait à trouver une tournure de style. En 1730, au temps de Montesquieu, de Rousseau, de Voltaire, de Buffon, les esprits cultivés ne cherchaient pas à écrire bien *ni à épater le bourgeois. La grande force de nos écrivains pour les jeunes fut d'éviter de leur « faire la morale ». Le comportement devait être une réaction naturelle, née des faits eux-mêmes, et non du prêchi-prêcha. La violence et la force vaincues par l'amour et la justice, voilà l'exemple bénéfique, même s'il devait se parer d'une certaine naïveté, voire d'une évidente simplicité.*

M. T.

LE PRINCE CHÉRI

Il y avait une fois un roi qui était si honnête homme que ses sujets l'appelaient *le Roi bon*. Un jour qu'il était à la chasse, un petit lapin que les chiens allaient tuer se jeta dans ses bras. Le roi caressa ce petit lapin et dit : « Puisqu'il s'est mis sous ma protection, je ne veux pas qu'on lui fasse de mal. » Il porta ce petit lapin dans son palais, et il lui fit donner une jolie petite maison, et de bonnes herbes à manger.

La nuit, quand il fut seul dans sa chambre, il vit paraître une belle dame ; elle n'avait point d'habits d'or et d'argent ; mais sa robe était blanche comme la neige ; et, au lieu de coiffure, elle avait une couronne de roses blanches sur la tête. Le bon roi fut bien étonné de voir cette dame, car sa porte était fermée, et il ne savait pas comment elle était entrée. Elle lui dit : « Je suis la fée Candide ; je passais dans le bois pendant que vous chassiez, et j'ai voulu voir si vous étiez bon, comme tout le monde le dit. Pour cela j'ai pris la figure d'un petit lapin ; car je sais que ceux qui ont de la pitié pour les bêtes en ont encore plus pour les hommes ; et si vous m'aviez refusé votre secours, j'aurais cru que vous étiez méchant. Je viens vous remercier du bien que vous m'avez fait, et vous assurer que je serai toujours de vos amies. Vous n'avez qu'à me demander ce que vous voudrez, je vous promets de vous l'accorder.

– Madame, dit le bon roi, puisque vous êtes une fée, vous devez savoir tout ce que je souhaite. Je n'ai qu'un fils, que j'aime beaucoup, et pour cela, on l'a nommé le prince Chéri ; si vous avez quelque bonté pour moi, devenez la bonne amie de mon fils.

– De bon cœur, lui dit la fée ; je puis rendre votre fils le plus beau prince du monde, ou le plus riche ou le plus puissant ; choisissez ce que vous voudrez pour lui. »

... Le bon roi fut fort content de cette promesse, et il mourut peu de temps après...

Deux jours après la mort du bon roi, Chéri était couché, Candide lui apparut : « J'ai promis à votre père, lui dit-elle, d'être de vos amies, et pour tenir ma parole, je viens vous faire un présent ». En même temps, elle mit au doigt de Chéri une petite bague d'or, et lui dit : « Gardez bien cette bague, elle est plus précieuse que les diamants : toutes les fois que vous ferez une mauvaise action, elle vous piquera le doigt ; mais si, malgré sa piqûre, vous continuez cette mauvaise action, vous perdrez mon amitié, et je deviendrai votre ennemie ».

En finissant ces paroles, Candide disparut, et laissa Chéri fort étonné...

(*Magasin des adolescents*)

Jean-Jacques ROUSSEAU

(1712-1778)

On est un peu déconcerté à la lecture de cette page, où la franchise avoisine un certain cynisme. Mais ne retrouve-t-on pas là le précepte de Montaigne : « Je veux qu'on voie mon pas naturel et ordinaire aussi détraqué qu'il est » ?

L'enfance de Rousseau, sa jeunesse et son adolescence, peut-être même toute sa vie, éclairent ses propos : lorsqu'il naît à Genève (en 1712), sa mère meurt des suites de couches ; son père, modeste ouvrier horloger, l'éleva tant bien que mal ; puis il est obligé de quitter Genève précipitamment sans emmener Jean-Jacques, qui n'a que six ans. C'est la famille d'un pasteur qui le recueille. L'éducation qu'il reçoit pendant ses années d'apprentissage marquera à jamais son esprit, son cœur et son âme ; elle imprime en lui tous les vices.

Quelle existence romanesque ! Elle serait presque inconcevable si nous n'avions les témoignages de Diderot, de Grimm et de nombreuses femmes qui l'ont aidé, depuis Mme d'Épinay jusqu'à Mme de Girardin. Tour à tour graveur, musicien, valet, secrétaire d'ambassadeur, lauréat de l'Académie de Dijon qui lui décerna un prix merveilleux, Jean-Jacques Rousseau réussit ce tour de force de devenir aussi illustre que son ennemi juré, Voltaire.

A cinquante ans, il écrira un traité d'éducation : l'Émile. On peut considérer cet essai comme le véritable développement du passage des Confessions que l'on va lire ici. Rousseau le résume en une phrase devenue la clef de sa philosophie : « Tout est bien sortant des mains de l'auteur des choses ; tout dégénère entre les mains de l'homme ». A partir de là, il fabrique un système qui n'a pas été sans effets sur les mœurs. Un exemple entre cent : l'abandon des contraintes physiques comme celle de l'emmaillotage, pratiques auxquelles une école médicale ajoutera le laxisme de la conduite, c'est-à-dire la loi du laisser-aller et du caprice.

Sévères furent les réactions de Diderot et de Voltaire, qui virent en lui un ennemi de l'Encyclopédie. Après la publication de la Lettre à d'Alembert sur les spectacles, Diderot ne cache pas sa colère : « Cet homme est un forcené, écrit-il à Grimm... Il est damné, cela est sûr. Oh ! mon ami, quel spectacle que celui d'un homme méchant et bourrelé ! Que je ne voie plus cet homme-là ; il me ferait croire aux diables et à l'enfer ! »

Lors de la publication du Discours sur l'origine de l'inégalité (en 1754), Voltaire note sur son exemplaire : « Galimatias. Abominable... Fou que tu es ! Comme tu mets tout dans un faux jour ! Pauvre échappé de la vérole ! »

Le destin se joue des haines comme des gloires ; en octobre 1794, les cendres de Rousseau rejoignirent au Panthéon celles de Voltaire.

Mais ce qui frappe encore davantage, c'est l'espèce de corrélation entre la durée de leurs existences : Voltaire s'éteint à quatre-vingt-quatre ans, en mai

1778 ; Rousseau murmure : « Mon existence était attachée à la sienne : il est mort, je ne tarderai pas à le suivre ».

Deux mois plus tard, il meurt à son tour, le 2 juillet 1778, dans une résidence champêtre où Mme de Girardin lui avait offert l'hospitalité. Il n'avait, lui, que soixante-six ans.

M. T.

L'ÉDUCATION PUBLIQUE

Tandis que je philosophais sur les devoirs de l'homme, un événement vint me faire mieux réfléchir sur les miens. Thérèse devint grosse pour la troisième fois. Trop sincère avec moi, trop fier en dedans pour vouloir démentir mes principes par mes œuvres, je me mis à examiner la destination de mes enfants, et mes liaisons avec leur mère… Jamais un seul instant de sa vie Jean-Jacques n'a pu être un homme sans sentiment, sans entrailles, un père dénaturé. J'ai pu me tromper, mais non m'endurcir. Si je disais mes raisons, j'en dirais trop. Puisqu'elles ont pu me séduire, elles en séduiraient bien d'autres : je ne veux pas exposer les jeunes gens qui pourraient me lire à se laisser abuser par la même erreur. Je me contenterai de dire qu'elle fut telle, qu'en livrant mes enfants à l'éducation publique, faute de pouvoir les élever moi-même, en les destinant à devenir ouvriers et paysans, plutôt qu'aventuriers et coureurs de fortunes, je crus faire un acte de citoyen et de père ; et je me regardai comme un membre de la république de Platon. Plus d'une fois, depuis lors, les regrets de mon cœur m'ont appris que je m'étais trompé ; mais, bien que ma raison m'ait donné le même avertissement, j'ai souvent béni le ciel de les avoir garantis par là du sort de leur père, et de celui qui les menaçait quand j'aurais été forcé de les abandonner. Si je les avais laissés à madame d'Épinay ou à madame de Luxembourg, qui, soit par amitié, soit par générosité, soit par quelque autre motif, ont voulu s'en charger dans la suite, auraient-ils été plus heureux, auraient-ils été élevés du moins en honnêtes gens? Je l'ignore ; mais je suis sûr qu'on les aurait portés à haïr, peut-être à trahir leurs parents : il vaut mieux cent fois qu'ils ne les aient point connus.

Mon troisième enfant fut donc mis aux Enfants-Trouvés, ainsi que les premiers, et il en fut de même des deux suivants ; car j'en ai eu cinq en tout. Cet arrangement me parut si bon, si sensé, si légitime, que si je ne m'en vantai pas ouvertement, ce fut uniquement par égard pour leur mère ; mais je le dis à tous ceux à qui j'avais déclaré nos liaisons ; je le dis à Diderot, à Grimm, et dans la suite encore à madame d'Épinay, à madame de Luxembourg, et cela librement, franchement, sans aucune espèce de nécessité, et pouvant aisément le cacher à tout le monde... Le seul de mes amis à qui j'eus quelque intérêt de m'ouvrir fut le médecin Thierry, qui soigna ma pauvre tante dans une de ses couches où elle se trouva fort mal. En un mot, je ne mis aucun mystère à ma conduite, non seulement parce que je n'ai jamais rien su cacher à mes amis, mais parce qu'en effet je n'y voyais aucun mal. Tout pesé, j'ai choisi pour mes enfants le mieux, ou ce que je crus l'être. J'aurais voulu, je voudrais encore avoir été élevé et nourri comme ils l'ont été.

(*Confessions*)

Denis DIDEROT

(1713-1784)

J'ai choisi d'illustrer Diderot par des lettres parce que le style de la correspondance, dans son naturel, révèle le caractère de l'homme d'abord, de l'écrivain ensuite.

L'auteur du Neveu de Rameau *et de* Jacques le Fataliste, *de drames aussi nouveaux dans la forme et dans le fond que* Le Père de famille *et* Est-il bon, est-il méchant ? *passe auprès de nombreux lecteurs pour un esprit assez froid, plus intellectuel que sensible. Il n'en est rien. Sa correspondance si volumineuse avec les personnes les plus cultivées de son époque le prouve. Et, bien qu'il soit mort avant la Révolution française, on pressent, à travers sa liberté d'expression, la route que dessineront si brillamment les Chateaubriand, Lamartine, Musset, Nerval, etc.*

Quant à Mlle Sophie Volland, il la rencontra alors qu'il avait déjà largement dépassé la quarantaine. Tout porte à penser que cet amour, en dépit de son ardeur, demeura platonique.

Rien d'étonnant à cela, si l'on suit le cours de la vie

de Diderot. Celui-ci préféra une existence libre, mais très miséreuse, à celle de tabellion qu'on lui destinait en famille. Lui-même l'a reconnu et expliqué, précisément dans une lettre à Sophie Volland : « La tête d'un Langrois (il était né à Langres) est sur ses épaules comme un coq d'église au bout d'un clocher : elle n'est jamais fixe... »

Heureusement, il eut quelques bonnes surprises, notamment celle de l'admiration que lui voua l'impératrice de Russie, Catherine II. Elle lui acheta sa bibliothèque. Pour ne pas l'en priver, elle le nomma bibliothécaire de sa propre bibliothèque, en lui versant un « traitement » de mille livres par an. C'était le temps où la langue française, grâce à ses grands écrivains, auréolait la France, créant ainsi une sorte d'Europe de l'Intelligence.

M. T.

DEUX LETTRES A SOPHIE VOLLAND

... Juillet 1759

Je ne saurois m'en aller d'ici sans vous dire un petit mot. Hé bien ! mon amie, vous comptez donc beaucoup sur moi ! votre bonheur, votre vie, sont donc liés à la durée de ma tendresse ! Ne craignez rien, ma Sophie, elle durera, et vous vivrez, et vous vivrez heureuse. Je n'ai point encore commis le crime, et je ne commencerai point à le commettre : je suis tout pour vous, vous êtes tout pour moi ; nous supporterons ensemble les peines qu'il plaira au sort de nous envoyer : vous allégerez les miennes, j'allégerai les vôtres. Puissé-je vous voir toujours telle que vous êtes depuis quelques mois ! pour moi, vous serez forcée de convenir que je suis comme le premier jour : ce n'est pas un mérite que j'aie, c'est une justice que je vous rends. L'effet des qualités réelles, c'est de se faire sentir plus vivement de jour en jour. Reposez-vous de ma constance sur les vôtres et sur le discernement que j'en ai. Jamais passion ne fut plus justifiée par la raison que la mienne. N'est-il pas vrai, ma Sophie, que vous êtes bien aimable ? Regardez au-dedans de vous-même : voyez-vous bien ; voyez combien vous êtes digne d'être aimée, et connoissez combien je vous aime. C'est là qu'est la mesure invariable de mes sentiments.

Bonsoir, ma Sophie, je m'en vais plein de joie, la plus douce et la plus pure qu'un homme puisse ressentir. Je suis aimé, et je le suis de la plus digne des femmes.

⁂

9 octobre 1759

Je suis chez mon ami, et j'écris à celle que j'aime. O vous, chère femme, avez-vous vu combien vous faisiez mon bonheur ? Savez-vous enfin par quels liens je vous suis attaché ? Doutez-vous que mes sentimens ne durent aussi longtemps que ma vie ? J'étois plein de la tendresse que vous m'aviez inspirée quand j'ai paru au milieu de nos convives : elle brilloit dans mes yeux, elle échauffoit mes discours, elle disposoit de mes mouvemens ; elle se montroit en tout. Je leur semblois extraordinaire, inspiré, divin. Grimm n'avoit pas assez de ses yeux pour me regarder, pas assez de ses oreilles pour m'entendre ; tous étoient étonnés. Moi-même j'éprouvois une satisfaction intérieure que je ne saurois vous rendre : c'étoit comme un feu qui brûloit au fond de mon âme, dont ma poitrine étoit embrasée, qui se répandoit sur eux et qui les allumoit. Nous avons passé une soirée d'enthousiasme dont j'étois le foyer. Ce n'est pas sans regret qu'on se soustrait à une situation aussi douce. Cependant il le falloit ; l'heure de mon rendez-vous m'appeloit : j'y suis allé. J'ai parlé à d'Alembert comme un ange. Je vous rendrai cette conversation au Grandval. Au sortir de l'allée d'Argenson, où vous n'étiez pas, je suis rentré chez Montamy, qui n'a pu s'empêcher de me dire en me quittant : « Ah ! mon cher Monsieur, quel plaisir vous m'avez fait ! » Et moi, je répondois tout bas à l'homme froid que j'avois remué : « Ce n'est pas moi ; c'est elle, c'est elle qui agissoit en moi. » A huit heures, je l'ai quitté. Je suis chez lui, je l'attends, et en l'attendant je rends compte des momens doux qu'ils vous doivent et que je vous dois. Mais le voilà venu. Adieu, ma Sophie ! adieu, chère femme ! Je brûle du désir de vous revoir, et je suis à peine éloigné de vous. Demain, à neuf heures, je serai chez le baron. Ah ! si j'étois à côté de vous, combien je vous aimerois encore ! Je me meurs de passion. Adieu ; adieu.

VAUVENARGUES
(1715-1747)

La littérature française compte quelques moralistes qui ont conquis la gloire universelle – Montaigne, Pascal, La Bruyère, La Rochefoucauld – et d'autres qui sont restés au plan plus restreint du registre français proprement dit – Chamfort, Joubert, Forneret. On a tendance à négliger ces moralistes en les entourant d'une considération toute scolaire. Mais à les relire on éprouve un plaisir, et quel plaisir ! Comme le disait Pascal, on est souvent étonné, « car on s'attendait à voir un auteur et on trouve un homme ».

Tel fut mon sentiment après avoir lu les deux volumes des Œuvres complètes *de Vauvenargues (Hachette, 1968) qu'Henry Bonnier a présentées d'une façon très originale : « Vauvenargues, dit-il, n'a rien fait que de vivre, c'est-à-dire d'entrer dans un destin et de l'assumer ensuite jusqu'au bout, porté par quelques vertus qu'il avait tirées de sa propre substance... » Cette étude a valu à Henry Bonnier le Grand Prix de la critique littéraire de l'Académie française, qui a certainement voulu marquer ainsi la qualité d'un essai et l'importance de Vauvenargues dans notre littérature.*

Et comment ne pas être touché par ces lignes d'une lettre de Voltaire, adressée à Vauvenargues : « Je vais lire vos portraits. Si jamais je veux faire celui du génie le plus naturel, de l'homme du plus grand goût, de l'âme la plus haute et la plus simple, je mettrai votre nom en bas ». Oui, comment ne pas être ému par un tel éloge, venant du philosophe le plus célèbre de son temps, quinquagénaire égrotant, écrit en mai 1747 pour un homme de trente-deux ans dont il ne soupçonnait pas qu'il était aux portes de la mort ?

Dans le tome II de ces Œuvres complètes, *Henry Bonnier a fait une place aux* Réflexions et Maximes, *très judicieusement numérotées et classées de 1 à 945. De quoi lire... et relire, d'autant plus que la plupart d'entre elles suscitent en chaque lecteur des réactions personnelles. Vauvenargues l'avait prévu puisqu'il notait : « Peu de maximes sont vraies à tous égards ».*

Sa modestie ne doit pas nous égarer, mais plutôt nous faire songer à la formule de Pirandello : « A chacun sa vérité ».

M. T.

RÉFLEXIONS ET MAXIMES

– La clarté orne les pensées profondes.

– La prospérité fait peu d'amis.

– Avant d'attaquer un abus, il faut voir si on peut ruiner ses fondements.

– Les abus inévitables sont des lois de la nature.

– Les orages de la jeunesse sont environnés de jours brillants.

– Les jeunes gens connaissent plus l'amour que la beauté.

– Les femmes et les jeunes gens ne séparent point leur estime de leurs goûts.

– Il est faux qu'on ait fait fortune lorsqu'on ne sait pas en jouir.

– Il n'est pas vrai que les hommes soient meilleurs dans la pauvreté que dans les richesses.

– Il faut entretenir la vigueur du corps, pour conserver celle de l'esprit.

– Il n'y aurait pas beaucoup d'heureux, s'il appartenait à autrui de décider de nos occupations et de nos plaisirs.

– Les grandes pensées viennent du cœur.

– La fermeté ou la faiblesse de la mort dépend de la dernière maladie.

– Pour exécuter de grandes choses, il faut vivre comme si on ne devait jamais mourir.

– Les conseils de la vieillesse éclairent sans échauffer, comme le soleil de l'hiver.

– Il ne paraît pas que la nature ait fait les hommes pour l'indépendance.

– Pour se soustraire à la force, on a été obligé de se soumettre à la justice ; la justice ou la force ; il a fallu opter entre ces deux maîtres, tant nous étions peu faits pour être libres.

– La dépendance est née de la société.

– Les faibles veulent dépendre, afin d'être protégés : ceux qui craignent les hommes aiment les lois.

– Qui sait souffrir peut tout oser.

– Le fruit du travail est le plus doux des plaisirs.

– Ce n'est pas un grand avantage d'avoir l'esprit vif, si on ne l'a juste ; la perfection d'une pendule n'est pas d'aller vite, mais d'être réglée.

– La patience est l'art d'espérer.

– Est-il contre la raison ou la justice de s'aimer soi-même ? Et pourquoi voulons-nous que l'amour-propre soit toujours un vice ?

– Nous sommes trop inattentifs, ou trop occupés de

nous-mêmes, pour nous approfondir les uns les autres : quiconque a vu des masques, dans un bal, danser amicalement ensemble, et se tenir par la main sans se connaître, pour se quitter le moment d'après, et ne plus se voir ni se regretter, peut se faire une idée du monde.

– La pauvreté humilie les hommes jusqu'à les faire rougir de leurs vertus.

– Les enfants cassent des vitres et brisent des chaises, lorsqu'ils sont hors de la présence de leurs maîtres... Est-ce seulement le plaisir de détruire ? ou n'est-ce pas plutôt que les âmes faibles attachent à la destruction une idée d'audace et de puissance ?

– L'humanité est la première des vertus.

– La vertu ne peut faire le bonheur des méchants.

– La bonne chère est le premier lieu de *la bonne compagnie*.

– Il y a des hommes qui vivent heureux sans le savoir.

– Quelque tendresse que nous ayons pour nos amis ou pour nos proches, il n'arrive jamais que le bonheur d'autrui suffise pour faire le nôtre.

– L'orgueil est le consolateur des faibles.

– Je plains un vieillard amoureux ; les passions de la jeunesse font un affreux ravage dans un corps usé et flétri.

– Si les faiblesses de l'amour sont pardonnables, c'est précisément aux femmes, qui règnent par lui.

– On promet beaucoup pour se dispenser de donner peu.

– Les paresseux ont toujours envie de faire quelque chose.

– Lorsque j'ai été à Plombières, et que j'ai vu des personnes de tout sexe, de tout âge, de toute condition, se baigner humblement dans la même eau, j'ai compris tout d'un coup ce qu'on m'avait dit souvent, et ce que je ne voulais pas croire : que les faiblesses et les maladies des hommes les rapprochent, et les rendent souvent plus sociables... Des malades sont plus humains et moins dédaigneux que d'autres hommes.

BEAUMARCHAIS

(1732-1799)

A sa naissance, à Paris en 1732, il s'appelle Pierre-Augustin Caron. Son père est horloger et, tout naturellement, il destine son fils à lui succéder. Dès l'enfance, d'ailleurs, Pierre-Augustin fait preuve de dons surprenants, puisqu'il invente un perfectionnement dans le mécanisme des montres tel qu'en 1753, à vingt et un ans, le voilà horloger du roi.

Le monologue de Figaro *figure assez bien une parodie de ce que fut son existence. Entre autres étapes marquantes, l'achat d'une charge de secrétaire du roi, qui lui confère l'anoblissement, et son mariage avec la veuve de celui auquel il a acheté cette charge. Caron y ajoute le nom d'une terre de sa femme, Beaumarchais, près d'Arpajon ; il en fera l'un des noms les plus illustres de notre dramaturgie.*

Autres titres de Beaumarchais à la gratitude des écrivains : la création en 1777 de la Société des auteurs et la publication, en 1783, des œuvres complètes de Voltaire.

Mais celui qui prévaut, c'est naturellement d'être

lui-même auteur de pièces – Le Barbier de Séville *et* Le Mariage de Figaro –, *bien qu'il ait déclaré : « J'ai toujours été trop sérieusement occupé pour chercher autre chose qu'un délassement honnête dans les lettres ».*

Sans doute ne devons-nous voir dans cette réticence qu'une manifestation de modestie, car, dans sa préface au Mariage, *il définit avec clarté la mission du dramaturge : « Les vices, les abus, voilà ce qui ne change point, mais se déguise en mille formes sous le masque des mœurs dominantes ; leur arracher ce masque et les montrer à découvert, telle est la noble tâche de l'homme qui se voue au théâtre... Le théâtre est un géant qui blesse à mort tout ce qu'il frappe ».*

Sa venue à la scène fut relativement tardive : Le Barbier *fut joué en 1775 ; Beaumarchais avait quarante-trois ans, et quand* Le Mariage de Figaro *put enfin voir les lumières de la rampe, en 1784, il en avait cinquante-deux. Détail pittoresque : Beaumarchais qui avait gagné beaucoup d'argent avec ses pièces, se fit construire une maison près de la Bastille. Assistant du haut de ses terrasses à la prise de la Bastille le 14 juillet 1789, l'auteur du* Mariage *a certainement souri en songeant à la part qu'il pouvait s'octroyer de ce succès populaire ; mais il dut bientôt déchanter : craignant que la démolition de la prison n'endommage sa demeure, il intervient pour réclamer un droit de surveillance. Les sans-culottes le rabrouent. Beaumarchais est alors contraint de se faire désigner comme représentant de la Commune. Finalement, l'affaire lui coûta une bonne somme...*

Ses ennuis de citoyen ne s'arrêtent point pour autant. De plus en plus mêlé à des aventures louches, il se trouve relégué à Hambourg comme émigré. Et c'est un Beaumarchais fatigué, usé, qui retrouve Paris. Pour le consoler, il a un réel succès avec la reprise de son « drame moral » La Mère coupable, *en 1797.*

Hélas ! il ne peut en profiter longtemps : une attaque d'apoplexie le terrassera en 1799. On eût souhaité pour lui une autre fin. Le destin ne l'a pas voulu...

M.T.

LE MARIAGE DE FIGARO

(*Fragment du monologue*)

Est-il rien de plus bizarre que ma destinée ! Fils de je ne sais pas qui, volé par des bandits, élevé dans leurs mœurs, je m'en dégoûte et veux courir une carrière honnête ; et partout je suis repoussé ! J'apprends la chimie, la pharmacie, la chirurgie ; et tout le crédit d'un grand seigneur peut à peine me mettre à la main une lancette vétérinaire ! – Las d'attrister des bêtes malades, et pour faire un métier contraire, je me jette à corps perdu dans le théâtre ; me fussé-je mis une pierre au cou ! Je broche une comédie dans les mœurs du sérail ; auteur espagnol, je crois pouvoir y fronder Mahomet sans scrupule ; à l'instant un envoyé... de je ne sais où se plaint que j'offense dans mes vers la Sublime Porte, la Perse, une partie de la presqu'île de l'Inde, toute l'Égypte, les royaumes de Barca, de Tripoli, de Tunis, d'Alger et de Maroc : et voilà ma comédie flambée pour plaire aux princes mahométans, dont pas un, je crois, ne sait lire, et qui nous meurtrissent l'omoplate en nous disant : « Chiens de chrétiens ! » – Ne pouvant avoir de l'esprit, on se venge en le maltraitant. – Mes joues creusaient, mon terme était échu ; je voyais de loin arriver l'affreux recors, la plume fichée dans sa perruque ; en frémissant je m'évertue. Il s'élève une question sur la nature des richesses, et comme il n'est pas nécessaire de tenir les choses pour en raisonner, n'ayant pas un sou, j'écris sur la valeur de l'argent et sur son produit net ; sitôt je vois, du fond d'un fiacre, baisser pour moi le pont d'un château fort, à l'entrée duquel je laissai l'espérance et la liberté... Las de nourrir un obscur pensionnaire, on me met un jour dans la rue ; et comme il faut dîner quoiqu'on ne soit plus en prison, je taille encore ma plume, et demande à chacun de quoi il est question : on me dit que pendant ma retraite économique il s'est établi dans Madrid un système de liberté sur la vente des productions, qui s'étend même à celles de la presse ; et que, pourvu que je ne parle en mes écrits ni de l'autorité ni du culte, ni de la politique, ni de la morale, ni des gens en place, ni des corps en crédit, ni de l'Opéra, ni des autres spectacles, ni de personne qui tienne à quelque chose, je puis tout imprimer librement, sous l'inspection de deux ou trois censeurs. Pour profiter de cette douce liberté, j'annonce un écrit périodique, et, croyant n'aller sur les brisées d'aucun autre, je le nomme *Journal inutile*. Poupou ! je vois s'élever contre moi mille pauvres diables à la feuille ; on me supprime, et me voilà derechef sans emploi ! ... Pour le coup je quittais le monde, et vingt brasses d'eau m'en allaient séparer lorsqu'un Dieu bienfaisant m'appelle à mon premier état. Je reprends ma trousse et mon cuir anglais ; puis, laissant la fumée aux sots qui s'en nourrissent, et la honte au milieu du chemin, comme trop lourde à un piéton, je vais rasant de ville en ville, et je vis enfin sans souci.

BERNARDIN DE SAINT-PIERRE

(1737-1814)

Si Bernardin de Saint-Pierre n'avait pas publié Paul et Virginie, *parlerait-on encore de lui ? J'en doute. Et pourtant on aurait tort. Il est vrai que le succès de son roman a été tel que le titre seul éclipse souvent le nom de l'auteur.*

Bernardin de Saint-Pierre est né au Havre, en 1737. Quand il termine ses études d'ingénieur des Ponts et Chaussées, aux environs de 1760, Montesquieu vient de disparaître, Voltaire et Rousseau occupent l'attention de l'Europe.

Tout naturellement orienté vers les sciences, il entre dans les armées en qualité d'ingénieur du roi. Il y satisfait son goût des voyages. Pendant des années, il parcourra non seulement l'Europe et la Russie, mais aussi séjournera à l'île Maurice, appelée aussi île de France, dans l'océan Indien.

Son esprit est très influencé par les théories de Rousseau dont il adopte le principe fondamental : l'homme est bon par nature ; c'est la société qui le corrompt. Observateur-né, il fut porté à chercher une explication des mœurs humaines et à construire un système de l'univers en partant de l'analyse de la nature.

En 1774, il publie le premier volume de ses réflexions studieuses : Bernardin de Saint-Pierre a le goût profond de la clarté, aussi bien sur le fond des choses que sur la manière de s'exprimer. On sent chez lui l'empire du style de Rousseau avec lequel il s'est d'ailleurs lié d'amitié, et la façon de méditer d'un Voltaire. Son expérience personnelle de voyageur au long cours lui permet d'esquisser dans ses Études de la Nature *« cette histoire générale de la Nature » dont il rêvait. « O mon Dieu, s'écrie-t-il dans sa préface, égaré par une éducation trompeuse, j'ai cherché un vain bonheur dans les systèmes des sciences, dans les armes, dans la faveur des grands, quelquefois dans de frivoles et dangereux plaisirs. Quand j'étais loin de ma patrie, je soupirais après des biens que je n'y avais pas, et cependant vous me faisiez connaître les biens sans nombre que vous aviez répandus sur toute la terre, qui est la patrie du genre humain. Ô mon Dieu, donnez à ces travaux d'un homme, je ne dis pas la durée ou l'esprit de vie, mais la fraîcheur du moindre de vos ouvrages ! »*

Cette phrase offre une juste image du ton de Bernardin de Saint-Pierre : il entend que son œuvre soit une sorte de chant philosophique, et, pour illustrer par un exemple sa conception de la vie humaine idéale, il place après le tome IV de ses Études *le récit de* Paul et Virginie, *ces deux êtres heureux tant qu'ils sont seuls dans la nature. Ce petit livre est un chef-d'œuvre qui appartient à la littérature française avant d'être devenu un joyau de la littérature universelle.*

Dans sa longue préface aux Études, *Bernardin de Saint-Pierre disait aussi, en s'adressant à Dieu : « Je m'attristais de vivre seul et sans considération, et vous m'avez appris que la liberté était préférable à la grandeur. Je m'affligeais de n'avoir pas trouvé d'épouse qui eût été la compagne de ma vie et l'objet de mon amour ; et votre sagesse m'invitait à marcher vers elle... » Peut-être marcha-t-il trop longtemps sans la trouver ? Ce ne fut que vers la soixantaine qu'il rencontra Mlle Félicité Didot, la fille de son imprimeur. Elle n'avait que vingt et un ans. Il lui écrivait dans un billet : « Mon âme, fatiguée de la corruption des villes, se reposera sur la vôtre, douce, pure, solitaire, aimante, comme un voyageur sur un gazon frais ». Hélas ! Bernardin, qui occupe les fonctions de directeur du Muséum, relègue la jeune femme dans une île de la Seine, où elle mourra de chagrin. Un remariage, quelques années plus tard, avec une jeune actrice, Mlle de Pellepore, lui procura un bâton de vieillesse à défaut du bonheur.*

On pourra se demander si Bernardin de Saint-Pierre, en 1814, dans les temps qui précédèrent sa mort, eut la curiosité de relire ses réflexions sur le mariage et le couple qui terminaient, dans ses Études de la Nature, *le chapitre sur la « Figure humaine »...*

M. T.

LE COUPLE ET LE MARIAGE

L'auteur de la nature a donné à chacun de nous, dans notre espèce, un ami naturel, propre à supporter tous les besoins de notre vie, et à subvenir à toutes les affections de notre cœur et à toutes les inquiétudes de notre tempérament. Il dit, dans le commencement du monde : « Il n'est pas bon que l'homme soit seul : faisons-lui une aide semblable à lui ; et il créa la femme » (*Genèse*). La femme plaît à tous nos sens par sa forme et par ses grâces. Elle a dans son caractère tout ce qui peut intéresser le cœur humain dans tous les âges. Elle mérite, par les soins longs et pénibles qu'elle prend de notre enfance, nos respects comme mère, et notre reconnaissance comme nourrice ; ensuite, dans la jeunesse, notre amour comme maîtresse ; dans l'âge viril notre tendresse comme épouse, notre confiance comme économe, notre protection comme faible ; et dans la vieillesse, nos égards comme la mère de notre postérité, et notre intimité comme une amie qui a été la compagne de notre bonne et de notre mauvaise fortune. Sa légèreté et ses caprices mêmes balancent, en tout temps, la gravité et la constance trop réfléchie de l'homme, et en acquièrent réciproquement de la pondération. Ainsi les défauts d'un sexe et les excès de l'autre se compensent mutuellement. Ils sont faits, si j'ose dire, pour s'encastrer les uns dans les autres, comme les pièces d'une charpente, dont les parties saillantes et rentrantes forment un vaisseau propre à voguer sur la mer orageuse de la vie, et à se raffermir par les coups mêmes de la tempête. Si nous ne savions pas, par une tradition sacrée, que la femme fut tirée du corps de l'homme, nous l'apprendrions encore par nos besoins. L'homme sans la femme et la femme sans l'homme, sont des êtres imparfaits dans l'ordre naturel. Mais plus il y a de contraste dans leurs caractères, plus il y a d'union dans leurs harmonies. C'est de leurs oppositions en talents, en goûts, en fortunes, que naissent les plus fortes et les plus durables amours. Le mariage est donc l'amitié de la nature, et la seule union véritable qui ne soit point exposée, comme celles qui existent entre les hommes, à l'égarement, à la rivalité, aux jalousies, et aux changements que le temps apporte à nos inclinations.

Mais pourquoi y a-t-il parmi nous si peu de mariages heureux ? C'est que les sexes y sont dénaturés ; c'est que les femmes prennent, chez nous, les mœurs des hommes par leur éducation, et les hommes les mœurs des femmes par leurs habitudes. Ce sont les maîtres, les sciences, les coutumes, les occupations des hommes qui ont ôté aux femmes les grâces et les talents de leur sexe. Il y a un moyen sûr de ramener les uns et les autres à la nature : c'est de leur inspirer de la religion. Je n'entends pas par religion le goût des cérémonies ni de la théologie, mais la religion du cœur, pure, simple, sans faste, telle qu'elle est si bien annoncée dans l'Évangile.

Non seulement la religion rendra aux deux sexes leur caractère moral, mais leur beauté physique. Ce ne sont ni les climats, ni les aliments, ni les exercices du corps, qui forment la beauté humaine ; c'est le sentiment moral de la vertu, qui ne peut exister sans religion. Les aliments et les exercices contribuent sans doute beaucoup à la grandeur et au développement du corps ; mais ils n'influent en rien sur la beauté du visage, qui est la vraie physionomie de l'âme.

(*Études de la Nature*)

JOUBERT

(1754-1824)

Dans la littérature française, Joubert représente le grand bourgeois lettré, tel que Chateaubriand l'a défini, en 1824, au lendemain de sa disparition : « C'était un de ces hommes qui attachent par la délicatesse de leurs sentiments, la bienveillance de leur âme, l'égalité de leur humeur, l'originalité de leur caractère, par un esprit vif et éclairé s'intéressent à tout et comprennent tout. Personne ne s'est plus oublié et ne s'est plus occupé des autres ».

Il faut peser chaque mot de ce portrait, car il ne s'agit pas ici d'un article de commande, mais d'un témoignage d'admiration sincère, comme la suite l'a prouvé.

Joubert avait rencontré Chateaubriand dans les salons, à Paris, chez Mme Pauline de Beaumont, où fréquentaient Mme de Staël, Mme de Vintimille, Molé, Chênedollé. Son ami intime, M. de Fontanes, allait devenir Président du Corps législatif et Grand Maître de l'Université. Ce fut grâce à son influence que Joubert, ancien juge de paix de Montignac-le-

Comte – élu à cette charge en 1790 à la suite d'une loi de l'Assemblée constituante –, fut nommé, en 1809, inspecteur général de l'Université impériale. Sa formation première d'apprenti enseignant au collège de l'Esquile chez les Doctrinaires de Toulouse, puis, plus tard, son amitié avec Diderot, ses recherches érudites pour le chevalier de Langeac, un riche mécène du faubourg Saint-Honoré, sa participation à une Histoire impartiale de la France *en 1791, enfin sa discrète, mais efficace contribution aux travaux de Chateaubriand pour* Le Génie du Christianisme *en 1801, toute cette activité intellectuelle, qui correspondait à ses goûts profonds, le prédestinait à la charge qu'il occupa, avec une conscience exemplaire, jusqu'à la fin de l'Empire.*

Sa mise à la retraite fut d'ailleurs assortie d'une mesure matérielle exceptionnelle puisqu'on lui attribua une pension égale à son traitement d'activité. D'une santé délicate, il n'avait pas ménagé ses forces pendant des années, faisant bénéficier l'Instruction publique des leçons pratiques qu'il tirait de ses visites dans les lycées et les collèges de la France entière.

Comme il ne recherchait ni les honneurs ni les profits, il eut soin de consigner ses observations dans des carnets. Ce sont ces carnets que Chateaubriand publia en 1838, quelques années après la mort de son ami Joubert, sous le titre de Pensées.

Les historiens de notre littérature ont été bien ingrats à l'égard de Joubert. Ils ont eu tort de négliger l'un des successeurs brillants de Vauvenargues, l'un de nos moralistes français qui annonçait Jules Renard, Taine, Renan. Ses Pensées *et ses* Lettres *lui assurent cette place de choix. Ceux qui auront lu les pages de Montaigne sur l'éducation feront peut-être le rapprochement des pages de Joubert avec celles de notre plus illustre moraliste, et souligneront le ton d'extrême sincérité de Joubert, autrement dit de son style, puisque, selon Buffon,* le style est l'homme même.

M. T.

PARENTS ET ENFANTS

Les enfants n'obéissent aux parents que lorsqu'ils voient les parents obéir à la règle. L'ordre et la règle, une fois établis et reconnus, sont la plus forte des puissances.

Les enfants ont plus besoin de modèles que de critiques.

L'éducation doit être tendre et sévère et non pas froide et molle.

L'amour et la crainte. Tout ce que le père de famille dit aux siens doit leur inspirer l'un et l'autre.

Les enfants doivent avoir pour amis leurs camarades, et non pas leurs pères et leurs maîtres. Ceux-ci ne doivent être que leurs guides.

Apprenez aux enfants à être vertueux, mais non pas à être sensibles… La sensibilité d'emprunt est une hypocrisie odieuse ; elle donne un masque pour un visage.

Souvenons-nous-en bien, l'éducation ne consiste pas seulement à orner la mémoire et à éclairer l'entendement ; elle doit surtout s'occuper à diriger la volonté.

Il faut rendre les enfants raisonnables, mais non les rendre raisonneurs. La première chose à leur apprendre, c'est qu'il est raisonnable qu'ils obéissent, et déraisonnable qu'ils contestent. L'éducation, sans cela, se passerait en argumentations, et tout serait perdu, si tous les maîtres n'étaient pas de bons ergoteurs.

En élevant un enfant, songez à la vieillesse.

Ne montrez aux enfants rien que de simple, de peur de leur gâter le goût, et rien que d'innocent, de peur de leur gâter le cœur.

Le mot *sage* dit à un enfant est un mot qu'il comprend toujours, et qu'on ne lui explique jamais.

Ne donnez aux enfants que des modèles de bonhomie et de bon goût ; ne mettez entre leurs mains que des auteurs où leur âme trouve à la fois un mouvement et un repos perpétuels qui les occupent sans efforts et dont ils se souviennent sans peine.

Enseigner, c'est apprendre deux fois.

(*Pensées*)

LETTRE A MADEMOISELLE MOREAU DE BUSSY

Montignac, le 16 janvier 1793

... Qu'il me soit permis un moment de dire comment je voudrais être regretté. J'expliquerai ainsi comment je trouve beau de l'être.

Je voudrais que mon souvenir ne se présentât jamais à mes amis sans amener une larme d'attendrissement sous leurs paupières et le sourire sur leurs lèvres. Je voudrais qu'ils pussent penser à moi, au sein de leurs plus vives joies, sans qu'elles en fussent troublées, et qu'à table même, au milieu de leurs festins, et en se réjouissant avec des étrangers, ils fissent quelque mention de moi, en comptant parmi leurs plaisirs le plaisir de m'avoir aimé et d'avoir été aimés de moi... Je voudrais que, jusqu'à la fin, ils se souvinssent ainsi de moi, qu'ils fussent heureux, et qu'ils eussent une longue vie, pour s'en souvenir longtemps. Je voudrais avoir un tombeau où ils pussent venir en troupe, dans un beau temps, dans un beau jour, pour parler ensemble de moi, avec quelque tristesse, s'ils voulaient, mais avec une tristesse douce, et qui n'exclût pas toute joie. Je voudrais surtout, et j'ordonnerais si je le pouvais que, pendant cette tendre cérémonie, pendant l'aller et le retour, il n'y eût dans les sentiments et dans les contenances, rien de lugubre et rien de repoussant, en sorte qu'ils offrissent un spectacle qu'on fût bien aise d'avoir vu. Je voudrais, en un mot, exciter des regrets tels que ceux qui en seraient témoins ne craignissent ni de les éprouver, ni de les inspirer eux-mêmes...

(*Lettres*)

André CHÉNIER

(1762-1794)

Né en 1762, mort en 1794, à l'âge de trente-deux ans, André Chénier a vécu ses premières années d'adulte dans la tourmente révolutionnaire, entre deux mondes. C'est ce que Victor Hugo a voulu dire quand il a écrit dans Le Conservateur littéraire *: « Chénier est romantique parmi les classiques. Lamartine est classique parmi les romantiques. » Et Lamartine, lui, parlant de Chénier : « c'était une corde nouvelle, corde trempée de sang et de larmes. »*

On oublie trop facilement que ces réflexions ont été faites un quart de siècle après la mort de celui qu'elles concernent. Ce fut au-delà de ce délai que fut révélée aux Français l'œuvre poétique de Chénier, en 1819, quand Henri de Latouche, écrivain et journaliste, en publia pour la première fois un ensemble important.

Certes, le nom d'André Chénier n'était pas totalement inconnu : Chateaubriand l'avait détaché, en 1802, dans son Génie du Christianisme *; mais ce nom avait le signe du martyr. André Chénier, élevé dans une ambiance monarchique (son père était diplomate* *français, consul à Constantinople puis à Salé, de 1762 à 1784), s'était en quelque sorte nourri de l'âme grecque de sa mère, pendant toute son adolescence qu'il passa à Paris. Après ses études au collège de Navarre, où il se révéla très brillant helléniste, il fut tenté par les voyages : la Suisse, l'Italie, puis l'Angleterre, en qualité de secrétaire de l'ambassadeur de France à Londres, de 1787 à 1790.*

A son retour, il participe à la fondation de la Société des amis de la Constitution, *et s'initie au journalisme au* Journal de Paris.

Sa culture philosophique l'incline à suivre la morale de la civilisation grecque antique : il est contre la violence, et il collabore avec Malesherbes à la défense de Louis XVI. Lorsque le roi est exécuté, il va se cacher à Versailles, mais il sera arrêté à Paris, par erreur, le 7 mars 1794. Il restera plus de quatre mois en prison, et, malgré les efforts de sa famille, il fut de l'avant-dernière charrette des condamnés à mort, deux jours avant la chute de Robespierre. Le destin a de ces cruautés : un répit de quarante-huit heures, et André Chénier eût bénéficié du 9 Thermidor ! Et la France eût sans doute hérité d'une œuvre considérable, si l'on en juge par celle qui nous a été transmise par la famille de Chénier.

Pendant les semaines de son incarcération, il écoute les confidences d'une jeune captive. C'est ce qui nous vaudra un des poèmes les plus émouvants, celui qui, sans doute, fit dire à Lamartine que « jusqu'alors la France n'avait jamais pleuré ainsi ». La jeune captive eut plus de chance que son poète : elle échappa à la guillotine.

André Chénier, lui, s'était abandonné à sa colère vengeresse contre ses futurs bourreaux. De sa prison, il fit porter à son père les Iambes, *dont le dernier vers au moins résonne en nous comme un cri de détresse et d'espérance suprême :*

Toi, Vertu, pleure si je meurs !

Il faut garder au mot Vertu *son sens multiple de* Courage, *de* Sagesse, *de* Justice. *Il correspond à l'idée qu'André Chénier se faisait de la poésie : « peindre ce que chacun peut sentir en lui ».*

Si, deux siècles écoulés, nous sommes sensibles à cette poésie, cela nous confirme que « l'art ne fait que des vers. Le cœur seul est poète », selon la formule de Chénier. En 1820, les Français retrouvaient le fil d'or de Ronsard. C'est pourquoi ils ont annulé le geste de mort de la guillotine en auréolant le nom d'André Chénier de la gloire des vrais poètes.

M. T.

LA JEUNE CAPTIVE

(*Fragments*)

« Est-ce à moi de mourir ? Tranquille je m'endors
Et tranquille je veille ; et ma veille aux remords
Ni mon sommeil ne sont en proie.
Ma bienvenue au jour me rit dans tous les yeux ;
Sur des fronts abattus, mon aspect dans ces lieux
Ranime presque la joie.

Mon beau voyage encore est si loin de sa fin !
Je pars, et des ormeaux qui bordent le chemin
J'ai passé les premiers à peine.
Au banquet de la vie à peine commencé
Un instant seulement mes lèvres ont pressé
La coupe en mes mains encor pleine.

Je ne suis qu'au printemps. Je veux voir la moisson,
Et comme le soleil, de saison en saison,

Je veux achever mon année.
Brillante sur ma tige et l'honneur du jardin,
Je n'ai vu luire encor que les feux du matin,
Je veux achever ma journée...

Ainsi, triste et captif, ma lyre toutefois
S'éveillait, écoutant ces plaintes, cette voix,
Ces vœux d'une jeune captive ;
Et secouant le faix de mes pleurs languissants,
Aux douces lois des vers je pliais les accents
De sa bouche aimable et naïve.

IAMBES

(*Fragments*)

Comme un dernier rayon, comme un dernier zéphyre
Animent la fin d'un beau jour,
Au pied de l'échafaud j'essaye encor ma lyre.
Peut-être est-ce bientôt mon tour.
....
S'il est écrit aux cieux que jamais une épée
N'étincellera dans mes mains,
Dans l'encre et l'amertume une autre arme trempée
Peut encor servir les humains.
Justice, Vérité, si ma main, si ma bouche,
Si mes pensers les plus secrets
Ne froncèrent jamais votre sourcil farouche,
Et si les infâmes progrès,
Si la risée atroce, ou, plus atroce injure,
L'encens de hideux scélérats
Ont pénétré vos cœurs d'une longue blessure,
Sauvez-moi. Conservez un bras
Qui lance votre foudre, un amant qui vous venge.
....
Nul ne resterait donc pour attendrir l'histoire

Sur tant de justes massacrés ?
Pour consoler leurs fils, leurs veuves, leur mémoire,
Pour que des brigands abhorrés
Frémissent aux portraits noirs de leur ressemblance,
Pour descendre jusqu'aux enfers
Nouer le triple fouet, le fouet de la vengeance,
Déjà levé sur ces pervers ?
Pour cracher sur leurs noms, pour chanter leur
[supplice ?
Allons, étouffe tes clameurs ;
Souffre, ô cœur gros de haine, affamé de justice.
Toi, Vertu, pleure si je meurs.

Madame de STAËL

(1766-1817)

Quelques détails aideront à mieux comprendre cet appel au secours de Mme de Staël à Barras, qui était, en 1797, le véritable chef du Directoire. Trois ans plus tôt, il avait été l'un des principaux accusateurs de Robespierre, provoquant sa chute et le bref apaisement du 9 Thermidor.

Germaine Necker, née en 1766, était la fille du plus célèbre banquier genevois, M. Necker, qui fut le directeur des Finances de Louis XVI (1776-1781). Il se retira en 1790 à Coppet, en Suisse. Sa fille avait épousé le baron de Staël-Holstein, ambassadeur de Suède à Paris.

Dans son salon parisien, elle accueillit Buffon, Marmontel, Grimm et surtout Benjamin Constant. Elle suivit son père dans sa retraite à Coppet, en 1797, comme le prouve la lettre qu'elle écrivit à Barras, cette année-là.

Ce genre de correspondance offre un intérêt qu'on peut qualifier d'historique : on y ressent les souffrances d'un peuple : on y devine quelles en auraient été les joies si la guerre n'avait imposé ses effrois.

Après avoir publié plusieurs livres (deux romans, Delphine *en 1802,* Corinne *en 1807 ; un essai,* De l'Allemagne, *en 1810, interdit et saisi sur ordre de Napoléon), Mme de Staël se remarie en 1811 avec un officier suisse et fait son tour d'Europe, pour ne revenir à Paris qu'après la chute de l'Empereur.*

Très impressionnée par L'Esprit des lois, *le chef-d'œuvre de Montesquieu, Mme de Staël a voulu « montrer le rapport qui existe entre la littérature et les institutions sociales de chaque siècle et de chaque pays ». Elle voulait aussi prouver que « la raison et la philosophie ont toujours acquis de nouvelles forces à travers les malheurs sans nombre de l'esprit humain ».*

A noter que c'est Mme de Staël qui a appliqué pour la première fois le mot de romantique *à la littérature nouvelle : « La littérature romantique est la seule qui puisse exister et se vivifier de nouveau ; elle exprime notre religion ; elle rappelle notre histoire. »*

Nous lui devons cette courageuse définition : « Une nation n'a de caractère que lorsqu'elle est libre ».

M. T.

LETTRE A BARRAS

Coppet, 3 pluviôse an IV (1797).

Voilà ma requête au citoyen président, mais qu'il me soit permis de parler de ma situation, avec confiance, à l'homme à qui je dois et mon séjour en France et quelque espoir de repos et d'existence dans l'avenir ; quinze mille hommes de troupes françaises entourent notre malheureux petit pays et l'on nous menace à chaque instant de leur invasion, cette habitation est la première ville-frontière et j'ai mes enfants et mon père à un quart de lieue de l'armée. Que veut donc le Directoire de nous ? Des changements dans la constitution du pays de Vaud ? Ils se font, ils seront faits ; mais la présence de la force armée détruit et toute liberté dans les délibérations et tout repos dans les têtes ; on ne se fait pas idée du désespoir de la presque totalité des habitants ; leur pays ne produit pas la moitié du blé nécessaire pour les nourrir, et si on les sépare de la partie allemande de la Suisse, ils perdent tous leurs moyens de subsistance, leur pays est pourri, la culture en est difficile, ils sont hors d'état de payer des impôts. « *La Suisse*, disait Montesquieu dans l'Esprit des lois, *la Suisse paye plus à la nature que tout autre pays à son gouvernement* ». Ils sont religieux dans le culte protestant, ils vivent à la campagne au sein de leur famille, il n'est point de mœurs plus opposées à celles des Français. Les trois quarts et demi du pays ne demandent qu'une grâce, c'est que le Directoire éloigne les troupes, ils feront dans leur intérieur ce que vous voudrez, mais ils tremblent de devenir le théâtre de la guerre. Les habitants du pays de Vaud certainement ne s'opposeront pas à l'entrée des Français, mais les Suisses allemands feront peut-être de la résistance dans leurs montagnes – et ce pays-ci dont rien n'égalait le bonheur et le repos deviendra le théâtre des malheurs les plus horribles. Est-ce que les attentats de Rome, ceux de l'Angleterre, ne vous demandent pas toutes vos forces ? La Suisse a été pendant deux ans le seul allié de la France, la seule porte par où elle recevait des approvisionnements lorsque l'Europe était coalisée contre elle. Robespierre lui-même la ménagea par reconnaissance. Ah ! ce n'est pas vous, Barras, qui opprimez les faibles et respectez les puissants et mon espoir pour nous auprès de vous, c'est notre absolu dénuement de moyens et de puissance.

Peut-être que ces troupes ne font que passer, et que fidèle à la promesse que la France a faite de respecter ses alliés, ils continueront leur route, mais ici deux ou trois brouillons répandent que l'armée française *est à leurs ordres*, qu'elle entrera quand ils la demanderont, que vous personnellement, mon cher Barras, vous avez envoyé des cartes de sûreté signées de vous, à ce qu'ils appellent les patriotes de ce pays, c'est-à-dire cinquante personnes qui meurent de peur des Français.

Je ne crois pas à toutes ces terreurs d'un petit pays qui n'a pas dans tous ses habitants la millième partie de la bravoure de Barras, mais si par malheur il y avait quelque chose de vrai, daignez me donner une lettre de recommandation pour le général Mesnard qui commande à un quart de lieue de Coppet, elle servirait à mon père, à mes enfants, à moi. Que deviendrais-je sans vous, que deviendrais-je si vous ne faisiez pas rayer mon père de la liste des émigrés ? La ruine, le danger, tout nous accablerait, je ne vous présenterai de pétition que si en effet les circonstances ne permettent pas d'attendre mon retour à Paris. Alors je vous demanderai presque à genoux le plus grand service qu'il soit possible de rendre à une fille et à une mère, le repos de son père et la fortune de ses enfants.

Ah ! Barras, quel bienfaiteur vous seriez pour ce pays si vous en faisiez éloigner les troupes françaises ! C'est le seul asile où dans les revers de parti les patriotes pourraient se retirer. Les monarchistes n'auraient point reçu Louvet, ne voudraient recevoir ni moi, [ni] mes amis dans cette terre dont mon père m'a fait propriétaire ; je voyais un asile pour ce que j'aime, pour vous-même peut-être qui tout intrépide que vous l'êtes ne pouvez être à jamais sûr de triompher dans tous les extrêmes.

Faudra-t-il le voir ravager ? Ne restera-t-il pas un coin de terre à l'abri des passions politiques ?

Adieu, mon cher Barras, je suis bien triste et votre bon cœur le concevra, je tremble pour mon père, pour mes enfants, et vous vous souvenez de l'état où j'étais avant le 18 fructidor, lorsque je craignais pour vous et pour Benjamin Constant ; une seule pensée me donne un peu de calme, c'est votre amitié pour moi. Je tranquillise mon père avec elle ; je lui dis que vous n'avez jamais abandonné ceux qui se sont placés sous votre protection et après cette Providence qui, je l'espère, défend ceux qui dans toute leur vie n'ont jamais fait de mal à personne, je confie à vous, généreux Barras, et mon père et mes enfants et ma fortune, – et ce pauvre pays et moi-même.

Benjamin CONSTANT

(1767-1830)

Il est assez frappant que l'un des romans cité comme le modèle des récits français, Adolphe, *ait été écrit par un homme aussi « européen » que Benjamin Constant.*

En effet, celui-ci, né à Lausanne en octobre 1767, est de souche française – dauphinois par sa mère, artésien par son père, Juste de Constant, qui, au moment de la naissance de son fils, exerce les fonctions de colonel d'un régiment de Berne au service de la Hollande.

Dès lors, l'enfance de Benjamin va se dérouler de la façon la plus chaotique : à Bruxelles, d'abord, puis en Suisse de 1774 à 1778, puis en Angleterre en 1780. Retour en Suisse en 1781. Pas pour longtemps : en 1783, le voici étudiant à Édimbourg en Écosse, d'où il revient à Paris, en escale plutôt qu'à demeure.

Sa vie tout entière se déroulera sur un rythme de vagabondage entre la France, l'Angleterre, la Suisse, l'Allemagne. Dès l'âge de seize ans, il est agité par des idylles amoureuses. De séjour en séjour, il se marie, puis divorce, pour jouer avec plusieurs amies la comédie de l'amour, de la jalousie, de la discorde, de la paternité clandestine.

A l'issue de la trentaine, il rencontre Mme de Staël, l'épouse du baron de Staël, et la fille de Necker, l'ancien ministre des Finances de Louis XVI. Si l'on en croit Mme de Staël, la fille qu'elle met au monde, en juin 1797, serait de Benjamin Constant.

Jusqu'à la fin de leur existence, ces deux amants se caresseront ou se déchireront à plaisir. Et c'est sous l'empire d'une situation totalement trouble, sur le plan sentimental du moins, que Benjamin Constant entreprend d'écrire un roman, Adolphe, *en octobre 1806. Il le terminera quatre ans plus tard, à l'âge de la cinquantaine, en 1816, un an avant la mort de Mme de Staël.*

Il était nécessaire de résumer une existence aussi tortueuse, pour placer ce chef-d'œuvre de la littérature française dans sa vraie lumière : il ne faut pas le réduire à un récit plus ou moins autobiographique. C'est bien autre chose ! Comme l'écrit Constant lui-même dans l'une de ses préfaces : « Chercher des allusions dans un roman, c'est substituer le commérage à l'observateur du cœur humain ».

En fait, il a voulu « peindre dans Adolphe *une des principales maladies du siècle, cette analyse perpétuelle qui place une arrière-pensée à coté de tous les sentiments ». Au-delà de cette analyse, Constant a magnifié « le caractère sacré de la souffrance du cœur lorsqu'il aime ».*

Adolphe *devient un témoignage sur l'homme, et non plus le film d'un individu. Tout lecteur de ce livre en sera persuadé, car, à un moment ou à un autre, il s'identifiera au héros.*

Enfin, comment ne pas souligner la clarté du style – ce style français qui était l'objet de l'étude et de l'admiration de tous les esprits cultivés d'Europe, au

Siècle des lumières ? Telle était la gloire que notre pays tirait d'une langue forgée par des poètes, des chroniqueurs, des conteurs, des philosophes, depuis Rabelais et Montaigne jusqu'à Montesquieu, Rousseau et Voltaire. Une façon de penser et de ressentir qui aboutit à la chose la plus difficile à imaginer, par exemple une définition du sentiment le plus subtil qui remue le cœur humain : « L'amour s'identifie tellement à l'objet aimé que dans son désespoir même il y a quelque charme. Il lutte contre la réalité, contre la destinée ; l'ardeur de son désir le trompe sur ses forces, et l'exalte au milieu de la douleur ».

Oui, merveilleuse langue française et admirable artiste que fut Benjamin Constant !

M. T.

ADOLPHE

J'avais, dans la maison de mon père, adopté sur les femmes un système assez immoral. Mon père, bien qu'il observât strictement les convenances extérieures, se permettait assez fréquemment des propos légers sur les liaisons d'amour : il les regardait comme des amusements, sinon permis, du moins excusables, et considérait le mariage seul sous un aspect sérieux. Il avait pour principe qu'un jeune homme doit éviter avec soin de faire ce qu'on nomme une folie, c'est-à-dire contracter un engagement durable avec une personne qui ne fût pas parfaitement son égale pour la fortune, la naissance et les avantages extérieurs ; mais du reste, toutes les femmes, aussi longtemps qu'il ne s'agissait pas de les épouser, lui paraissaient pouvoir, sans inconvénient, être prises, puis quittées ; et je l'avais vu sourire avec une sorte d'approbation à cette parodie d'un mot connu : *cela leur fait si peu de mal, et à nous tant de plaisir !*

L'on ne sait pas assez combien, dans la première jeunesse, les mots de cette espèce font une impression profonde...

Tourmenté d'une émotion vague, je veux être aimé, me disais-je, et je regardais autour de moi ; mais je ne voyais personne qui m'inspirât de l'amour, personne qui me parût susceptible d'en prendre... Je m'agitais ainsi intérieurement, lorsque je fis la connaissance du comte de P..., homme de quarante ans, dont la famille était alliée à la mienne. Il me proposa de venir le voir. Malheureuse visite ! Il avait chez lui sa maîtresse, une Polonaise, célèbre par sa beauté, quoiqu'elle ne fût pas de la première jeunesse. Le comte de P... en était devenu amoureux. J'ai toujours ignoré comment s'était formée une liaison qui, lorsque j'ai vu pour la première fois Ellénore, était, dès longtemps, établie et pour ainsi dire consacrée... Ellénore attachait le plus grand prix à la régularité de la conduite, précisément parce que la sienne n'était pas régulière suivant les notions reçues. Elle était très religieuse, parce que la religion condamnait rigoureusement son genre de vie... Ellénore, en un mot, était en lutte constante avec sa destinée. Elle protestait, pour ainsi dire, par chacune de ses actions et de ses paroles, contre la classe dans laquelle elle se trouvait rangée ; et comme elle sentait que la réalité était plus forte qu'elle, et que ses efforts ne changeaient rien à sa situation, elle était fort malheureuse. Elle élevait deux enfants qu'elle avait eus du comte de P... avec une austérité excessive...

Offerte à mes regards dans un moment où mon cœur avait besoin d'amour, Ellénore me parut une conquête digne de moi. Elle-même trouva du plaisir dans la société d'un homme différent de ceux qu'elle avait vus jusqu'alors.

CHATEAUBRIAND

(1768-1848)

Chateaubriand s'est expliqué sans détours dans ses Mémoires d'outre-tombe. *Le succès glorieux, après la publication d'*Atala, *l'a délivré de toute pudeur : « La tête me tourna : j'ignorais les jouissances de l'amour-propre et j'en fus enivré. J'aimai la gloire comme une femme, comme un premier amour ».*

Il profite de ce triomphe pour livrer l'essai qui lui tient le plus à cœur, le Génie du Christianisme, *pour répondre au vœu que sa mère avait exprimé avant de mourir : « Je suis devenu chrétien. Je n'ai point cédé, j'en conviens, à de grandes lumières surnaturelles ; ma conviction est sortie du cœur ; j'ai pleuré et j'ai cru ».*

Dès lors, la destinée le portera aux charges et aux honneurs. Citoyen souple et courageux (il a démissionné de son poste diplomatique après l'exécution du duc d'Enghien), il sera récompensé par les Bourbons : pair de France, ambassadeur, ministre des Affaires étrangères, il a adopté la devise de Corneille : « Je sais ce que je vaux et crois ce qu'on m'en dit ». Son orgueil l'entraîne aux aveux. Ainsi pouvons-nous nous faire une opinion sans équivoque. Dans ses Mémoires, *il se situe lui-même comme l'éclaireur de son siècle : « En moi commençait, avec l'école dite romantique, une révolution dans la littérature française. »*

Il n'eut pas le loisir de devenir révolutionnaire en 1848 puisqu'il mourut cette année-là. Octogénaire sans rival, croyait-il, il choisit de se faire remarquer en désirant être enterré dans l'île du Grand-Bé, face à Saint-Malo, sa ville natale.

Une telle attitude aurait pu le desservir auprès de la postérité. Il n'en fut rien : on lui a pardonné, en raison de la qualité de son œuvre, dont le rayonnement a servi non seulement nos lettres, mais aussi notre pays dans le monde entier.

Avant tout, en effet, Chateaubriand reste un écrivain. L'écriture a été sa source de vie. « Ôtez de ce monde l'art d'écrire, il est probable que vous en ôterez la gloire », déclare-t-il en préface à son roman Les Natchez.

A la lumière de cette profession de foi, sa franchise prend toute sa valeur dans son jugement d'époux infidèle jusqu'à l'insolence.

M.T.

MARI ET FEMME

Je ne sais s'il a jamais existé une intelligence plus fine que celle de ma femme : elle devine la pensée et la parole à naître sur le front ou sur les lèvres de la personne avec qui elle cause ; la tromper en rien est impossible. D'un esprit original et cultivé, écrivant de la manière la plus piquante, racontant à merveille, madame de Chateaubriand m'admire sans avoir jamais lu deux lignes de mes ouvrages ; elle craindrait d'y rencontrer des idées qui ne sont pas les siennes, ou de découvrir qu'on n'a pas assez d'enthousiasme pour ce que je vaux. Quoique juge passionné, elle est instruite et bon juge.

Les inconvénients de madame de Chateaubriand, si elle en a, découlent de la surabondance de ses qualités ; mes inconvénients très réels résultent de la stérilité des miennes. Il est aisé d'avoir de la résignation, de la patience, de l'obligeance générale, de la sérénité d'humeur, lorsqu'on ne prend à rien, qu'on s'ennuie de tout, qu'on répond au malheur comme au bonheur par un désespéré et désespérant : « Qu'est-ce que cela fait ? »

Madame de Chateaubriand est meilleure que moi, bien que d'un commerce moins facile. Ai-je été irréprochable envers elle ? Ai-je reporté à ma compagne tous les sentiments qu'elle méritait et qui lui devaient appartenir ? S'est-elle jamais plainte ? Quel bonheur a-t-elle goûté pour salaire d'une affection qui ne s'est jamais démentie ? Elle a subi mes adversités ; elle a été plongée dans les cachots de la Terreur, les persécutions de l'Empire, les disgrâces de la Restauration, et n'a point trouvé dans les joies maternelles le contrepoids de ses chagrins. Privée d'enfants qu'elle aurait eus peut-être dans une autre union, et qu'elle eût aimés avec folie ; n'ayant point ces honneurs et ces tendresses de la mère de famille, qui consolent une femme de ses belles années, elle s'est avancée, stérile et solitaire, vers la vieillesse. Souvent séparée de moi, adverse aux lettres, l'orgueil de porter mon nom ne lui est point un dédommagement. Timide et tremblante pour moi seul, ses inquiétudes sans cesse renaissantes lui ôtent le sommeil et le temps de guérir ses maux : je suis sa permanente infirmité et la cause de ses rechutes. Pourrais-je comparer quelques impatiences qu'elle m'a données aux soucis que je lui ai causés ? Pourrais-je opposer mes qualités telles quelles à ses vertus qui nourrissent le pauvre, qui ont élevé l'infirmerie de Marie-Thérèse en dépit de tous les obstacles ? Qu'est-ce que mes travaux auprès des œuvres de cette chrétienne ? Quand l'un et l'autre nous paraîtrons devant Dieu, c'est moi qui serai condamné.

Somme toute, lorsque je considère l'ensemble et l'imperfection de ma nature, est-il certain que le mariage ait gâté ma destinée ? J'aurais sans doute eu plus de loisir et de repos ; j'aurais été mieux accueilli de certaines sociétés et de certaines grandeurs de la terre ; mais en politique, si madame de Chateaubriand m'a contrarié, elle ne m'a jamais arrêté, parce que là, comme en fait d'honneur, je ne juge que d'après mon sentiment. Aurais-je produit un plus grand nombre d'ouvrages, si j'étais resté indépendant, et ces ouvrages eussent-ils été meilleurs ? N'y a-t-il pas eu des circonstances, comme on le verra, où, me mariant hors de France, j'aurais cessé d'écrire et renoncé à ma patrie ? Si je ne me fusse pas marié, ma faiblesse ne m'aurait-elle pas livré en proie à quelque indigne créature ? N'aurais-je pas gaspillé et sali mes heures comme Lord Byron ? Aujourd'hui que je m'enfonce dans les années, toutes mes folies seraient passées ; il ne m'en resterait que le vide et les regrets : vieux garçon sans estime, ou trompé ou détrompé, vieil oiseau répétant à qui ne l'écouterait pas ma chanson usée. La pleine licence de mes désirs n'aurait pas ajouté une corde de plus à ma lyre, un son plus ému à ma voix. La contrainte de mes sentiments, le mystère de mes pensées ont peut-être augmenté l'énergie de mes accents, animé mes ouvrages d'une fièvre interne, d'une flamme cachée, qui se fût dissipée à l'air libre de l'amour. Retenu par un lien indissoluble, j'ai acheté d'abord au prix d'un peu d'amertume les douceurs que je goûte aujourd'hui. Je n'ai conservé des maux de mon existence que la partie inguérissable. Je dois donc une tendre et éternelle reconnaissance à ma femme, dont l'attachement a été aussi touchant que profond et sincère. Elle a rendu ma vie plus grave, plus noble, plus honorable, en m'inspirant toujours le respect, sinon toujours la force des devoirs.

(*Mémoires d'outre-tombe*)

Paul-Louis COURIER

(1772-1825)

Voilà un écrivain qui a une place à part dans notre littérature. A cela, deux raisons principales : d'une part, son style d'une extraordinaire simplicité, comme chez les grands – La Fontaine, La Bruyère, Voltaire ; d'autre part, le choix d'un genre qui, généralement, ne porte chance qu'à des journalistes : le pamphlet.

Or, c'est là que réside cette chance pour Paul-Louis Courier : les coups de boutoir qu'il a donnés ont porté son nom à la célébrité.

Pourtant tout le condamnait à une existence banale : né dans une famille bourgeoise honnête, étudiant médiocre à l'Ecole spéciale d'artillerie de Châlons, il ne sut tirer aucun parti des campagnes militaires auxquelles il fut mêlé, de 1799 à 1809 – date à laquelle il démissionna de l'armée.

En réalité, le chef d'escadron Courier avait fréquenté les bibliothèques de préférence aux champs de bataille ; libéré, il s'occupe distraitement de ses propriétés de Touraine qu'il gère tant bien que mal. Sa passion de la littérature grecque reprend possession de son esprit avec une telle force qu'il ne tarde pas à rejoindre Florence. Le souvenir de la bibliothèque de l'Abbaye le hante. Il y découvre le manuscrit complet d'une œuvre de Longus, Les Pastorales. *Il traduit et publie cette œuvre en 1810, à une soixantaine d'exemplaires, sous le titre de* Daphnis et Chloé, *« pour être lue de peu de personnes », précise-t-il.*

Revenu en France, il se lie, durant ses séjours à Paris, avec des hellénistes de renom, notamment M. Clavier. Ce dernier avait deux filles. Courier, bien qu'âgé de quarante-deux ans, choisit de demander en mariage la cadette, qui n'avait pas encore dix-neuf ans. Les premières années de mariage ne se passèrent pas trop mal, entrecoupées de voyages et de séjours à Veretz, en Touraine, où finalement les Courier s'établissent pour un séjour durable.

*Où qu'il se trouve, P.-L. Courier, observateur minutieux des mœurs, s'en prend aux gens et aux institutions. Il aiguise sans cesse sa plume, qu'il trempe volontiers dans le fiel. De là ses pamphlets politiques (*Pétition aux deux Chambres, *1816) et juridiques (*Paul-Louis Courier, ancien chef d'escadron au 1er régiment d'artillerie à cheval : à Messieurs les jurés du Tribunal civil de Tours, 1818*), son* Placet aux ministres, *1819, etc.*

Son ambition se porte soudain vers la gloire académique. Mais ses confrères, irrités par les attaques qu'il lance contre la Restauration et ses administrateurs, l'écartèrent de leur choix. Sa colère et sa fureur lui inspirent alors une féroce Lettre à Messieurs de l'Académie des Inscriptions et des Belles-Lettres, *qui eut plus de retentissement qu'une élection ! L'échec de cette candidature lui valut, de la part de son père, une autre lettre dont les termes n'étaient point faits pour apaiser cette âme en révolte : « Tu ne seras jamais rien, lui écrivait-il, c'est-à-dire que tu ne seras ni gendarme, ni rat-de-cave, ni espion, ni duc, ni laquais, ni académicien... » Ce sont là des banderilles empoisonnées qui vrillent les chairs les mieux protégées.*

Paul-Louis Courier devient peu à peu odieux à son entourage, et sans doute insupportable à sa femme, puisque, dit-on, elle le fit assassiner au printemps 1825 par deux de ses amants, les frères Dubois, qui ont mené à bien leur opération par l'intermédiaire du propre garde-chasse de Paul-Louis Courier.

Dès l'année suivante, la collection complète des Pamphlets politiques et opuscules littéraires de Paul-Louis Courier, ancien canonnier à cheval, *était publiée à Bruxelles et distribuée chez tous les libraires de France.*

Parfois, chez les artistes, surtout chez les écrivains, le scandale fait bon ménage avec le talent. Il faut bien que cette remarque ait quelque fond d'exactitude puisque les colères de Courier ne nous retiennent plus par l'anecdote qui les avait suscitées, mais par la vigueur que leur confère encore une façon magistrale de faire briller notre langue française.

M. T.

PÉTITION POUR DES VILLAGEOIS QUE L'ON EMPÊCHE DE DANSER

L'objet de ma demande est plus important qu'il ne semble ; car bien qu'il ne s'agisse, au vrai, que de danse et d'amusements, comme d'une part ces amusements sont ceux du peuple, et que rien de ce qui le touche ne vous peut être indifférent ; que, d'autre part, la religion s'y trouve intéressée, ou compromise, pour mieux dire, par un zèle mal entendu, je pense, quelque peu d'accord qu'il puisse y avoir entre vous, que tous vous jugerez ma requête digne de votre attention.

Je demande qu'il soit permis, comme par le passé, aux habitants d'Azai de danser le dimanche sur la place de leur commune, et que toutes défenses faites à cet égard par le préfet, soient annulées.

Nous y sommes intéressés, nous, gens de Véretz, qui allons aux fêtes d'Azai comme ceux d'Azai qui viennent aux nôtres. La distance des deux clochers n'est que d'une demi-lieue environ : nous n'avons point de plus proches ni de meilleurs voisins. Eux ici, nous chez eux, on se traite tour à tour, on se divertit le dimanche, on danse sur la place, après midi, les jours d'été. Après midi viennent les violons et les gendarmes en même temps, sur quoi j'ai deux remarques à faire.

Nous dansons au son du violon ; mais ce n'est que depuis une certaine époque. Le violon était réservé jadis aux bals des honnêtes gens ; car d'abord il fut rare en France. Le grand roi fit venir des violons d'Italie, et en eut une compagnie pour faire danser sa cour gravement, noblement, les cavaliers en perruque noire, les dames en vertugadin. Le peuple payait ses violons, mais ne s'en servait pas ; dansait peu, quelquefois au son de la musette ou cornemuse, témoin ce refrain : *Voici le pèlerin jouant de sa musette : danse, Guillot ; saute, Perrette*. Nous, les neveux de ces Guillots et de ces Perrettes, quittant les façons de nos pères, nous dansons au son du violon, comme la cour de Louis le Grand. Quand je dis comme, je m'entends ; nous ne dansons pas gravement ni ne menons avec nos femmes, nos maîtresses et nos bâtards. C'est là la première remarque ; l'autre, la voici :

Les gendarmes se sont multipliés en France, bien plus encore que les violons, quoique moins nécessaires pour la danse. Nous nous en passerions aux fêtes du village et à dire vrai ce n'est pas nous qui les demandons : mais le gouvernement est partout aujourd'hui, et cette ubiquité s'étend jusqu'à nos danses, où il ne se fait pas un pas dont le préfet ne veuille être informé pour en rendre compte au ministre. De savoir à qui tant de soins sont plus déplaisants, plus à charge, et qui en souffre davantage, des gouvernants ou de nous gouvernés, surveillés, c'est une grande question et curieuse, mais que je laisse à part, de peur de me brouiller avec les classes, ou de dire quelque mot tendant à je ne sais quoi.

Charles NODIER

(1780-1844)

Ceux qui ont lu des textes de Charles Nodier comprendront mieux pourquoi Sainte-Beuve le qualifiait de « précurseur universel ». En effet, son ironie, son humour nous font penser parfois à Lewis Carroll, à Charles Cros, à Forneret, et aussi, plus près de nous, à Jarry, à Henri Michaux, à Prévert, voire à ces jongleurs verbaux qui animent les cafés-théâtres.

« Pour faire illusion aux autres, écrira Nodier, il faut être capable de se faire illusion à soi-même, et c'est un privilège qui n'est donné qu'au fanatisme et au génie, aux fous et aux poètes. » Comme il n'est ni fou, ni fanatique, nous le rangerons parmi les gens doués du génie littéraire, ou, plus simplement, parmi les poètes. De son goût pour l'imaginaire, Nodier a donné l'explication la plus naturelle : « Depuis plus de cinquante ans que je subis l'ennui de la vie réelle, je n'ai trouvé aux soucis qui la dévorent qu'une compensation, c'est d'entendre des contes et d'en composer moi-même. »

Vers 1840, quand il note cette réflexion, Charles

Nodier se souvient sans doute de sa « vie réelle » – celle de sa jeunesse : né à Besançon, en 1780, il sera très vite mêlé à l'ambiance révolutionnaire. Son père était procureur au tribunal correctionnel du Doubs. Le jour anniversaire de ses douze ans, Charles apprend que son écrivain favori, Cazotte, l'auteur du Diable amoureux, *a été guillotiné à l'âge de soixante-douze ans.*

L'on comprend qu'il se soit alors réfugié dans les énigmes de la zoologie, en écrivant une « dissertation sur l'usage des antennes dans les insectes... ».

En réalité, il se veut royaliste dans l'âme. Par chance pour lui, il est très protégé par son père, professeur à l'Oratoire et grand ami de Fouché. A la chute de l'Empire, Nodier devient journaliste aux Débats *et à* La Quotidienne, *organe de la monarchie. Sur le plan littéraire, ses souvenirs de « la vie réelle » l'ont orienté définitivement vers l'irréel : « Je m'avisai un jour, dit-il, que la voix du fantastique, pris au sérieux, serait tout à fait nouvelle ». L'époque se prête à cette évasion. L'époque et sa nouvelle situation : en 1823, Nodier est nommé bibliothécaire de l'Arsenal. Son salon, où brillent sa femme et sa fille, sera le siège d'un cénacle. Les guides de la nouvelle école le fréquentent – Lamartine et Victor Hugo, jusqu'à ce que celui-ci ouvre, à son tour, un nouveau cénacle. Mais celui de Nodier gardera toute sa force d'initiation des jeunes artistes. Récompense glorieuse : l'Académie française lui ouvre ses portes en 1833.*

*La célébrité, son influence ne lui feront pas oublier « la vie réelle ». L'une de ses dernières œuvres, l'*Histoire du roi de Bohême, *nous en fournit la preuve. Et peut-être pouvons-nous raccrocher à cette folie poétique son désir d'être enseveli, après sa mort, dans la robe de mariage de sa fille, la belle Marie Nodier, au souvenir de laquelle Arvers composa son célèbre sonnet :*

Mon âme a son secret, ma vie a son mystère…
Le mal est sans espoir, aussi j'ai dû le taire,
Et celle qui l'a fait n'en a jamais rien su.

M. T.

EXPLICATION

Pantoufle ? que signifie ce mot ?

Quelle est son acception usuelle ?

Où trouve-t-on sa définition logique ?

De quelle langue ancienne ou moderne est tirée son étymologie ?

Est-il indigène ou exotique ?

Représente-t-il un fait matériel ou cache-t-il un emblème ?

L'auteur l'emploie-t-il au sens propre ou au sens figuré ?

La pantoufle dont il est question ici est tout simplement celle de mon gracieux maître Popocambou-le-brèche-dent, 42.663ème autocrate de Tombouctou, sous le règne duquel fut élevée cette fameuse pyramide que Philon de Byzance n'a pas comptée au nombre des merveilles du monde, parce que du temps de Philon de Byzance on allait fort rarement à Tombouctou.

Soit préjugé de l'éducation, soit prévention invétérée de l'habitude,

soit entêtement politique, soit fanatisme religieux,

soit instinct, soit expérience de ce que valent les choses du monde, – Popocambou, depuis qu'il était parvenu au pouvoir, n'avait rien vu qui lui parût préférable à cette pantoufle.

Il y pensait le jour. Il y pensait la nuit. Il y pensait le soir. Il y pensait le matin.

Il se tournait sur le côté gauche. Il se tournait sur le côté droit. Il se couchait sur le ventre. Il se couchait sur le dos. Il ne rêvait que de cette pantoufle.

Il est vrai que cette pantoufle n'était point à dédaigner. On aurait fait bien du chemin sans rencontrer une pareille pantoufle.

C'était une pantoufle fourrée,
c'était une pantoufle ouatée,
c'était une pantoufle satinée,
c'était une pantoufle raffinée,
c'était une pantoufle perfectionnée,
c'était une pantoufle d'hiver, c'était une pantoufle d'été ; c'était une pantoufle élégante, une pantoufle svelte, une pantoufle de bonne mine, une pantoufle distinguée...

Ce n'était pas une pantoufle arriérée, une pantoufle gourmée ; ce n'était pas une pantoufle raisonneuse, une pantoufle libérale, une pantoufle industrielle, une pantoufle électorale, une pantoufle d'opposition...

C'était une excellente petite pantoufle ;
c'était une de ces pantoufles dont on voudrait n'ôter jamais le pied.
C'était la reine des pantoufles !

(*Histoire du roi de Bohême et de ses sept châteaux*)

LAMENNAIS

(1782-1854)

Chateaubriand, Lamennais, Renan ont plusieurs points communs : ce sont des esprits tourmentés ; chacun d'eux a imprimé à ses débuts un sceau mystique – Le Génie du Christianisme *pour Chateaubriand ;* Les Paroles d'un croyant *pour Lamennais ;* L'Histoire des origines du Christianisme *pour Renan. Enfin, tous trois sont bretons.*

Chez Lamennais, la position de « soldat de l'Église » ne s'est affirmée que tardivement : il ne fit sa première communion qu'à vingt-deux ans, initié par un vieux prêtre et par son frère ; il ne fut ordonné prêtre qu'à trente-quatre ans. Dès lors, il ne triche pas avec sa vocation : « Le pire de tous les états de l'âme, écrit-il, est l'indifférence ; il faut croire ; l'incroyance est la ruine non seulement des individus, mais des sociétés ».

Après la révolution de 1830, il n'a confiance que dans la jeunesse. Pour la conquérir, il fonde un journal, L'Avenir, *avec cette devise : « Dieu et liberté ». Il y publie* La Réponse à Némésis *de Lamartine,* l'Hymne aux morts de juillet *de Victor Hugo. Vigny, Balzac, George Sand lui emboîtent le pas. Deux nouveaux disciples le secondent, Montalembert et Lacordaire. Hélas ! les abonnés ne suivent pas longtemps, et le journal disparaît à la fin de la première année.*

Lacordaire pense sauver le journal en demandant audience au Pape. L'entrevue tourne au fiasco. Lamennais fulmine contre Rome. Il se retire dans ses terres bretonnes. Là, il reçoit le coup de disgrâce : l'évêque de Rennes lui interdit de dire la messe. Conseillé par ses proches, Lamennais implore son pardon. L'évêque lui restitue son droit. Et se réveille alors le caractère combatif de Lamennais : soudain il rejette la pitié ; c'est lui qui abandonne la prêtrise, en 1834.

Il a cinquant-deux ans quand il publie le livre qui braque sur lui le faisceau de la popularité, Les Paroles d'un croyant. *Ce manifeste éclate comme une bombe : 300 000 exemplaires vendus en deux mois. Du jamais vu ! Le Pape le classe parmi les hérétiques dangereux. Lamennais s'entête. Mais ses amis l'abandonnent. Pendant vingt ans, il va se défendre à coups de déclarations et de manifestes :* Le Livre du peuple *(1837),* Questions politiques et philosophiques *(1840). On le jette en prison. Ce sera un livre de plus :* Une voix de prison *(1841). Quand la révolution de 1848 se déclenche, il crée un journal* Le Peuple constituant, *et il est élu député !*

L'avènement de l'Empire le terrasse et le précipite dans cette autre cellule qu'est la chambre d'un moribond. Il y gémit, seul, jusqu'à sa mort, en février 1854, ayant refusé le prêtre et la croix sur sa tombe.

Son rêve : que l'Église ait enfin la liberté d'enseigner, dans le cadre civique de la séparation avec l'État. Lamennais était né trop tôt dans un monde trop vieux. Il faut lire ses réflexions sur la vieillesse comme un écho à ses visions d'avenir et à l'appétit d'espérance qui l'animait.

M. T.

LA VIEILLESSE

Il est bon de se préparer à la vieillesse par les réflexions que peut suggérer sur ce triste et dernier âge de la vie l'observation des hommes et de la société ; il est bon de se dire à soi-même d'avance ce que personne ne nous dira, quand nous ne tiendrons plus à ce monde que par des débris d'organes et des débris de souvenirs.

On ne saurait assigner exactement de terme où commence la vieillesse. Ce terme varie selon les individus, mais il en est peu qui ne s'y trompent. Un des plus communs et des pire défauts de cet âge est de se flatter. On s'imagine faire exception. Laissons les chimères à la jeunesse ; elles lui appartiennent en propre ; c'est le dédommagement de la vie qu'elle est condamnée à subir.

Je n'ai point vu de vieillards dont l'âge n'eût affaibli l'esprit, et j'en ai très peu vus qui en fussent convaincus sincèrement. Aveuglés sur ce point par les plus étranges illusions, c'est en partie ce qui les rend ridicules et ennuyeux, et le manque de mémoire augmente encore cet ennui et ce ridicule. Je dis le manque de mémoire récente, car on ne conserve que trop la mémoire des vieux temps ; et voilà pourquoi tous les vieillards aiment à conter. Ils ne sentent leur esprit que dans le passé : outre que la faiblesse se plaît à revivre dans le temps de la force, et la souffrance dans le temps des plaisirs, s'il y a toutefois un temps des plaisirs.

Un vieillard doit être extrêmement sobre de conseils et de blâme, et surtout ne jamais faire valoir son expérience. De toutes les choses auxquelles on ne croit pas, l'expérience est celle à laquelle on croit le moins.

Naturellement les hommes aiment à parler d'eux, et détestent qu'on parle de soi. Les vieillards doivent être plus réservés que d'autres sur ce point. On pardonnera quelquefois à un jeune homme de parler de lui, à un vieillard jamais.

Presque toujours on devient exigeant avec l'âge : pure sottise. Loin d'exiger des égards, il faut même prendre garde de se tromper sur ceux qu'on vous rend. C'est une des humiliations de la vieillesse, de ne rien recevoir que de la pitié.

Un homme qui a vécu, c'est-à-dire observé, réfléchi, trouve dans le mépris de toutes choses la seule consolation réelle du vieil âge, s'il ne la cherche plus haut, là où l'âme entend comme une voix qui l'appelle.

Le plus grand mal de la vieillesse est la dépendance terrible où elle nous met d'autrui, dépendance du corps, dépendance de l'esprit, dépendance universelle ; et que la faiblesse qui la produit, au lieu d'exciter comme chez les enfants, un intérêt tendre, n'inspire qu'une compassion humiliante et sèche. Cela paraît dur, et cependant il ne faut pas trop en accuser les hommes.

Rien de plus difficile aux vieillards que de sentir et de garder les convenances de leur âge. Quelques-uns croient se rendre aimables en affectant les manières, le ton, la légèreté de la jeunesse. Il n'y a guère de spectacle plus ridicule et plus rebutant. D'autres, pour conquérir le respect, s'arment d'une triste sévérité, d'une sagesse grondeuse et chagrine : profonde combinaison ! Au lieu d'échapper au mépris, ils se l'assurent, et l'aversion de plus.

La vieillesse, quant à l'ordre de l'existence terrestre, est un passé sans avenir. Elle représente trop vivement la condition humaine, pour que son aspect n'importune pas l'homme.

(*Discussions critiques et pensées diverses*)

STENDHAL

(1783-1842)

Consul de France à Civitavecchia, en Italie, M. Beyle obtient en 1836 un congé qui se prolongera jusqu'en 1839. Comme on ne lui accorde que demi-traitement, et comme ce traitement est assez mince, il se décide à parfaire sa situation matérielle en écrivant un livre de sédentaire, ses Mémoires d'un touriste, *où il se propose de faire un portrait indirect de la France. Ces mémoires-souvenirs seront signés, comme ses précédents ouvrages, du pseudonyme de Stendhal, qui est le nom d'une ville d'Allemagne. Ses ouvrages précédents n'ont pas eu un retentissement extraordinaire ; ils s'intitulaient* Armance, Promenades dans Rome, Le Rouge et le Noir, *etc.*

Ce Dauphinois a tant et tant voyagé de par l'Europe qu'il se complaît à parler de sa patrie. Quand il aura terminé, il sera, hélas, bien près de la fin de sa vie.

Heureusement, dans le même moment, il achève un vaste roman, La Chartreuse de Parme, *que Balzac présente, dans la* Revue parisienne, *comme un « chef-*

d'œuvre ». Et Balzac ajoute : « Il a fait un livre où le sublime éclate de chapitre en chapitre. M. Beyle est un des hommes supérieurs de notre temps ».

Ayant rejoint son poste à Civitavecchia, Stendhal ne peut supporter l'exil, du moins physiquement : en un an, il subit plusieurs attaques. La dernière, en mai 1841, faillit lui être fatale. « Au total, vaut-il la peine de vivre ? » se demande-t-il. Et comme s'il avait un pressentiment de ce qui va lui arriver bientôt, il écrit : « Je trouve qu'il n'y a pas de ridicule à mourir dans la rue quand on ne le fait pas exprès ».

Telle est la sinistre fin que le sort lui a réservée : le 22 mars 1842, Stendhal tombe en effet foudroyé sur le trottoir, rue Neuve-des-Capucines.

Il avait émis la réserve qu'on ne le comprendrait que vers 1935... La France et les lettrés du monde entier n'ont pas attendu le XXe siècle pour le mettre, ainsi que le souhaitait Balzac, au rang des écrivains supérieurs de tous les temps.

M. T.

BORDEAUX

Ce qui frappe le plus le voyageur qui arrive de Paris, c'est la finesse des traits, et surtout la beauté des sourcils des femmes de Bordeaux.

A Paris, on trouve trop souvent des traits communs et lourds qui quelquefois expriment des pensées très fines. Ici la finesse est naturelle ; les physionomies ont l'air délicat et fier sans le vouloir. Comme en Italie, les femmes ont, sans le vouloir, ce beau sérieux dont il serait si doux de les faire sortir.

J'ai été saisi par cette idée hier au sortir des vêpres, vers les trois heures ; je me promenais par hasard sur la belle place du Théâtre qu'on appelle les Allées de

Tourny et me suis trouvé justement au débouché de la rue qui conduit à la place du Chapelet au moment où tout le beau monde sortait de l'église à la mode. Beauté idéale, *à la Schidone*, de la jeune fille qui vend des oranges et des bouquets de violettes au coin de cette rue ; sa coquetterie admirable, c'est-à-dire ressemblant parfaitement à un simple mouvement de vanité et d'amitié envers un rustre de sa connaissance qui passait devant elle *sans lui parler*.

Ce qui augmente l'effet charmant de cette finesse naturelle des traits, c'est que, jusqu'ici du moins, je n'ai pas vu d'*affectation*. Sans doute il y en a, mais un homme qui sort du plein soleil et entre dans une grotte, la trouve d'abord peu éclairée.

Hier j'ai commencé mes courses par une promenade le long de cet admirable demi-cercle que la Garonne forme devant Bordeaux. J'ai revu cette admirable promenade qui a remplacé le Château-Trompette, définitivement démoli en 1814 ou 15. La tradition est si belle chose que personne ne peut me donner cette date exactement. Les arbres sont donc bien jeunes ; la plupart cependant ont bien trente pieds de haut et font voûte. Quelle différence si l'on eût planté des marronniers au lieu de tristes ormeaux !

La colline vis-à-vis, à une demi-lieue au-delà de la Garonne, sur la rive droite, faite exprès pour plaire aux yeux. Elle vient se terminer au fleuve, au village de Lormont, à l'extrémité nord de cet admirable demi-cercle. Le fleuve court au nord. La ville est sur la rive gauche au couchant et la colline de Lormont occupe la rive droite.

Bordeaux est, sans contredit, la plus belle ville de France. Elle est un peu en pente vers la Garonne. De toutes parts on aperçoit ce beau fleuve tellement couvert de navires que, pendant assez longtemps, je remarquais qu'il eût été impossible de tendre une corde d'un bord à l'autre sans passer sur un navire. Tous étaient pavoisés à cause du dimanche.

Après deux heures d'admiration, il a bien fallu quitter cet admirable quai des Chartrons, cette sublime promenade des Quinconces qui a remplacé le Château-Trompette.

(*Voyage dans le midi de la France*)

Duchesse d'ABRANTÈS

(1784-1838)

Voilà une exceptionnelle épistolière : c'est une femme d'une trentaine d'années qui tient la plume vers 1815, à un âge où, en ce début de siècle, la femme entrait dans la maturité. Il est vrai que Laure de Saint-Martin avait commencé son existence matrimoniale à quinze ans, en épousant Andoche Junot, un officier très lié avec Bonaparte.

Junot suivit le Premier Consul et l'Empereur dans ses épopées guerrières, en Italie, en Egypte, puis au Portugal. Devenu général, il inscrivit à son actif la prise de Lisbonne en 1807, et Napoléon lui décerna alors le titre de duc d'Abrantès.

Laure fut de presque tous les voyages – ce qui ne veut pas dire que sa fidélité a été exemplaire. Elle avait des excuses : son mari, exilé dans les lointaines conquêtes de l'Est, et sans doute à bout de forces, se suicida en 1813.

A Paris, depuis qu'elle était duchesse d'Abrantès, Mme Junot se mit à écrire des romans pour jeunes filles du monde. Elle ne tire point ses ressources de cette production d'œuvres fades et justement oubliées. Ce sont ses Mémoires *qui lui valent de figurer parmi les auteurs que les historiens consultent encore. Il y a là une mine de portraits et de tableaux fort passionnants à lire. Néanmoins, la duchesse offre encore un autre visage, celui d'une épistolière ou, plus exactement, d'une héroïne aussi romantique que romanesque : il lui est arrivé d'écrire certaines lettres avec son propre sang.*

Si son mari mourut tragiquement, elle était hantée, elle aussi, par l'idée du suicide. Plusieurs fois, elle menaça de passer à l'acte, comme on le voit dans la lettre à Maurice de Balincourt. Droguée et suicidaire, elle mourut en 1838, à cinquante-quatre ans, dans la misère.

M. T.

DEUX LETTRES D'AMOUR-PASSION

à Maurice de Balincourt

Maurice, vous êtes toujours tout pour moi, vous êtes, comme au premier jour, l'idole de mon cœur, l'unique objet de mes pensées et le seul arbitre de mon sort ; mais pouvez-vous me faire un crime de ne plus vouloir être avilie par cette odieuse lutte entre moi et une créature dont le nom n'aurait jamais dû se trouver à côté du mien ?

Non, sans doute, et j'ose croire que vous m'estimez assez pour ne pas me blâmer d'une fierté inséparable de ma naissance, de mon éducation et surtout du sentiment de tout ce que je vaux pour un homme que j'aime avec autant d'idolâtrie que je vous aime.

Ce que je vous écris là, Maurice, je le disais à un homme qui m'a beaucoup aimée et que j'ai également chéri ; cependant je n'ai pas craint de lui répéter que jamais je n'avais rien *aimé* comme vous. Je n'ai pas *craint* d'ajouter que si vous me forciez à vous quitter, jamais rien ne vous remplacerait dans mon cœur, dans ce cœur si aimant, si malheureux par vous !

Ah ! Maurice, il a vu mes larmes, il m'a plainte, il ne vous a pas compris, mais il a vu ma douleur et il vous a presque maudit.

Excepté vous, Maurice, vous et mes enfants, le monde est un néant où je ne veux seulement pas jeter les yeux ; rien ne m'émeut ; rien ne m'intéresse ; je suis morte à tout ce qui, dans un autre temps, eût fortement agité mon cœur...

Mon adoration est la même que lorsque dernièrement tu me tenais mourante sur ton sein. Oh ! pourquoi n'ai-je pas ainsi expiré sur ton cœur ? Les Anglais appellent cela « mourir le cœur brisé ». Qu'ils ont raison ! Combien j'ai senti la justesse de cette expression inimitable dans notre langue...

Le même jour

Il est une heure et vous n'êtes pas venu.

Pour la dernière fois, écoutez-moi. Vous voulez mon sang et vous l'aurez.

Je suis parvenue à me procurer la dose d'opium suffisante pour trancher ma vie dans l'espace d'une heure. On a eu beau me surveiller, je l'ai maintenant en mon pouvoir.

Croyez-vous donc que le calme apparent qui paraît sur mon visage soit réellement au fond de mon cœur ? Je suis désespérée et déterminée à mourir. Le moyen est auprès de moi sans que personne puisse me le ravir. Dites un mot et vous devenez mon assassin. Dans ce moment ma raison est aussi égarée que vendredi. Je sens qu'un amour aussi effréné doit paraître exagéré, et pourtant je ne dis pas tout ce qui est dans mon cœur. L'amour qui le remplit me brûle et me dévore plus encore que ne pourrait le faire le poison qui est sous mes yeux.

Maurice, mon amant, mon ami, mon idole, ma destinée est entre tes mains. Je t'aime avec idolâtrie, et je ferai tout, excepté de cesser de voir en toi l'arbitre de ma vie ; mais vivre sans toi m'est impossible. C'est un fardeau qu'il est hors de mon pouvoir de supporter, et sa seule pensée me fait regarder la mort avec moins d'effroi.

Quelle nuit je vais passer ! et voilà le calme que tu veux me donner ! Ma tête est en feu ; mes idées sont obscurcies et moi-même, je distingue à peine pour t'écrire. Oh ! pitié, pitié, je me sens mourir.

Il faut être barbare et n'avoir aucune pitié pour agir comme vous le faites. Ma vie ne tient qu'à un fil. Rompez-le si cela est doux à votre cœur. Je vous attends et je ne vous ai pas vu. Chaque minute a augmenté mon anxiété et l'attente dans laquelle j'ai été m'a tellement bouleversée que, dans ce moment, je ne sais que j'existe que par la douleur qui brise mon âme. Vous voulez que je meure ? Vos remords me vengeront. Mon sang criera contre vous.

Marceline DESBORDES-VALMORE

(1786-1859)

Bien qu'elle soit née seize ans avant Victor Hugo, Marceline Desbordes-Valmore est profondément marquée par le souffle du romantisme.

Le premier recueil de vers qui fit surgir le mot de romantisme, ce fut Les Méditations *de Lamartine, en 1820. Or, Marceline Desbordes-Valmore publie le sien en 1819. Elle a trente-trois ans.*

Son existence a tout de suite été romanesque, douloureusement : lors d'un voyage en Guadeloupe, sa mère meurt. On est en 1801. De retour à Douai, où elle était née quinze ans plus tôt, Marceline, qui a des dons de cantatrice, réussit à entrer à l'Opéra-Comique de Paris.

C'est à Paris qu'elle se lie d'amour avec un homme qui lui apporte les premières joies de sa vie – et la rendit mère. Cet homme était-il libre ou non ? Toujours est-il qu'elle n'a jamais révélé ce mystérieux amant-père. On soupçonne que ce fut Henri de Latouche – un des futurs fondateurs du Figaro. *A l'époque de ces amours juvéniles, peut-être n'avait-il pas vingt ans...*

Enfin, l'actrice rencontre un mari à Bruxelles où elle chante Le Barbier de Séville. *Il est, comme elle, comédien, et s'appelle Valmore. Le ménage végète, alourdi par la charge de plusieurs enfants.*

De ces difficultés de l'existence, où survit dans le cœur de Marceline le souvenir vivace d'un amour pour ainsi dire secret, naissent des poésies ardentes, d'un ton personnel, qu'elle publiera de 1819 à 1859.

Les plus célèbres écrivains de son temps – Victor Hugo, Lamartine, Dumas, entre autres – ont magnifié la haute qualité des œuvres de Marceline Desbordes-Valmore. Dans son tableau du romantisme, Sainte-Beuve l'a expliqué magistralement : « Elle a chanté, écrit-il, comme l'oiseau chante, sans autre science que l'émotion du cœur, sans autre moyen que la note naturelle. De là, quelques-uns de ces accents inimitables qui s'attachent pour toujours dans les mémoires aimantes à l'expression de certains sentiments, de certaines douleurs. »

Sur le conseil de son médecin, elle s'était mise à traduire sa peine profonde en poésie. C'est elle qui nous l'a avoué : « M. Alibert, raconte-t-elle, qui soignait ma santé devenu très frêle, me conseilla d'écrire, comme moyen de guérison... J'ai suivi l'ordonnance. »

Si elle nous a révélé le docteur et le remède, Marceline Desbordes-Valmore n'a jamais trahi celui qui lui avait révélé l'amour.

M. T.

LA SINCÈRE

Veux-tu l'acheter ?
Mon cœur est à vendre.
Veux-tu l'acheter
Sans nous disputer?

Dieu l'a fait d'aimant,
Tu le feras tendre ;
Dieu l'a fait d'aimant
Pour un seul amant !

Moi, j'en fais le prix ;
Veux-tu le connaître ?
Moi, j'en fais le prix ;
N'en sois pas surpris.

As-tu tout le tien?
Donne ! Et sois mon maître.
As-tu tout le mien
Pour payer le mien ?

S'il n'est plus à toi,
Je n'ai qu'une envie ;
S'il n'est plus à toi,
Tout est dit pour moi.

Le mien glissera,
Fermé dans la vie ;
Le mien glissera
et Dieu seul l'aura !

Car, pour nos amours,
La vie est rapide ;
Car, pour nos amours,
Elle a peu de jours.

L'âme doit courir
Comme une eau limpide ;
L'âme doit courir,
Aimer ! et mourir !

MA CHAMBRE

Ma demeure est haute
Donnant sur les cieux ;
La lune en est l'hôte,
Pâle et sérieux :
En bas que l'on sonne,
Qu'importe aujourd'hui ?
Ce n'est plus personne
Quand ce n'est pas lui !

Aux autres cachée,
Je brode mes fleurs ;
Sans être fâchée,
Mon âme est en pleurs ;
Le ciel bleu sans voiles,
Je le vois d'ici ;
Je vois les étoiles :
Mais l'orage aussi !

Vis-à-vis la mienne
Une chaise attend :
Elle fut la sienne,
La nôtre un instant ;
D'un ruban signée,
Cette chaise est là,
Toute résignée,
Comme me voilà !

(*Poésies*)

Alphonse de LAMARTINE

(1790-1869)

Au début du mois d'octobre 1816, Alphonse de Lamartine se rend à Aix-les-Bains pour y soigner une maladie de foie. A la pension du Dr Perrier, il rencontre la femme d'un physicien célèbre, membre de l'Institut, M. Charles. Elle a trente-quatre ans ; Lamartine, lui, n'en a que vingt-six. M. Charles est un vieillard de soixante-dix ans ; il est trop souffrant pour accompagner son épouse.

La situation se prête à la liaison entre le poète et la jeune femme. L'état de santé de l'un et de l'autre incite à l'amour. Un jour, Julie Charles déclare à son nouvel ami : « Je mourrai de jalousie si tu trouves le bonheur avec une autre femme ».

En fait, Lamartine n'avait encore jamais aimé du fond de l'âme, même pas la très jolie Napolitaine, qu'il appellera Graziella et dont il dira plus tard dans son poème Le Premier Regret *: «* Elle avait seize ans ! C'est bien tôt pour mourir. *»*

La phtisie de Mme Charles s'aggrave si rapidement, dès son retour à Paris, qu'elle ne pourra se rendre à

Aix-les-Bains, l'année suivante, pour une nouvelle cure. Lamartine sera seul à la pension. Sur le carnet que lui a donné Julie, il note : « Assis sur le rocher de la fontaine intermittente, le 29 août 1817, en pensant à toi, Julie, abbaye de Hautecombe, à pic sur le lac. Séjour à choisir si... Souvenir de notre journée du mois de septembre passée sur le même lac, avec elle, 4 heures du soir. »

Cette pensée lui inspire alors le vers autour duquel se développera l'un des poèmes les plus émouvants de la nostalgie sentimentale :

Un soir, t'en souvient-il ? Nous voguions en silence...*Ce poème à lui seul aurait assuré le succès du recueil des* Méditations poétiques, *qui paraîtra en 1820.*

Hélas ! Mme Julie Charles n'était plus de ce monde ; elle était morte le 18 décembre 1817.

M. T.

LE LAC

Ainsi toujours poussés vers de nouveaux rivages,
Dans la nuit éternelle emportés sans retour,
Ne pourrons-nous jamais sur l'océan des âges
Jeter l'ancre un seul jour ?

O lac ! l'année à peine a fini sa carrière,
Et, près des flots chéris qu'elle devait revoir,
Regarde ! je viens seul m'asseoir sur cette pierre
Où tu la vis s'asseoir !

Tu mugissais ainsi sous ces roches profondes,
Ainsi tu te brisais sur leurs flancs déchirés,
Ainsi le vent jetait l'écume de tes ondes
Sur ses pieds adorés.

Un soir, t'en souvient-il ? nous voguions en silence ;
On n'entendait au loin, sur l'onde et sous les cieux,
Que le bruit des rameurs qui frappaient en cadence
Tes flots harmonieux.

Tout à coup des accents inconnus à la terre
Du rivage charmé frappèrent les échos ;
Le flot fut attentif et la voix qui m'est chère
Laissa tomber ces mots :

O temps ! suspends ton vol ; et vous, heures propices !
Suspendez votre cours ;
Laissez-nous savourer les rapides délices
Des plus beaux de nos jours !

Assez de malheureux ici-bas vous implorent,
Coulez, coulez pour eux ;
Prenez avec leurs jours les soins qui les dévorent ;
Oubliez les heureux.

Mais je demande en vain quelques moments encore,
Le temps m'échappe et fuit ;
Je dis à cette nuit : « Sois plus lente » ; et l'aurore
Va dissiper la nuit.

Aimons donc, aimons donc ! de l'heure fugitive,
Hâtons-nous, jouissons !
L'homme n'a point de port, le temps n'a point de rive ;
Il coule, et nous passons !

Temps jaloux, se peut-il que ces moments d'ivresse,
Où l'amour à longs flots nous verse le bonheur,
S'envolent loin de nous de la même vitesse
Que les jours de malheur

Eh quoi ! n'en pourrons-nous fixer au moins la [trace ?
Quoi ! passés pour jamais ? quoi ! tout entiers perdus ?
Ce temps qui les donna, ce temps qui les efface,
Ne nous les rendra plus ?

Éternité, néant, passé, sombres abîmes,
Que faites-vous des jours que vous engloutissez ?
Parlez : nous rendrez-vous ces extases sublimes
Que vous nous ravissez ?

O lac ! rochers muets ! grottes ! forêt obscure !
Vous que le temps épargne ou qu'il peut rajeunir,
Gardez de cette nuit, gardez, belle nature,
Au moins le souvenir !

Qu'il soit dans ton repos, qu'il soit dans tes orages,
Beau lac, et dans l'aspect de tes riants coteaux,
Et dans ces noirs sapins, et dans ces rocs sauvages
Qui pendent sur tes eaux.

Qu'il soit dans le zéphyr qui frémit et qui passe,
Dans les bruits de tes bords par tes bords répétés,
Dans l'astre au front d'argent qui blanchit ta surface
De ses molles clartés.

Que le vent qui gémit, le roseau qui soupire,
Que les parfums légers de ton air embaumé,
Que tout ce qu'on entend, l'on voit ou l'on respire,
Tout dise : « Ils ont aimé ! »

(*Méditations poétiques*)

Alfred de VIGNY

(1797-1863)

Lamartine a consacré deux Entretiens de son Cours familier de littérature *à Alfred de Vigny, « cet aristocrate qui n'eut pas l'esprit courtisan ». Il ne s'attarde pas sur les ouvrages dramatiques* (La Maréchale d'Ancre, Quitte pour la peur, Chatterton), *mais révère le poète, et surtout met en évidence la noblesse de son comportement à l'égard de sa mère et de sa femme.*

C'est Baudelaire qui rendit l'hommage au nom de la nouvelle génération des écrivains. Il ressent la disparition de Vigny comme « un grand deuil national, un affaissement de vitalité générale, un obscurcissement de l'intellect qui ressemble à une éclipse solaire, imitation momentanée de la fin du monde... ».

Au-delà de ce jugement sentimental, il faut en revenir à Vigny lui-même. « L'égalité de ma vie et l'égalité de mon caractère, note-t-il dans son Journal, *ont fait croire que j'étais parfaitement heureux ».*

Il ne le fut pas ; le lecteur de son œuvre sera bien forcé d'en convenir. Sa sérénité, il l'a acquise à force de volonté, grâce à sa croyance dans la suprématie de *l'*Esprit pur *: « Le genre de mort, pas plus que le genre de vie, ne doivent être considérés comme punition ou récompense. La rémunération ne peut être de ce monde ».*

Du même coup perce la lueur d'une espérance. Vigny efface l'instant éphémère de la mort : le passé, le présent se fondent dans les apparences de l'éternité. Les apparences seulement...

Ainsi devons-nous interpréter l'affirmation majeure du poète :

J'ai marché devant tous, triste et seul dans ma gloire.

Vigny a chargé Moïse de nous faire cet aveu. Et l'on comprend dès lors pourquoi il avait voulu que ce poème ouvrît le recueil de ses œuvres poétiques.

Les deux extraits que nous donnons ici, pour brefs qu'ils soient, nous semblent apporter de justes reflets de l'âme sensible et de l'esprit philosophique d'Alfred de Vigny.

M. T.

LA MAISON DU BERGER

(*Fragment*)

Vivez, froide Nature, et revivez sans cesse
Sous nos pieds, sur nos fronts, puisque c'est votre loi,
Vivez, et dédaignez, si vous êtes déesse,
L'homme, humble passager, qui dut vous être un Roi ;
Plus que tout votre règne et que ses splendeurs vaines
J'aime la majesté des souffrances humaines :
Vous ne recevrez pas un cri d'amour de moi.

Mais toi, ne veux-tu pas, voyageuse indolente,
Rêver sur mon épaule en y posant ton front ?
Viens du paisible seuil de la maison roulante
Voir ceux qui sont passés et ceux qui passeront.
Tous les tableaux humains qu'un Esprit pur m'apporte
S'animeront pour toi, quand devant notre porte
Les grands pays muets longuement s'étendront.

Nous marcherons ainsi, ne laissant que notre ombre
Sur cette terre ingrate où les morts ont passé ;
Nous nous parlerons d'eux à l'heure où tout est [sombre,
Où tu te plais à suivre un chemin effacé,
A rêver, appuyée aux branches incertaines,
Pleurant, comme Diane au bord de ses fontaines,
Ton amour taciturne et toujours menacé.

(*Poèmes philosophiques*)

LE DÉSERT

Lorsque des voyageurs traversent les sables de Libye, ils voient, du haut du chameau qui les porte, un espace immense, à l'horizon un lac que l'on n'atteint jamais : c'est le mirage. Il semble réfléchir des maisons habitées, on croit y voir des grandes villes, et c'est la mort.

Cependant le voyageur s'avance, il a soif, il espère. Le vent du désert souffle avec violence ; il est contraint de s'arrêter et de fermer les yeux, que la poussière de feu aveugle.

Lorsqu'il ouvre ses paupières brûlées, où ses larmes mêmes sont desséchées par le soleil dévorant, il s'étonne, il s'arrête, il ne reconnaît plus sa route ; devant lui était une vallée, il y voit une petite colline aux pentes insensibles ; il y voit se prolonger une plaine jaune et sans terme ; la route tracée par les squelettes des chameaux abandonnés est engloutie, et rien ne s'élève au-dessus du niveau, sinon les trombes de sable, qui montent au ciel un moment aussi haut que les pyramides, s'avancent, font trois pas vers le ciel et retombent en poussière.

Le désert, hélas ! c'est toi, démocratie égalitaire, c'est toi, qui as tout enseveli et pâli sous tes petits grains de sable amoncelés.

Ton ennuyeux niveau a tout enseveli et tout rasé.

Les seigneuries sont d'abord tombées ; puis, après, les hauts barons, les chevaliers bardés de fer qui étaient posés sur la terre comme des tours protectrices levant les bannières de la France au soleil. La route était encore tracée au loin de distance en distance par les squelettes abandonnés des dynasties abattues ; mais les sables éternellement roulés les ont ensevelis sous leur cendre volante. Éternellement la vallée et la colline se déplacent, et seulement on voit de temps à autre un homme courageux ; il s'élève comme la trombe et fait dix pas vers le soleil, puis il retombe en poudre, et l'on n'aperçoit plus au loin que le sinistre niveau de sable.

(Janvier 1862)

(*Journal d'un poète*)

Marie DORVAL

(1798-1849)

Le nom de Marie Dorval restera lié à celui d'Alfred de Vigny. Leur rencontre eut lieu par hasard, en 1830 : Alfred de Vigny avait rendez-vous dans un café, près du Palais-Royal, avec Dumas et Musset. Quand il arriva, Musset n'était pas encore là ; Dumas bavardait avec Marie Dorval, actrice en vogue depuis qu'elle avait triomphé dans Trente ans ou la Vie d'un joueur, *de Goubaux et Descange, aux côtés de Frédérick Lemaître, à la Porte-Saint-Martin. Si l'on en croit George Sand, « sa taille était un souple roseau qui semblait toujours balancé par quelque souffle mystérieux. Elle était mieux que jolie, charmante. » A la scène, nous dit Jules Janin, le critique théâtral le plus renommé de cette époque, « elle pleurait à merveille, avec une désolation, avec des spasmes, un délire à tout renverser. » Elle savait donner aux phrases les plus simples tant d'émotion qu'un texte banal prenait soudain de l'intensité.*

A un an près, elle avait l'âge de Vigny ; celui-ci était né en 1797 ; elle, en 1798. Ses parents exerçaient le rude métier de comédiens ambulants. Son existence avait donc été celle d'une enfant de la balle, dressée aux multiples emplois des tréteaux de fortune. A seize ans, elle épouse un acteur du théâtre de Lorient, Allan Dorval. Coup sur coup elle aura deux filles. Son mari mourra au cours d'une tournée en Pologne. C'est alors une vie errante, avec ses déceptions, ses aléas, ses rencontres, mais aussi ses imprévus.

*Tout naturellement, Marie Dorval et Vigny parlent théâtre. Vigny vient de publier une traduction de l'*Othello *de Shakespeare. Il lui enverra sans tarder un exemplaire, avec une dédicace habile :*

Quel fut jadis Shakespeare ? – On ne répondra pas...
Rien ne trahit son cœur, hormis une beauté...
Triste, simple et terrible, ainsi que vous passez,
Le dédain sur la bouche et vos grands yeux baissés.

1830 : période troublée ; la monarchie s'écroule. Chateaubriand s'écrie : « Encore un gouvernement qui, de propos délibéré, se jette du haut des tours de Notre-Dame ! » Vigny, lui, achève un drame en prose : La Maréchale d'Ancre, *qu'il destine à Marie Dorval, « la première tragédienne existante, – femme de vingt ans, passionnante et spirituelle »* (Journal).

En réalité, elle en a trente-deux. Déjà amoureux, le poète n'a pas regardé les dates de près. Au début du mois d'octobre, il lit La Maréchale d'Ancre, *chez Mme Dorval, et le lendemain il écrit au mari de la comédienne, Jean-Toussaint Merle, pour avoir son avis. Désormais, la liaison classique – le mari, la femme et l'amant – est en place. En fait, une véritable grande passion vient de naître ; non seulement il y a échange de lettres, mais aussi des visites fréquentes et l'assiduité de Vigny aux spectacles où Marie Dorval paraît.*

Enfin La Maréchale d'Ancre *est acceptée à l'Odéon. Ce ne sera pas Marie Dorval qui tiendra le rôle principal ; Victor Hugo l'a arrachée au directeur de l'Odéon pour sa* Marion Delorme. *Mais Vigny enverra à son actrice-amante le manuscrit de* La Maréchale d'Ancre *avec un exemplaire du livre – le tout serti dans un sonnet dont le premier quatrain a le ton d'une déclaration d'amour :*

Si des siècles mon nom perce la nuit obscure
Ce livre, écrit pour vous, sous votre nom vivra.
Ce que le temps présent tout bas déjà murmure,
Quelqu'un, dans l'avenir, tout haut le redira.

Marie Dorval prendra sa revanche, plus tard, sur le plan théâtral : elle jouera le rôle principal, Kitty Bell, dans le Chatterton *d'Alfred de Vigny, à la Comédie-Française.*

Quel succès pour l'auteur, et peut-être plus encore pour l'actrice !

De là, les germes d'une fausse querelle qui dégénérera en s'appuyant chez Dorval sur des raisons de jalousie (à cause de George Sand) et chez Vigny sur la lassitude à lutter contre les attaques de sa maîtresse.

La guérilla des scènes et des échanges de lettres aigres-douces devait durer pendant des années. En juillet 1838, Marie Dorval voulut avoir le dernier mot ; mais ce dernier mot se terminait par un point d'interrogation...

M. T.

UNE LETTRE DE RUPTURE

A Alfred de Vigny,
le 19 juillet 1838

Alfred, en me laissant emporter la pensée que j'étais cause de l'altération sérieuse de votre santé, vous m'avez déchiré le cœur. S'il fallait donner la mienne à jamais pour vous épargner une souffrance grave, je le ferais à l'instant. Pourquoi avez-vous été si cruel de m'empêcher d'embrasser votre main, moi – que vous ne voulez plus revoir ! – Je vous le dis, M. Sandeau n'est qu'un prétexte. Mille fois je le prierai *de ne plus revenir chez moi*.

Tout m'est indifférent, excepté vous, Alfred, quoi que vous en pensiez. Ce qui est vrai, c'est que depuis longtemps vous vouliez me quitter, seulement vous avez attendu que vous en ayez la force. Aujourd'hui, cette force s'appuie sur je ne sais quoi, peut-être une femme qui vous aime et que vous allez aimer ! – vous amassez contre moi des colères incroyables, je deviens un monstre à vos yeux et je suis si écrasée que je n'ai plus le courage de me défendre.

Vous ne m'aimez plus. Si cette indignation que vous excitez en vous contre moi s'éteignait, que resterait-il dans votre cœur ?

Croyez que je suis bien frappée, bien désolée, que je vous pleurerai toujours sans jamais rien mettre à la place de votre souvenir. Oui, quand vous me laissiez la paix, quand vous me faisiez entendre autre chose que des reproches toujours répétés, je sentais tout mon amour pour vous revenir dans mon cœur ; ainsi, quand vous m'aurez quittée, tout ce qu'il y a eu d'amer dans nos dernières années disparaîtra pour ne me laisser que le souvenir de tout ce qu'il y a eu d'amour, de tendresse et de bonté, de dévouement pour moi dans votre âme…

Si vous étiez malade sérieusement, je saurais bien me rendre malade aussi et ne guérir que quand vous guéririez... Je suis écrasée, je pleure en vous écrivant et vous disant adieu. Est-ce donc adieu ? Est-ce donc à jamais ?

Marie Dorval

MICHELET

(1798-1874)

Apparemment, il y a deux parts différentes dans l'œuvre de Michelet : celle de l'historien et celle du philosophe. La première correspond à l'exercice de l'esprit, la seconde à l'expression du cœur.

Historien de vocation, Michelet obéit à son devoir de citoyen en étudiant la condition des Français dans leur patrie, dans l'Europe et dans le monde. Professeur exemplaire, après avoir été un élève modèle, ses cours deviennent ses livres, comme ce sera le cas, plus tard, au XXe siècle, du plus illustre des maîtres, le philosophe Alain. Tous deux étaient nés à un moment favorable pour assister à la formation des nations remodelées par les guerres : Michelet par la défaite napoléonienne de 1814, Alain par la victoire des Alliés en 1918.

Pour Michelet, « l'enseignement, c'est une amitié ». Il l'a abordé par le biais le plus simple – des années de pion, et, grâce à sa réussite universitaire, par la nomination aux postes les plus enviés : maître de conférences d'histoire et de philosophie à l'École normale supérieure, chef de la section historique aux

Archives nationales ; Professeur à la Sorbonne, et enfin au Collège de France, en même temps qu'il était élu à l'Académie des sciences morales et politiques. Tout cela, de 1821 à 1848.

Malgré une santé déplorable et un mariage morose, il devient le premier grand historien de notre littérature, avec son Histoire de France (1833-1844) *et son* Histoire de la Révolution française *en 7 volumes (1847-1853).*

L'avènement du second Empire, auquel il ne se rallie pas, entraîne la suppression de ses cours et de ses fonctions. C'est alors que le destin lui offre une merveilleuse compensation, en lui faisant rencontrer une jeune femme de trente ans plus jeune que lui, qu'il épouse. Libre, il peut voyager, et ne s'en prive pas. Sous l'influence de sa nouvelle vie sentimentale, il construit la seconde partie de son œuvre : L'Amour *(1858) ;* La Femme *(1859) ;* L'Oiseau *(1856) ;* La Mer *(1861) ;* La Famille *(1861) ;* La Montagne *(1868), etc.*

A ses yeux, la géographie et l'histoire s'imbriquent pour construire notre décor intérieur et extérieur. Voilà son originalité : « Le matériel, la race, le peuple qui la continuent, écrit-il, me paraissent avoir besoin qu'on mît dessous une bonne et forte base, la terre qui les portât et qui les nourrît... Tel le nid, tel l'oiseau. Telle la patrie, tel l'homme ».

La guerre de 70-71 achève de détériorer sa santé. En trois ans, il est terrassé par les attaques, et meurt à Hyères, le 9 février 1874.

Ouvrant son Journal, *en 1820, il s'était défini une fois pour toutes : « Les gens contrefaits, les infirmes, les faibles et même les animaux qui souvent nous touchent de si près, m'émeuvent. Je voudrais que tout autour de moi fût heureux ». Michelet a été fidèle à cette pensée de son adolescence. Pour lui en conserver le bénéfice, j'ai choisi un texte qui reflète le souci de son âme d'homme : apporter sa contribution au bon-*

heur du couple. Il convient en effet d'honorer l'historien qui a fait du cœur le centre de notre vie, puisque, nous dit-il, « le cœur ému a la seconde vue ».

M. T.

LE COUPLE, LA MÈRE ET L'ENFANT

Le mariage donne au mari un moment unique pour acquérir vraiment la femme, la soustraire à l'influence étrangère et se l'assurer à toujours. En profite-t-il ? Rarement.

Il faudrait que, dans ces commencements où il peut beaucoup sur elle, il l'associât à son mouvement d'esprit, à ses affaires, à ses idées, qu'il l'initiât à ses projets, qu'il créât, dans son activité, une activité à elle.

Qu'elle veuille et pense avec lui, agisse avec lui, souffre avec lui, voilà le mariage. Ce qui peut arriver de pis, ce n'est pas qu'elle souffre, mais qu'elle languisse, ennuyée, vivant à part, et comme veuve. Comment s'étonner alors si elle se détache de lui ? Ah ! si dès ces premiers temps il la faisait sienne, en lui faisant partager ses ambitions, ses agitations, ses inquiétudes ; s'ils avaient veillé ensemble, troublés des mêmes pensées, il aurait gardé son cœur. On s'attache par le chagrin même ; souffrir ensemble, c'est encore aimer.

...Si vous voulez que la famille soit forte contre l'influence étrangère qui la dissout, *laissez-y l'enfant*, autant qu'il est possible. Que *la mère* l'élève sous la direction du père, sauf le moment où le réclame pour l'éducation publique la grande mère, *la patrie*.

Si la mère élève l'enfant, il en résultera une chose, c'est qu'elle restera très près du mari, ayant besoin de ses conseils, et voulant toujours recevoir de lui des connaissances nouvelles. L'idée véritable de la famille se trouvera réalisée, qui est d'être une initiation de l'enfant par la femme, et de la femme par l'homme.

L'instinct de la mère est juste et vrai : il mérite qu'on le respecte. Elle veut garder son enfant ; séparée de lui par le fer, au moment de la naissance, elle cherche toujours à rejoindre cette partie d'elle-même qu'une force cruelle en arracha, mais qui a sa racine au cœur. Quand on le lui ôte pour l'élever loin d'elle, c'est un autre arrachement. Il pleure, elle pleure, on passe outre. C'est à tort. Dans ces larmes où l'on ne voit que faiblesse, il y a une chose bien grave, où il faut faire attention : c'est qu'*il a besoin d'elle encore*...

Une seule personne au monde a le sentiment délicat des ménagements dont l'enfant a besoin, une seule, celle qu'il l'a eu en soi, et qui, malgré l'arrachement, forme toujours avec lui un tout identique. Gestation, incubation, éducation, ces mots sont longtemps synonymes.

Bien plus longtemps qu'on ne croirait. L'influence de la femme sur l'enfant qui se développe est plus grande et plus décisive que celle qu'elle exerça sur le nourrisson. Je ne sais s'il est indispensable que la mère allaite de son sein ; il l'est, j'en suis bien sûr, qu'elle allaite de son cœur. La chevalerie sentit très bien que le mobile le plus puissant de l'éducation, c'est l'amour... L'amour, dit-on, est un grand maître. Cela est vrai surtout du plus grand, du plus profond, du plus pur de tous les amours.

(*La Famille*)

Comtesse de SEGUR

(1799-1875)

Lors de la campagne de Napoléon contre la Russie, en 1812, le père de la future comtesse de Ségur, le comte Rostopchine, était gouverneur de Moscou. A l'approche de la Grande Armée, il pratique la politique de la terre brûlée. Moscou brûle ; le château des Rostopchine flambe. La petite Sophie connaît les horreurs de la guerre. A treize ans, elle a l'esprit assez vif pour observer les effets de la violence – aussi bien les plaisirs des vainqueurs que les souffrances des vaincus.

Napoléon, obligé de rentrer à Paris, se résigne à la retraite. Le tsar de Russie et la famille Rostopchine prennent le chemin de l'Occident. Le souvenir de Voltaire, de Diderot, de la Grande Catherine a noué les liens entre la France et la Russie d'une manière indissoluble. En fait, grâce à la culture française, grâce à la langue française, on se comprend. *Quand le comte Rostopchine s'installe à Paris après l'abdication de Napoléon, il s'y trouve comme dans sa seconde patrie. Tout naturellement il a apporté des éléments d'information directe à l'auteur d'une* Histoire de la

Campagne de Russie, *le général Philippe de Ségur. Les deux familles se lient d'amitié, et ces liens vont se renforcer par le mariage de la toute jeune Sophie Rostopchine avec le neveu de l'historien, le comte Eugène de Ségur.*

Au château des Nouettes, en Normandie, le ménage mènera une existence normale, comblé par la naissance de nombreux enfants. Sophie se révèle une mère exemplaire – ce qui ne l'empêche pas d'entretenir une correspondance avec les beaux esprits qu'elle rencontre dans la capitale – et principalement avec Louis Veuillot, l'auteur de ce livre agressif, L'Honnête Femme *(1844), qui le place au premier rang des pamphlétaires de son temps. Ce dernier assiste avec émerveillement à l'éclosion de la famille de Ségur : sept enfants, dont plusieurs vont se marier précocement et transformer Sophie en une grand-mère active. Comme Perrault avec son fils, elle n'a cessé de distraire les siens en leur racontant des histoires, et cette passion du « racontage » s'intensifie lors de l'apparition des petits-enfants, auditeurs privilégiés. L'originalité de ces contes excite d'ailleurs aussi bien les grandes personnes ; mais il faudra attendre l'année 1857 (Sophie va vers la soixantaine) pour qu'elle en publie, à l'instigation de Veuillot, un premier recueil. La grand-mère devient aussitôt « La comtesse de Ségur ». Se piquant au jeu, elle mêle à ses récits ses propres souvenirs, fait indirectement une sorte de fresque historique du passé, une leçon de morale pratique : vingt et un volumes en douze ans ! (*Les Malheurs de Sophie ; Le Général Dourakine ; Les Deux Nigauds, *etc.) Elle se sert du langage le plus raffiné, le plus clair aussi, parfois étincelant de trouvailles à la Jules Renard.*

Certains lecteurs lui ont reproché, et lui reprochent encore parfois, ce qu'ils prennent pour une apologie de la férocité mentale. Or l'attitude de la Comtesse s'explique parfaitement : pour capter l'attention des enfants et des adolescents, son expérience lui a enseigné que rien ne l'emporte sur le fantasme cruel (exemple : Le Petit Chaperon rouge*) ; mais il faut profiter de ces traits pour instiller dans l'âme ce qu'elle définit dans un billet à sa petite Ninette : « Une auréole de gloire et de bonheur, faite de paroles amies, d'actions utiles, de pensées charitables et chrétiennes, d'impatience réprimée, d'indolence surmontée ».*

Dans le Jardin du Luxembourg, à Paris, un monument perpétue la présence de la comtesse de Ségur au centre du monde des enfants. Le symbole a été bien choisi. Jules Lemaître, qui l'inaugurait, a pu adresser au petit-fils de la comtesse, qui assistait à la cérémonie, cette apostrophe qui sonne encore juste, un siècle plus tard : « Votre grand-mère, Monsieur, est la grand-mère de tous les petits Français. *»*

M. T.

LETTRES A SON PETIT-FILS
JACQUES DE PITRAY

Paris, 14 février 1864

Mon cher petit Jacques,

Je t'embrasse bien tendrement pour tes sept ans, et j'espère que tu vas avoir bientôt un nouveau furet. Prie papa de te donner de ma part 5 francs pour t'aider à en acheter un. Tu crois que ton furet est mort dans un trou ; pas du tout, il vit encore ; il lui est arrivé ce qui arrive à presque tous les furets ; il est entré dans un trou à lapins : il les a massacrés impitoyablement, il a sucé leur sang (car tu sais que les longues dents des furets leur servent à percer les grosses veines des lapins pour sucer leur sang) ; il s'est enivré, car le sang chaud enivre comme le vin ; il est tombé endormi dans le trou et il en fait sa demeure, ne pouvant plus retrouver Livet ; il a probablement fait connaissance avec des amis furets ; et il vit là-bas, dans un terrier volé aux pauvres lapins, avec quelques amis, et il se réjouit d'avoir recouvré sa liberté. Des gens qui travaillent près de là l'ont entendu dire : « Si vous saviez, mes amis, quelle horrible vie mène un pauvre furet prisonnier ; toujours enfermé dans une prison noire, petite, puante : peu à manger, souvent battu. Moi, j'avais heureusement un bon, un excellent petit maître (le furet pleure, essuie ses yeux avec sa petite patte et continue d'une voix tremblante) : un maître que j'aimais, qui me faisait sortir, prendre l'air, qui avait la bonté de me lâcher près des terriers de ses lapins ; j'en tuais des douzaines, je suçais leur sang, puis je sortais quand je me sentais devenir ivre, et j'arrivais près de M. Jacques, mon bon petit maître. (Le furet pleure) Hi...Hi...Hi... ça me fait de la peine de ne pas le voir ; il est si bon ; je l'aime tant ! Les autres furets ennuyés l'ont laissé pleurer et ne sont revenus que le soir ; ton furet était consolé, mais encore triste. Adieu, mon cher petit Jacquot ; te voilà à l'âge de raison ; je t'embrasse encore bien tendrement.

Le 11 juin 1867.

Mon cher et bon petit Jacques,

Léon m'a écrit qu'il t'avait trouvé en très bonne santé, que tu avais été premier en analyse et que tu étais très content. Louis, qui est ici depuis douze jours, travaille beaucoup au petit jardin... Il espère te faire manger aux vacances quatre lapins qu'il élève et qu'il nourrit avec un tel soin qu'il y en a déjà un mort d'indigestion... On dit qu'il y a tant d'étrangers à

Paris qu'on ne trouve plus de voitures ; les chevaux tombent morts de fatigue ; on campe dans les corridors et sur les escaliers des hôtels ; on ne trouve pas à manger ; on se bat dans les restaurants ; heureux ceux qui ont un abri et à manger chez des amis. Le sultan va arriver avec une suite de cinq cents personnes ; l'empereur de Chine veut aussi se mettre en route pour voir Paris et l'Exposition. Tous les rois et les empereurs viennent à leur tour, sans compter les pauvres principicules d'Allemagne, détrônés et volés par la Prusse et l'Italie. Si j'étais à Paris, je serais désolée, car je ne pourrais pas aller te voir, faute de fiacres ou remises. J'espère que tu sortiras jeudi.

Adieu, mon petit chéri, je t'aime et je t'embrasse bien tendrement.

(*Lettres d'une grand-mère*)

Honoré DE BALZAC

(1799-1850)

Balzac restera sans doute toujours au premier rang de nos romanciers. Que de titres, parmi ses quatre-vingt-dix romans, sont dans toutes les mémoires, depuis, La Peau de Chagrin *(1831),* Le Colonel Chabert *(1832),* Le Médecin de campagne *(1833),* Le Père Goriot *(1834) jusqu'à* La Cousine Bette *(1846),* Le Cousin Pons *(1847) !*

Plus rares sont ses essais où il exerce sa verve et sa fantaisie comme dans cette Théorie de la démarche, *d'où j'ai extrait les plaisantes théories qui, aux dires de l'auteur de* La Comédie humaine, *faisaient la loi en France. Sous-entendez : dans tout le monde civilisé, puisque, depuis le* XVIIIe *siècle, notre pays servait de modèle et de guide par sa langue ainsi que par ses mœurs.*

Mieux qu'une longue explication historique, ce passage sur l'art du mouvement appliqué à l'élégance féminine dans les gestes quotidiens fera mesurer l'écart qui sépare notre XXe *siècle finissant du* XIXe *siècle, après les aventures napoléoniennes et le renouveau de la monarchie en 1830.*

C'est en août et septembre 1833 que parurent dans le journal L'Europe littéraire *les pages sur la* Théorie de la démarche. *Balzac a trente-quatre ans quand il affiche ses idées sur la condition féminine.*

Auparavant il a été clerc de notaire, puis imprimeur d'occasion. Ses deux points de mire : la gloire et l'amour. Sur ce dernier point intervient le comportement auprès des femmes.

Pour lui, les femmes, l'amour, le mariage sont des thèmes essentiels. « Les passions assez puissantes pour mettre l'infini dans l'amour constituent d'angéliques exceptions. »

Balzac dira beaucoup de choses contradictoires sur des sujets qui nous « désintéressent » aujourd'hui, mais qui nous enchantent sous sa plume, dans les Petites Misères de la vie conjugale, *par exemple.*

La position du dandy au XIXe *siècle marque un moment délicieux de l'homme en face de la femme. « Dieu veuille, écrit Balzac, que notre livre (*La Physiologie du mariage*) ait un immense succès : les femmes y gagneront d'être traitées comme elles doivent l'être, en reines ». Et il précise : « La destinée de la femme et sa seule gloire sont de faire battre le cœur des hommes ».*

Pour lui, le jeu de l'amour est l'un des éléments essentiels de la comédie humaine, donc de la vie. Il le circonscrit avec ce cynisme élégant auquel Voltaire avait donné le ton : « Un mari ne risque jamais de faire croire à la fidélité de sa femme et de garder un air patient ou le silence... Paraître instruit de la passion de sa femme est d'un sot ; mais feindre d'ignorer tout est d'un homme d'esprit, et il n'y a que ce parti à prendre. Aussi dit-on qu'en France tout le monde est spirituel ».

En réalité, Balzac, avec son persiflage, est en retard sur son époque, qui est celle du tourbillon romantique, où les femmes recherchent la pureté du sentiment et la domination du cœur sur l'esprit.

C'est ce qui le distingue de George Sand, et lui fera préférer la conquête des succès littéraires à la réussite sentimentale.

M. T.

THÉORIE DE LA DÉMARCHE

Le mouvement humain se décompose en temps bien distincts ; si vous les confondez, vous arrivez à la raideur de la mécanique. Tout le secret de belles démarches est dans la décomposition du mouvement.

Je consultai des femmes d'esprit, des femmes de bon goût, des dévotes. Après plusieurs conférences où nous discutâmes le fort et le faible, en conciliant les égards dus à la beauté, au malheur de certaines conformations diaboliquement rondes, nous rédigeâmes cet admirable aphorisme :

En marchant, les femmes peuvent tout montrer, mais ne rien laisser voir.

– Mais certainement, s'écria l'une des dames consultées, les robes n'ont été faites que pour cela.

Cette femme a dit une grande vérité. Toute notre société est dans la jupe. Ôtez la jupe à la femme, adieu la coquetterie ; plus de passions. Dans la robe est sa toute-puissance : là où il y a des pagnes, il n'y a pas d'amour. Aussi bon nombre de commentateurs prétendent que la feuille de figuier de notre mère Eve était une robe de cachemire. Je le pense.

Je ne quitterai pas cette question sans dire deux mots sur une dissertation vraiment neuve qui eut lieu pendant ces conférences :

Une femme doit-elle retrousser sa robe en marchant ?

Immense problème, si vous vous rappelez combien de femmes empoignent sans grâce, au bas du dos, un paquet d'étoffe, et vont en faisant décrire, par en bas, un immense hiatus à leurs robes ; combien de pauvres filles marchent innocemment en tenant leurs robes transversalement relevées, de manière à tracer un angle dont le sommet est au pied droit, dont l'ouverture arrive au-dessus du mollet gauche, et qui laissent voir ainsi leurs bas bien blancs, bien tendus, le système de leurs cothurnes et quelques autres choses. À voir les jupes de femmes ainsi retroussées, il semble que l'on ait relevé par un coin le rideau d'un théâtre, et qu'on aperçoive les pieds des danseuses.

Et d'abord il passa en force de chose jugée que les femmes de bon goût ne sortaient jamais à pied par un temps de pluie ou quand les rues étaient crottées ; puis il fut décidé souverainement qu'une femme ne devait jamais toucher à sa jupe en public et ne devait jamais la retrousser sous aucun prétexte.

– Cependant, dis-je, s'il y avait un ruisseau à passer ?

– Eh bien ! Monsieur, une femme comme il faut pince légèrement sa robe du côté gauche, la soulève, se hausse par un petit mouvement, et lâche aussitôt la robe... *Ecco*. (...)

Il y a des mouvements de jupe qui valent un prix de vertu.

Il demeure prouvé que les femmes ne doivent lever leurs robes que très secrètement. Ce principe passera pour incontestable en France.

Et, pour en finir sur l'importance de la démarche en ce qui concerne les diagnostics, je vous prie de me pardonner une citation diplomatique :

La princesse de Hesse-Darmstadt amena ses trois filles à l'impératrice, afin qu'elle choisît entre elles une femme pour le grand-duc. Sans leur avoir parlé, l'impératrice se décida pour la seconde. La princesse, étonnée, lui demanda la raison de ce bref jugement.

– Je les ai regardées toutes trois de ma fenêtre pendant qu'elles descendaient de carrosse, répondit l'impératrice. L'aînée a fait un faux pas ; la seconde est descendue naturellement ; la troisième a franchi le marchepied. L'aînée doit être gauche ; la plus jeune étourdie.

C'était vrai.

VICTOR HUGO

(1802-1885)

Victor Hugo avait quarante-cinq ans lorsqu'il écrivit cette page de ses Choses vues. *Ce titre réunit des textes que Victor Hugo a écrits à partir de 1830 et qui ont été publiés après sa mort. L'exécuteur testamentaire, Paul Meurice, eût été mieux inspiré de retenir l'expression que Victor Hugo avait inscrite sur l'un de ses dossiers :* Pages de ma vie.

*En 1847, Hugo était l'auteur de nombreux recueils de poésies (*Les Feuilles d'automne*;* Les Voix intérieures*; etc.) ; de plusieurs pièces de théâtre (*Hernani, Le Roi s'amuse, Ruy Blas, *etc.) ; de quelques romans (*Han d'Islande, Notre-Dame de Paris, *etc.). A sa mort, il laissa une œuvre qui compte parmi les plus abondantes de notre littérature française (*Les Contemplations, Les Châtiments, La Légende des siècles, Les Misérables, William Shakespeare, *etc.)*

Bref, on peut dire qu'il occupe dans nos lettres une place comparable à celle que Beethoven tient dans la musique allemande.

Le morceau publié nous a paru convenir à notre

dessein : donner de nos écrivains des pages, tantôt très connues, tantôt plus secrètes. Tel est le cas de ce portrait de Mme de Chateaubriand : notre prosateur y fait preuve de toute son habileté de style, et aussi de son humour. En dépit d'une apparente férocité dans la description physique et morale, il laisse percer son regret de n'avoir pas conquis l'affection de la vieille dame à qui il rendait visite. Si vrai que je ne résiste pas, pour parfaire ce croquis d'un écrivain par lui-même (car toute confidence est une manière indirecte de confession), je ne résiste pas, dis-je, à citer les lignes qui font suite à la « page de sa vie » sur Mme de Chateaubriand :

« Un soir, M. de Chateaubriand, qui était alors ministre des Affaires étrangères, se promenait avec Mme de Castellane sous les beaux arbres de Chantilly. Le jour tomba, l'entretien non. M. de Chateaubriand fit à Mme de Castellane ces vers qui sont jolis :

Aux portes du couchant, le ciel se décolore.
Le jour n'éclaire plus notre tendre entretien ;
Mais est-il un sourire aux lèvres de l'Aurore
Aussi doux que le tien ?

Je les ai d'elle-même. »

A travers cette notation, on devine la passion de Victor Hugo pour la poésie.

M. T.

MADAME DE CHATEAUBRIAND

Mme de Chateaubriand mourut le 11 février 1847.

C'était une personne maigre, sèche, noire, très marquée de petite vérole, laide, charitable sans être bonne, spirituelle sans être intelligente.

Elle était fort convenablement avec M. de Chateaubriand. Dans son extrême jeunesse, quand je venais voir M. de Chateaubriand, j'avais peur d'elle.

Mme de Chateaubriand était fort bonne, ce qui ne l'empêchait pas d'être fort méchante. Elle avait la bonté officielle, ce qui ne fait aucun tort à la méchanceté domestique. Elle avait fondé un hospice, l'infirmerie Marie-Thérèse ; elle visitait les pauvres, surveillait les crèches, présidait les bureaux de charité, secourait les malades, dormait et priait ; et, en même temps, elle rudoyait son mari, ses parents, ses amis, ses gens, était aigre, dure, prude, médisante, amère. Le bon Dieu pèsera tout cela là-haut.

Elle était fort laide, avait la bouche énorme, les yeux petits, l'air chétif, et faisait la grande dame, quoiqu'elle fût plutôt la femme d'un grand homme que la femme d'un grand seigneur. Elle, de sa naissance, n'était autre que la fille d'un armateur de Saint-Malo. M. de Chateaubriand la craignait, la détestait, la ménageait et la cajolait.

Elle profitait de ceci pour être insupportable aux pâles humains. Je n'ai jamais vu abord plus revêche et accueil plus formidable. J'étais adolescent quand j'allais chez M. de Chateaubriand. Elle me recevait fort mal, c'est-à-dire ne me recevait pas du tout. J'entrais, je saluais, Mme de Chateaubriand ne me voyait pas, j'étais terrifié. Ces terreurs faisaient de mes visites à M. de Chateaubriand de vrais cauchemars auxquels je songeais quinze jours et quinze nuits d'avance. Mme de Chateaubriand haïssait quiconque venait chez son mari autrement que par les portes qu'elle ouvrait.

Elle ne m'avait point présenté, donc elle me haïssait. Je lui étais parfaitement odieux, et elle me le montrait.

Une seule fois dans ma vie, et dans la sienne, Mme de Chateaubriand me reçut bien.

Un jour, j'entrai, pauvre petit diable, comme à l'ordinaire fort malheureux, avec ma mine de lycéen épouvanté et je roulais mon chapeau dans mes mains. M. de Chateaubriand demeurait encore alors rue Saint-Dominique-Saint-Germain, n° 27. J'avais peur de tout chez lui, même de son domestique qui m'ouvrait la porte.

J'entrai donc, Mme de Chateaubriand était dans le salon qui précédait le cabinet de son mari. C'était le matin et c'était l'été. Il y avait un rayon de soleil sur le parquet, et, ce qui m'éblouit et m'émerveilla, bien plus que le rayon de soleil, un sourire sur le visage de Mme de Chateaubriand :

– C'est vous, monsieur Victor Hugo ? me dit-elle.

Je me crus en plein rêve des *Mille et une nuits* ; Mme de Chateaubriand souriant ! Mme de Chateaubriand sachant mon nom ! prononçant mon nom ! C'était la première fois qu'elle daignait paraître s'apercevoir que j'existais. Je saluai jusqu'à terre. Elle reprit :

– Je suis charmée de vous voir.

Je n'en croyais pas mes oreilles. Elle continua :

– Je vous attendais ; il y avait longtemps que vous n'étiez venu.

Pour le coup, je pensai sérieusement qu'il devait y avoir quelque chose de dérangé soit en moi, soit en elle. Cependant, elle me montrait du doigt une pile quelconque assez haute qu'elle avait sur une petite table, puis elle ajouta :

– Je vous ai réservé ceci, j'ai pensé que cela vous ferait plaisir ; vous savez ce que c'est ?

C'était un chocolat religieux qu'elle protégeait, et

dont la vente était destinée à de bonnes œuvres. Je pris et je payai.

C'était l'époque où je vivais quinze mois avec huit cents francs. Le chocolat catholique et le sourire de Mme de Chateaubriand me coûtèrent quinze francs, c'est-à-dire vingt jours de nourriture. Quinze francs, c'était pour moi alors comme quinze cents francs aujourd'hui.

C'est le sourire de femme le plus cher qui m'ait jamais été vendu.

(*Choses vues*)

Le jour où l'on apprit la mort de Victor Hugo, une foule de cent mille personnes s'est rendue devant sa maison et il en fut ainsi jusqu'à la cérémonie des funérailles. Sa gloire était telle que toutes les villes de France – des plus petites aux plus grandes – eurent à cœur de donner son nom à une de leurs places ou de leurs rues et envoyèrent des délégations à Paris. On rendait ainsi hommage au poète et au prosateur qui portait le renom de notre pays sur toute la planète.

Des millions d'adultes et d'enfants savaient par cœur Jeanne était au pain sec *ou* Mon père, ce héros au sourire si doux... *Des millions d'adultes avaient lu* Notre-Dame de Paris, Les Misérables *; des millions d'enfants et d'adultes continuent à apprendre les poèmes de Victor Hugo et à relire ses romans.*

Cet homme a traversé le XIX*e siècle, de 1802 à 1885. A l'orée du centenaire de sa mort, les meilleurs biographes français ont tenu à faire le point sur sa vie et sur son œuvre. Leurs ouvrages trouvent un écho immédiat. Après le* Victor Hugo *de Maurois, en 1954,* *deux ouvrages au moins s'imposent à l'attention pour leur ampleur et leur accent nouveau : le* Victor Hugo *de Alain Decaux (Librairie Académique Perrin) et celui de Jean-François Kahn (Éditions du Seuil).*

Nous avions tenu à placer cette anthologie de la littérature française sous l'oriflamme de ce nom illustre, et nous avions choisi une page des Choses vues, *qui restent une mine inépuisable. Nous nous réservions d'y revenir pour la poésie. Le choix s'est révélé délicat, non point parce que nous ne savions quoi choisir, mais plutôt parce que nous aurions voulu tout choisir ! Après avoir accumulé des dizaines de pièces, je me suis décidé pour deux textes que je crois particulièrement représentatifs de l'âme de Victor Hugo : ils prouvent en tout cas sa foi en Dieu et son amour infini pour l'enfance, donc pour la vie. L'un a été écrit en 1843, après la mort accidentelle de sa fille Léopoldine, l'autre, après l'année terrible.*

Des esprits mesquins ont cru pouvoir railler le poète en se moquant de son goût pour le contact avec les esprits de l'au-delà. Ils ont eu tort. Hugo était un vrai croyant, et c'est ce qu'il a magnifiquement traduit dans ce vers d'un autre poème intitulé « Ce que c'est que la mort » : Ne dites pas mourir, dites naître.

Une telle injonction spirituelle porte loin. Tous ceux qui ont été touchés par la grâce de l'amour peuvent, à partir de là, considérer la destinée humaine sous son aspect divin, – peut-être éternel selon Hugo.

M. T.

DEUX POÈMES

A VILLEQUIER

Maintenant que Paris, ses pavés et ses marbres,
Et sa brume et ses toits sont bien loin de mes yeux ;
Maintenant que je suis sous les branches des arbres,
Et que je puis songer à la beauté des cieux ;
...Maintenant, ô mon Dieu ! que j'ai ce calme sombre
De pouvoir désormais
Voir de mes yeux la pierre où je sais que dans l'ombre
Elle dort à jamais...
Je viens à vous, Seigneur, père auquel il faut croire ;
Je vous porte, apaisé,
Les morceaux de ce cœur tout plein de votre gloire
Que vous avez brisé ;
Je viens à vous, Seigneur ! confessant que vous êtes
Bon, clément, indulgent et doux, ô Dieu vivant !
Je conviens que vous seul savez ce que vous faites,
Et que l'homme n'est rien qu'un jonc qui tremble au vent ;
Je dis que le tombeau qui sur les morts se ferme
Ouvre le firmament ;
Et que ce qu'ici-bas nous prenons pour le terme
Est le commencement...
Je conviens à genoux que vous seul, pèrc auguste,
Possédez l'infini, le réel, l'absolu ;
Je conviens qu'il est bon, je conviens qu'il est juste
Que mon cœur ait saigné, puisque Dieu l'a voulu !

(*Les Contemplations*)

A L'ENFANT MALADE
PENDANT LE SIÈGE

Si vous continuez d'être ainsi toute pâle
Dans notre air étouffant,
Si je vous vois entrer dans mon ombre fatale,
Moi vieillard, vous enfant ;
Si je vois de nos jours se confondre la chaîne,
Moi qui sur mes genoux
Vous contemple, et qui veux la mort pour moi prochaine,
Et lointaine pour vous ;
Si vos mains sont toujours diaphanes et frêles,
Si dans votre cerveau,
Tremblante, vous avez l'air d'attendre des ailes
Comme un petit oiseau ;
Si vous ne semblez pas prendre sur notre terre
Racine pour longtemps,
Si vous laissez errer, Jeanne, en notre mystère
Vos doux yeux mécontents ;
Si je ne vous vois pas gaie et rose et très forte,
Si, triste, vous rêvez,
Si vous ne fermez pas derrière vous la porte
Par où vous arrivez ;
Si je ne vous vois pas comme une belle femme
Marcher, vous bien porter,
Rire, et si vous ne semblez pas être une petite âme
Qui ne veut pas rester,
Je croirai qu'en ce monde où le suaire au lange
Parfois peut confiner,
Vous venez pour partir, et que vous êtes l'ange
Chargé de m'emmener.

(*L'Année terrible*)

PROSPER MÉRIMÉE

(1803-1870)

Carmen *date de 1845. Le roman a paru d'abord dans* La Revue des Deux-Mondes. *Mérimée n'est plus un inconnu : à quarante-deux ans, il a derrière lui une œuvre importante, depuis* La Chronique de Charles IX, Matteo Falcone, L'Enlèvement de la Redoute, La Vénus d'Ille, Colomba, *dans l'ordre du roman, et, au théâtre,* Le Carrosse du Saint-Sacrement, *qui fait partie de ce volume publié sous le pseudonyme de Joseph L'Estrange,* Le Théâtre de Clara Gazul.

Par la grâce du destin, il a pu mener en qualité d'Inspecteur général des Monuments historiques, une vie de bohème littéraire, voyageuse et assez libertine. Appliqué et studieux, il s'est entiché de l'Espagne, de la Corse, de l'Italie, de la Grèce, de l'Asie Mineure, et, finalement, il a été séduit par les écrivains russes – Gogol, Pouchkine, Tourgueniev.

Admirateur et ami de Stendhal, il a préféré la sobriété du style et l'exactitude des petits faits vrais à l'exubérance romantique. Cette rigueur ne fut pas du goût de Sainte-Beuve qui analysait Carmen *avec une sévérité injuste, voire mal fondée : « C'est bien, écrit-il, mais sec, sans développement ; c'est une* Manon Lescaut *plus poivrée et à l'espagnole. Le style de Mérimée a un tour qui n'est qu'à lui ; mais ce n'est pas du grand art, ni du vrai naturel. Le vrai naturel est autrement large et libre que cela ».*

A lire le début de Carmen, *on aura ressenti au contraire que Mérimée sait manier le style avec une précision et une rapidité très efficaces.*

Peut-être eut-il quelque amertume d'être ainsi jugé. A une inconnue, il donne un conseil révélateur : « Défiez-vous de votre optimisme, et figurez-vous bien que nous sommes dans ce monde pour nous battre envers et contre tous ». Le sort fut cependant clément à son égard : il avait, dans sa jeunesse, fait la connaissance, lors d'un voyage en Espagne, d'une enfant qui devait devenir l'épouse de Napoléon III, Eugénie de Montijo. Celle-ci fit de lui un sénateur. Quand les déboires survinrent en 1870, Eugénie crut devoir soutenir Mérimée avec l'énergie d'une amitié fidèle, en quelque sorte presque contre lui : « Vous serez pendu avec nous de toute façon, lui écrit-elle. Soyez notre ennemi ou laissez-vous faire ».

Peu avant la défaite, il s'était retiré à Cannes. Comme s'il obéissait à Eugénie, il s'abandonna à la maladie. « La France meurt, dit-il, je veux mourir avec elle », et il s'éteint à Cannes, le 23 décembre 1870.

En dépit des critiques de Sainte-Beuve, Prosper Mérimée continue d'être lu. Sa façon d'écrire convient de plus en plus à la tournure d'esprit des gens cultivés de notre fin du XXe *siècle. Ne nous laissons pas détourner de relire* Carmen *en nous contentant d'applaudir le livret d'opéra qu'on en a tiré, si brillamment illustré par la musique de Bizet.*

M. T.

CARMEN

Je passai quelques jours à Cordoue... Un soir, à l'heure où l'on ne voit plus rien, je fumais appuyé sur le parapet du quai, lorsqu'une femme, remontant l'escalier qui conduit à la rivière, vint s'asseoir près de moi. Elle avait dans les cheveux un gros bouquet de jasmin dont les pétales exhalent le soir une odeur enivrante. Elle était simplement, peut-être pauvrement vêtue, tout en noir comme la plupart des grisettes dans la soirée. Les femmes comme il faut ne portent le noir que le matin ; le soir, elles s'habillent à la *francesa*. En arrivant auprès de moi, ma baigneuse laissa glisser sur ses épaules la mantille qui lui couvrait la tête, et *à l'obscure clarté qui tombe des étoiles*, je vis qu'elle était petite, jeune, bien faite, et qu'elle avait de très grands yeux. Je jetai mon cigare aussitôt. Elle comprit cette attention d'une politesse toute française, et se hâta de me dire qu'elle aimait beaucoup l'odeur du tabac, et que même elle fumait quand elle trouvait des *papelitos* bien doux. Par bonheur, j'en avais de tels dans mon étui, et je m'empressai de lui en offrir. Elle daigna en prendre un, et l'alluma à un bout de corde enflammé qu'un enfant nous apporta moyennant un sou. Mêlant nos fumées, nous causâmes si longtemps, la belle baigneuse et moi, que nous nous trouvâmes presque seuls sur le quai. Je crus n'être pas indiscret en lui offrant d'aller prendre des glaces au café. Après une hésitation modeste elle accepta ; mais avant de se décider, elle désira savoir quelle heure il était. Je fis sonner ma montre, et cette sonnerie parut l'étonner beaucoup.

– Quelles inventions on a chez vous, messieurs les étrangers ! De quel pays êtes-vous, monsieur ? Anglais sans doute ?

– Français et votre grand serviteur. Et vous, mademoiselle, ou madame, vous êtes probablement de Cordoue ?

– Non.

– Vous êtes du moins andalouse. Il me semble le reconnaître à votre doux parler.

– Si vous remarquez si bien l'accent du monde, vous devez bien deviner qui je suis.

– Je crois que vous êtes du pays de Jésus, à deux pas du paradis.

(J'avais appris cette métaphore, qui désigne l'Andalousie, de mon ami Francesco Sevilla, picador bien connu.)

– Bah ! le paradis... les gens d'ici disent qu'il n'est pas fait pour nous.

– Alors, vous seriez donc mauresque, ou...

Je m'arrêtai, n'osant, dire : juive.

– Allons, allons ! vous voyez bien que je suis bohémienne ; voulez-vous que je vous dise la bonne aventure ? Avez-vous entendu parler de la Carmencita ? C'est moi.

J'étais alors un tel mécréant, il y a de cela quinze ans, que je ne reculai pas d'horreur en me voyant à côté d'une sorcière...

George SAND

(1804-1876)

George Sand avait trente-huit ans lorsqu'elle a écrit cette lettre au peintre Eugène Delacroix, qui était son ami et aussi le professeur auquel elle avait confié son fils Maurice. Depuis l'enfance, en effet, ce dernier montrait des dispositions pour le dessin et la peinture. En 1842, Maurice allait avoir dix-neuf ans.

George Sand partageait son temps entre Paris et Nohant. Elle était séparée de son mari, le baron Casimir Dudevant, retiré dans sa terre de Guillery, en Dordogne.

Un professeur érudit, M. Georges Lubin, a consacré le meilleur de son temps à annoter et réunir des milliers de lettres de George Sand. (La collection de ces volumes est publiée par la librairie Garnier.)

L'invention du téléphone a mis fin à l'échange des correspondances privées. On peut le regretter, surtout dans le cas d'écrivains pour qui l'écriture est en quelque sorte une seconde nature, comme chez George Sand. La lettre que j'ai choisie explique mon regret : elle l'écrit, de Paris, à son ami qui se trouve à Paris.

Sans doute la lui fait-elle porter. Dans la spontanéité de sa déclaration d'amitié, que d'aveux directs ! : son attachement pour son fils, sa façon de vivre avec Chopin, son attitude en face de la vie « acceptable parce qu'elle est éternelle », etc. Voilà qui tranche la question de la foi chez George Sand, rejoignant sur ce point celle de Victor Hugo : « Ne dites pas mourir, dites naître » (dans la poésie : « Ce que c'est que la mort »).

Bref, nous tenons là un document révélateur, dont l'intérêt se trouve renforcé, si je puis dire, par la sincérité du style, car il jaillit vraiment du cœur.

Et n'oublions pas que l'auteur de cette lettre, si simple et si belle, a composé des centaines de romans, des pièces de théâtre, et l'admirable Histoire de ma vie, *l'un des plus remarquables fleurons de la littérature française dans le rayon des confidences.*

M. T.

A EUGÈNE DELACROIX

Paris, 13 avril 1842.

Cher ami, pourquoi donc guérissez-vous si lentement ? cela m'inquiète parce que je crains que vous ne soyez pas bien soigné. N'avez-vous pas un de ces médecins auxquels on se fie par habitude, et par dégoût de tous les autres ? Quelquefois on fait bien, mais quelquefois aussi on se trompe en pensant que les autres ne pourraient faire mieux. Le silence absolu est une bonne chose comme *régime* mais non comme *remède*. Ainsi que je vous le disais, cela peut adoucir et endormir le mal, mais non en combattre la cause ni en prévenir le retour. Je crois qu'il y a des réactifs bien simples et qui, accompagnés des ménagements que vous prenez, amèneraient une plus prompte guérison. Vous savez que je n'ai foi ni à la médecine ni aux médecins. Je ne crois qu'à une très petite somme de découvertes, et à un très petit nombre d'hommes capables de les appliquer avec intelligence, à-propos, et discernement. Et il faut que je vous dise que je connais un de ces hommes-là. C'est mon ami Papet qui est riche, qui est médecin pour son plaisir, parce que son inclination, je dirai même sa passion, l'y portent et qui a un coup d'œil et une finesse d'observation extraordinaire pour les maladies. La nature l'a fait médecin, en lui donnant des facultés spéciales, un besoin continuel de dévouement, une vocation véritable. Lui seul a guéri Maurice après deux années d'essais infructueux de la part des plus fameux esculapes de la Faculté. Lui seul a compris l'organisation de Chopin qui était resté une sorte de mystère pour les autres. Lui seul l'a soulagé et ranimé. Vous seriez le meilleur des hommes si vous vouliez consentir à le voir ; faites cela pour moi. Si ses prescriptions ne vous vont pas, vous ne les suivrez pas. Mais moi je saurai ce que vous avez, et si, comme je le crois, ce n'est pas sérieux, je serai tout à fait tranquillisée. Si l'on vous traite mal, je le saurai aussi, et j'arriverai à vous le persuader. Ayez donc cette obligeance de le laisser seulement voir votre *faciès*. Il vous saura par cœur seulement en vous regardant cinq minutes. Je vous assure que je ne l'ai jamais vu en défaut là où tous les autres y étaient en plein. Et puis, il est si modeste et si peu blagueur, et si discret, il ne vous fatiguera certes pas.

Quand je pourrai vous voir sans vous faire du mal, je vous parlerai de Maurice, qui est comme un corps sans âme, si longtemps privé de vous. J'ai à vous parler de lui ; mais je ne peux vous voir avant mon départ qui est très prochain, je vous en écrirai et vous

vous expliquerez avec lui par écrit. Voici le fait en gros. Il veut rester ici pour travailler, mais il sera toujours obligé d'aller voir son père dans le Midi, parce que celui-là ne badine pas. Moi, je trouve Maurice maigre, et fatigué. Il n'est pas assez formé, il a encore le cœur trop gros et la poitrine trop peu ouverte pour se passer toute une année de l'air et du mouvement de la campagne. Je pars au commencement de mai et je reviens à la fin d'août pour mon changement d'appartement. J'ai envie de l'emmener, de l'envoyer de Nohant chez son père et de le ramener. Mais il n'y consentira qu'autant que vous le lui direz ; car il ne reconnaît plus de souveraineté que la vôtre. Voyez si mon plan n'est pas sage, et s'il n'est pas nécessaire qu'il se fasse un *bon coffre* pour être ensuite un travailleur aussi solide que passionné. Pour passionné, il l'est. Mais l'enveloppe est encore fragile.

Si vous pouviez venir ce soir à 9 h 1/2 chez nous, vous verriez et vous entendriez Mme Mainvielle-Fodor, qui vient nous voir en pantoufles, et qui nous chante quelquefois de ravissantes choses de sa composition. Je crois bien que Pauline viendra aussi, quoiqu'elle parte demain pour l'Espagne. On pourrait vous mettre un foulard en bâillon pour vous empêcher de dire un mot. Mais je n'insiste pas dans la crainte de vous faire faire une imprudence.

Le Chopinet a été rhumatisé, et souffre encore. Ma fille va mieux avec un battement de cœur qui ne finit pourtant pas. Je suis la plus solide de tous. Je travaille la nuit, je monte à cheval le jour, je joue au billard le soir, et je dors le matin. C'est toujours la même vie. J'écarte les trop noires réflexions à grands coups de pied, et quand je suis dans mon bon sens, je trouve la vie *acceptable* parce qu'elle est *éternelle*. Vous appelez cela ma rêverie. J'appelle cela ma foi et ma force. Non, rien ne meurt, rien ne se perd, rien ne finit, quoi que vous en disiez. Je sens profondément et passionnément que ceux que j'ai aimés et que j'ai vus partir vivent en moi et autour de moi. Si je pouvais vivre toujours près de vous, je finirais par vous le faire croire, et par vous distraire d'ailleurs par l'activité de mon sentiment. Mais vous vivez avec des êtres plus faibles que vous, votre force de négation les domine, au lieu que ma force d'affirmation lutterait contre vous et vous distrairait du moins par le combat.

En attendant que nous reprenions nos querelles, taisez-vous bien. Le seul bien hélas ! que je puis vous faire, c'est de vous dire que je vous aime de toute mon âme. Ce ne serait pas peu de chose, pour vous qui savez aimer aussi, si vous lisiez en moi et si vous y voyiez bien que ce n'est pas une protestation en l'air, mais une *vérité absolue*. Vous êtes une des grandes affections de ma vie. Cela me donne le droit de vous gronder de votre spleen et d'exiger que vous le combattiez. Je vous permets tout ce qui pourra vous rendre heureux, à condition que vous vous souviendrez un peu, dans les bras du bonheur, que cela me réjouit et me satisfait. Je vous défends tout ce qui vous sera nuisible, et vous prie dans les mauvaises tentations de vous rappeler que votre être appartient à qui vous aime, encore plus qu'à vous-même.

Bonsoir, cher, et mille tendresses de Chop[in] et de Maurice.

SAINTE-BEUVE

(1804-1869)

Sainte-Beuve, né en décembre 1804 à Boulogne-sur-mer, mort en 1869 à Paris, occupe dans notre littérature la place de critique : des dizaines de volumes, sous le titre Les Causeries du lundi, *lui ont valu cette réputation.*

Son œuvre écrite comprend aussi plusieurs recueils de poésies, des études historiques, Port-Royal *(cinq volumes), un roman,* Volupté, *des récits, et des* Cahiers *(*Le Cahier vert *et* Le Cahier brun*) publiés cent ans après sa mort.*

Il était tentant de choisir dans les essais critiques tel ou tel portrait brillant, ou dans Volupté *la rencontre du héros, Amaury, avec M. de Couaën, Victor Hugo, car ce roman (1834) est né de la rencontre entre Sainte-Beuve et Adèle Hugo. J'aurais pu y adjoindre une poésie signée Joseph Delorme, le pseudonyme sous lequel Sainte-Beuve livra ses premiers vers.*

J'ai préféré prendre une page des Cahiers *; nous nous trouvons là en présence d'une tentative originale, qui reflète bien les qualités de pensée et d'écriture de*

Sainte-Beuve. Parfois, on évoquerait Montaigne, d'autres fois Jules Renard. Finalement, c'est dans ces pages que j'ai trouvé non pas la clef qui permet de découvrir l'âme de cet érudit, mais un petit trousseau de passe-partout ; en voici deux en tout cas :

1° « Tout enfant, je ne rêvais qu'un bonheur : l'amour. » *(Le roman* Volupté *illustra ce rêve qui se poursuivit chez l'adolescent et même chez l'adulte.)*

2° « Il y en a qui me croient encore libéral et girondin ; il y en a d'autres qui me croient plus ou moins catholique ou janséniste ; c'est trop d'honneur : je ne suis rien, après tout, qu'un épicurien passionné et inconséquent. »

Entre ces deux réflexions, il y a place pour toutes les sinuosités qui ont marqué la vie de Sainte-Beuve : son ambition, dès 1829, avec ses Poésies de Joseph Prudhomme *de tenir sa place à côté de Victor Hugo (*Odes et ballades, *1826), de marquer dès 1834 avec* Volupté *sa présence à côté de Balzac (*La Femme de trente ans, *1831), de s'imposer dès 1828 avec son* Tableau de la Poésie française au XVIe siècle *dans la Critique de l'Enseignement en face d'un Victor Cousin, directeur de l'École normale.*

Hélas ! ni ses poésies, ni son roman, ni ses essais critiques ne lui ont assuré un rôle de premier plan. Il a toujours dû ses situations à des intrigues où la faveur politique a joué. D'où une amertume secrète qui suinte dans son aveu d'« épicurien passionné et inconséquent ».

Sainte-Beuve, âme douloureuse, a entretenu son désenchantement. Dans les Cahiers, *il apparaît souvent « tel qu'en lui-même l'éternité le change ». On ne peut qu'être séduit de trouver, au détour d'anecdotes, une méditation sur l'idéal secret que chacun de nous se forge et d'en arriver à une définition inattendue du bonheur partagé : regarder* en cette vie la même étoile.

M. T.

LA MÊME ÉTOILE

Chacun en ce monde se crée une forme d'idéal et poursuit un rêve de bonheur : ce rêve et la forme qu'il revêt diffèrent dans chacun. Il dépend et de la nature originelle et des premières circonstances de la vie ; l'âme qui a conçu une fois et nourri son secret désir y revient obstinément à travers tout. Dans la jeunesse, ces diverses formes d'idéal ont l'air de se ressembler chez la plupart..., mais, passé la jeunesse et ce nuage doré enfui, on découvre mieux la diversité ; chacun reprend son sentier, même aride, et le suit avec moins d'espoir d'atteindre. On fait moins de concession à l'idéal des autres, on est moins disposé à y mêler le sien et à l'amalgamer. L'idéal de deux êtres, s'il se trouve le même et si la rencontre se fait à temps, cet idéal partagé, c'est le souverain bonheur ici-bas, c'est l'Eden de l'amour. Mais, encore une fois, la jeunesse enfuie, il y a moins de chances à cette rencontre : il semble que les âmes sont devenues moins souples et moins susceptibles de se fondre l'une dans l'autre. On s'essaie, on se côtoie encore, on sent même qu'on a besoin l'un de l'autre, et pourtant on ne se confond pas. Cette âme a pour secret idéal l'estime, l'opinion ; elle a tant fait pour la conquérir et la garder jusque-là qu'elle ne peut se décider un peu tard à n'en tenir compte. L'autre a pour secret objet de son ambition je ne sais quel stoïcisme auquel elle tient pour gageure et pour y avoir sacrifié déjà bien des fleurs : un stoïcisme mêlé de dédain et d'ironie, c'est l'idole de quelques jeunes femmes distinguées après la première jeunesse. Telle autre qui n'a jamais rien goûté ou qui a été trompée, et qui se dit qu'il est trop tard, aspire à la sécheresse et y réussit.

Vous avez beau, en causant avec ces femmes dans la familiarité et l'intimité, leur présenter un idéal à vous, un idéal de tendresse et d'affection partagée, il suffit qu'il ne leur représente pas exactement le leur pour qu'elles le repoussent et qu'elles lui préfèrent leur triste pis-aller.

Qu'y faire ? Vos formes d'idéal secret ne sont pas les mêmes, vos perspectives prolongées de bonheur ne se rencontrent pas, et vous ne regardez pas en cette vie la même étoile.

L'amour, l'amour en ce qu'il a de complet et de vraiment passionné, est quelque chose de si terrible que les témoignages même les plus sincères, les plus enivrants, de son bonheur, si on les lui représente après que le délire est passé, deviennent les instruments les plus cruels et les plus empoisonnés de la vengeance.

Ce qui fit leur bonheur deviendra leur supplice. Des lettres relues, des vers retrouvés, d'anciennes fleurs et des rubans fanés qui furent chers, des parfums qu'on a trop aimés : supplice !

(*Le Cahier vert*)

Madame DE GIRARDIN

(1804-1855)

A vingt-sept ans, Delphine Gay, née à Aix-la-Chapelle en 1804, épousa Émile de Girardin, le fondateur de La Presse. *Elle était la fille de Sophie Gay, romancière à succès du temps de la Restauration. Delphine avait donc de qui tenir. Très tôt, elle fréquenta les écrivains qui constituaient la première vague du Romantisme. Elle amorça une idylle avec Alfred de Vigny, mais lui préféra l'impétueux homme d'affaires qu'était Émile de Girardin. Celui-ci la décida à publier dans son journal des « Lettres Parisiennes ». Delphine accepta, sous la condition qu'elle les signerait d'un pseudonyme – celui du Vicomte de Launay. Sous son nom, elle écrivit des comédies et publia des récits, au nombre desquels mérite d'être cité* La Canne de Monsieur de Balzac.

Plus tard, elle vit une aventure peu commune : avec trois de ses amis – Théophile Gautier, Méry et Sandeau – elle participe à la composition du fameux roman des Quatre, La Croix de Berny, *qui compta au nombre des plus brillantes réussites du* XIXe *siècle. Il s'agit d'un roman par lettres, et c'est elle qui eut la mission d'écrire celles de l'héroïne principale, Irène de Châteaudun.*

Une initiative de ce genre sera reprise plus tard, au XXe siècle ; mais, malgré la participation de Pierre Benoit, le nouveau roman des Quatre ne retrouva pas le triomphe de La Croix de Berny.

Pour en revenir à notre auteur, Mme de Girardin, je dirai que son goût de la recherche psychologique dans l'ordre du sentiment laisse présager l'apparition de l'abondante littérature féminine qui honore le XXe siècle, et dont l'étoile reste notre célèbre Colette.

M. T.

LE COUP DE CŒUR

C'est lui, Valentine ! C'est lui ! Je l'ai bien vite reconnu, et lui aussi il m'a reconnue ! Et nos deux avenirs se sont donnés l'un à l'autre dans un de ces regards qui décident de toute la vie. Quelle journée ! Comme je suis encore émue ! Ma main tremble, mon cœur bat violemment ; ses battements me gênent pour écrire. Il est une heure du matin, je n'ai pas du tout dormi la nuit dernière, je ne peux pas encore dormir cette nuit, et je suis dans une telle agitation, dans une tourmente d'esprit si folle, que le sommeil est un état que je ne comprends même plus ; je ne prévois pas que, moi, je puisse jamais m'endormir ; il faudra tant d'heures pour éteindre ce feu qui brûle dans mes yeux, pour arrêter ce tourbillon d'idées qui tourne et roule dans ma tête ; pour dormir, il faudrait oublier, et je ne pourrai jamais oublier ce nom, cette voix, cette image ! Ma chère Valentine, comme je vous ai regrettée aujourd'hui ! Comme j'aurais été fière devant vous ! Avec quelle joie je vous aurais prouvé, démontré que tous mes rêves étaient réalisés ! que tous mes pressentiments étaient justifiés ! Ah ! je sentais bien que j'avais raison dans une chose heureuse ! Ah ! je sentais bien que j'avais raison ; une foi si profonde ne pouvait être une erreur ; je le savais bien qu'il y avait sur cette terre un être créé pour moi et qui devait un jour me plaire impérieusement ! un être qui vivait d'avance avec ma pensée, qui me cherchait, qui m'appelait, qui m'évoquait ; et que nous finirions par nous rencontrer et nous aimer malgré tout. Oui, souvent je me sentais évoquée par une puissance supérieure. Mon âme me quittait, elle allait loin de moi répondre à quelque ordre mystérieux. Où allait-elle ? Qui l'appelait ? Je l'ignorais alors, je le sais maintenant ; elle allait en Italie, à la douce voix, au commandement de Raymond. On riait de cette idée, on appelle cela des idées romanesques, et moi je voulais en rire aussi, je combattais cette chimère ; hélas ! je l'ai si franchement combattue qu'elle a failli en mourir. Oh ! je frémis encore en y pensant... quelques moments de plus... et j'étais à jamais engagée ; je n'étais plus digne de cet amour pour lequel je m'étais gardée pure, malgré tous les dégoûts de la misère, tous les dangers de l'isolement, et le jour tant désiré de la bienheureuse rencontre était aussi le jour de l'éternel adieu ! Ce malheur évité m'épouvante, comme s'il était encore menaçant. Pauvre Roger ! je lui pardonne de bon cœur aujourd'hui ; bien mieux, je le remercie de m'avoir si vite désenchantée. Mais non, mais non, il n'y a jamais eu d'amour entre nous ! Quelle différence, ô mon Dieu ! Et cependant celui dont je vous parle avec un si fol enthousiasme... je l'ai vu hier pour la première fois. Je ne le connais pas, et je l'aime !... Valentine, qu'allez-vous penser de moi ?

(*La Croix de Berny*)

Gérard DE NERVAL

(1808-1855)

Voilà une des plus magnifiques déclarations d'amour qu'on puisse lire ; elle fait partie de celles que Gérard de Nerval écrivit pour sa bien-aimée idéale, la cantatrice Jenny Colon.

*Il a entendu et vu Jenny Colon en 1834, mais n'a pas osé d'emblée lui déclarer sa passion. Car il s'agit bien d'un amour exaspéré, qui tient plutôt du rêve que de la réalité. Gérard de Nerval a vingt-six ans, le même âge que celle qu'il adore. Le romantisme bat son plein. La bataille d'*Hernani *n'est pas si loin ! Les amis de Nerval s'appellent Théophile Gautier, Alexandre Dumas, Arsène Houssaye. Il songe tout de suite à écrire un opéra pour sa belle ; il en a le titre,* La Reine de Saba, *et propose le canevas à Meyerbeer.*

Mais Nerval est un écorché vif. Le destin a été, depuis sa naissance, bien féroce à son égard : il est né en 1808 ; deux ans plus tard, son père, médecin militaire, part pour l'Allemagne ; sa femme l'accompagne ; elle mourra en Silésie. L'orphelin a été confié à un grand-oncle, épicier près de Senlis. L'enfant grandira tant bien que mal, fera de bonnes premières études et se trouvera finalement clerc de notaire, puis employé d'imprimerie.

Pour son malheur, il hérite de son grand-père une fortune – trente mille francs – et quitte aussitôt la France pour un long voyage en Italie. Au retour, il mène la belle vie... L'argent ne lui tient pas aux doigts, et, pour comble de gâchis, il fonde une revue où il encensera sa belle actrice. La ruine survient vite. On note chez Nerval les premiers signes d'un déséquilibre mental. La dame se dérobe aux excessives manifestations du poète, et épouse en 1838 un flûtiste, organisateur de tournées théâtrales.

Dès lors, l'existence de Gérard de Nerval, ruiné, oscille entre la misère, les secours amicaux ou officiels, les collaborations journalistiques et les séjours à la clinique psychiatrique du Dr Blanche. Lorsqu'il est enfermé, il crie son désespoir ; lorsqu'il est libre, il se livre aux pires excentricités : on l'a vu promener à la laisse un homard, comme un chien ; ou bien il s'élance à la poursuite d'une étoile jusqu'à ce qu'il s'écroule, à demi-nu, dans la rue.

Quand il apprend la mort de Jenny Colon, en juin 1842, il publie quelques lettres qu'il lui écrivait... et qu'il n'envoyait pas. En réalité, il avouera que ces lettres constituaient la trame d'un « roman à faire » où l'héroïne s'appellerait Aurélia. *Comme toujours, tout se passe dans sa tête. Il déclare :*

Ma seule étoile est morte, – et mon luth constellé
Porte le soleil noir de la Mélancolie.

(Les Chimères)

Il est pauvre ; il est fou. Un jour de janvier 1855, sous le prétexte que « les Lapons ne sont jamais malades », il sort légèrement vêtu, par un froid de moins dix-huit degrés. Dans un cabaret des Halles, il boit à l'excès, se trouve pris dans une rafle, échappe de justesse au commissariat. Et c'est alors que le Destin lui livre une bataille décisive : pour échapper à la police, Nerval va chercher secours auprès de son ami Arsène Houssaye, administrateur du Théâtre-Français ; celui-ci est absent. Il se rend alors chez son père, le Dr Labrunie (Nerval était son pseudonyme) ; porte close également ; le docteur n'est pas là. N'ayant plus que quelques sous en poche, il va frapper à la porte d'une auberge louche, rue de la Vieille-Lanterne, non loin du Châtelet. Hélas ! même scénario ; on ne répond pas, l'auberge est close. Le Destin reste décidément muet. Alors, que s'est-il passé ? On ne le saura jamais exactement. Nerval capitule pendant la nuit. Un passant le découvre le lendemain matin, le 26 janvier 1855, pendu à une grille de la rue – son gibus sur la tête. On le transporte à la Morgue. Le 30 janvier, ses amis le conduisent au Père-Lachaise, où, espérons-le, il repose en paix.

M. T.

LA DÉCLARATION D'AMOUR

Ah ! ma pauvre amie, je ne sais quels rêves vous avez faits ; mais moi, je sors d'une nuit terrible. Je suis malheureux par ma faute, peut-être, et non par la vôtre ; mais je le suis. Oh ! peut-être vous avez eu déjà quelques bonnes intentions pour moi ; mais je les ai laissé perdre sans doute et je me suis exposé à votre colère un jour. Grand Dieu ! excusez mon désordre, pardonnez-moi les combats de mon âme. Oui, c'est vrai, j'ai voulu vous le cacher en vain, je vous désire autant que je vous aime ; mais je mourrais plutôt que d'exciter encore une fois votre mécontentement...

Vous êtes la première femme que j'aime et je suis peut-être le premier homme qui vous aime à ce point. Si ce n'est pas là une sorte d'hymen que le ciel bénisse, le mot amour n'est qu'un vain mot ! Que ce soit donc un hymen véritable où l'épouse s'abandonne en disant : c'est l'heure !... Il y a de certaines façons de forcer une femme qui me répugnent. Vous le savez, mes idées sont singulières ; ma passion s'entoure de beaucoup de poésie et d'originalité ; j'arrange volontiers ma vie comme un roman, les moindres désaccords me choquent et les modernes manières que prennent les hommes avec les femmes qu'ils ont possédées ne seront jamais les miennes. Laissez-vous aimer ainsi ; cela aura peut-être quelques douceurs charmantes que vous ignorez. Ah ! ne redoutez rien, d'ailleurs, de la vivacité de mes transports ! Vos craintes seront toujours les miennes et de même que je sacrifierais toute ma jeunesse et ma force au bonheur de vous posséder, de même aussi mon désir s'arrêterait devant votre réserve, comme il s'est arrêté si longtemps devant votre rigueur.

Ah ! ma chère et véritable amie, j'ai peut-être tort de vous écrire ces choses, qui ne peuvent se dire d'ordinaire qu'aux heures d'enivrement. Mais je vous sais si bonne et si sensible que vous ne vous offenseriez pas de paroles qui ne tendent qu'à vous faire lire encore plus complètement dans mon cœur. Je vous ai fait bien des concessions ; faites-m'en quelques-unes aussi. La seule chose qui m'effraie serait de n'obtenir de vous qu'une complaisance froide, qui ne partirait pas de l'attachement, mais peut-être de la pitié. Vous avez reproché à mon amour d'être matériel ; il ne l'est pas, du moins dans ce sens ! Que je ne vous possède jamais si je ne dois avoir dans les bras qu'une femme résignée plutôt que vaincue. Je renonce à la jalousie ; je sacrifie mon amour-propre ; mais je ne puis faire abstraction des droits secrets de mon cœur sur un autre. Vous m'aimez, oui, moins que je ne vous aime sans doute ; mais vous m'aimez, et, sans cela, je n'aurais pas pénétré avant dans votre intimité. (Maintenant il y a un instant qui n'est pas...) Eh bien ! vous comprendrez tout ce que je cherche à vous exprimer (ici) : autant cela serait choquant pour une tête froide, autant cela doit toucher un cœur indulgent et tendre.

Un mouvement de vous m'a fait plaisir, c'est que vous avez paru craindre un instant, depuis quelques jours, que ma constance ne se fût démentie. Ah ! rassurez-vous ! j'ai peu de mérite à la conserver : il n'existe pour moi qu'une seule femme au monde !

(*Aurélia*)

Xavier FORNERET

(1809-1884)

Peu d'écrivains du XIX*e siècle sont aussi méconnus que Xavier Forneret. Pourtant on a publié, depuis 1859, une bonne douzaine d'études sur l'œuvre et l'homme. On a fondé un prix littéraire qui porte son nom ; mais si l'on questionne autour de soi : « connaissez-vous Forneret ? », les sourcils se soulèvent, la lèvre fait une moue. Forneret, qui est-ce ?...*

Il est né à Beaune, en Côte-d'Or, en 1809, entre Gérard de Nerval (1808), et Musset (1810), si je puis dire. Son œuvre : une vingtaine de volumes, plaquettes, publiés entre 1834 et 1870. Les quatre premiers ouvrages importants datent de 1835, 1836, 1838 : L'Homme noir, *– drame en cinq actes ;* Et la lune donnait et la rosée tombait, *– récit ;* Sans titre, par un homme noir, blanc de visage, *– réflexions ;* Vapeurs, ni vers ni prose.

Le poème « Un pauvre honteux » est tiré de ce dernier reccueil. Un siècle plus tard, il aurait pu faire partie d'un livre de Prévert.

Né à Beaune, comme je l'ai dit, en 1809, Forneret

s'est trouvé orphelin à vingt ans. Ses parents avaient de la fortune, cela le dispensa d'être obligé de travailler pour gagner sa vie – ce qui est une bonne fortune quand on a le goût passionné de la littérature.

Je n'ai choisi que quelques-unes des réflexions, égrenées sur les 365 jours de l'année. A plus de cent ans d'intervalle, combien la plupart d'entre elles sonnent juste, et durable ! C'est qu'elles renferment la substance d'une vie douloureuse, l'expérience intérieure d'un homme qui a su trouver, pour l'exprimer, des mots simples et des images nouvelles. Il y a du timide, chez Forneret, comme chez l'auteur de Poil de carotte. *Oui, Jules Renard aurait pu contresigner la phrase émouvante que Forneret nous donne, en décembre, aux dernières pages de son premier volume de* Sans titre *» :* Dans le creux d'une fosse, il y a l'Espérance.

M. T.

UN PAUVRE HONTEUX

Il l'a tirée
De sa poche percée,
L'a mise sous les yeux ;
Et l'a bien regardée
En disant : « Malheureux ! »

Il l'a soufflée
De sa bouche humectée ;
Il avait presque peur
D'une horrible pensée
Qui vint le prendre au cœur.

Il l'a mouillée
D'une larme gelée
Qui fondit par hasard ;
Sa chambre était trouée
Encor plus qu'un bazar.

Il l'a frottée,
Ne l'a pas réchauffée,
A peine il la sentait ;
Car par le froid pincée
Elle se retirait.

Il l'a pesée
Comme on pèse une idée,
En appuyant sur l'air
Puis il l'a mesurée
Avec du fil de fer.

Il l'a touchée
De sa lèvre ridée.
D'un frénétique effroi
elle s'est écriée :
« Adieu, embrasse-moi ! »

Il l'a baisée
Et après l'a croisée
Sur l'horloge du corps
Qui rendait, mal montée,
De mats et lourds accords.

Il l'a palpée
D'une main décidée
A la faire mourir.
– Oui, c'est une bouchée
Dont on peut se nourrir.

Il l'a pliée,
Il l'a cassée,
Il l'a placée,
Il l'a coupée,
Il l'a lavée,
Il l'a portée,
Il l'a grillée,
Il l'a mangée.

Quand il n'était pas grand, on lui avait dit : « Si tu as faim, mange une de tes mains ».

(Vapeurs, ni vers ni prose)

SANS TITRE

C'est le miroir qui se mire dans la Femme.

Le sapin, dont on fait les cercueils, est un arbre toujours vert.

Cimetière veut dire : allons nous reposer.

Dans les charbons ardents, vous savez, il se passe mille belles et singulières choses : c'est l'image des frissons d'amour.

Si vous avez mal aux yeux, regardez dormir la Femme ; si votre poitrine est oppressée, respirez-la ; si vous êtes désespéré, réveillez-la.

J'ai vu une boîte aux lettres sur un cimetière.

Nous posons presque toujours : aussi, pourquoi y-a-t-il des peintres ?

Que peut-on faire en attendant une femme ? Rien.

Sans être vu, voir penser à nous la femme qui nous aime, c'est une pureté de bonheur.

Minuit sonne toujours autrement qu'une autre heure.

Oh ! il y a dans la vie un instant de bonheur, croyons-le !

Alfred DE MUSSET

(1810-1857)

Dès l'âge de dix-sept ans, Alfred de Musset, après son baccalauréat, cherche sa voie : il aborde des études de médecine, de droit et songe même à la peinture. Mais quelques mois plus tard, il envoie au journal Le Provincial, *à Dijon, une poésie qui est acceptée et paraît le 31 août. C'est une longue ballade, intitulée* Un Rêve, *qu'il signe de ses initiales A.D.M. Il lira ensuite à ses amis quelques poèmes de son premier recueil :* Contes d'Espagne et d'Italie. *Comme il faut bien vivre, quoiqu'on soit poète, il s'engage dans une entreprise de chauffage militaire aux appointements de 1 200 francs par an. Dès lors, sa vocation d'écrivain se donne libre cours ; il collabore au* Temps, *à la* Revue de Paris, *et, au début de 1833, à la* Revue des Deux-Mondes.

Parallèlement à cette carrière s'ouvre pour lui une vie amoureuse très chargée d'aventures, toujours pittoresques, mais pas toujours heureuses – sa liaison avec George Sand entre autres. Les biographes s'en sont donné à cœur joie, depuis Charles Maurras qui ouvrit le feu en 1902 avec Les Amants de Venise. *Musset était mort depuis longtemps, en 1857.*

*Son œuvre comprend des pièces de théâtre célèbres (*Un Caprice *;* Il ne faut jurer de rien*), des romans, des essais, et plusieurs volumes de poésies. En fait, c'est principalement dans le genre lyrique qu'il a gagné sa gloire durable. Que de vers restent dans la mémoire des lecteurs de toutes les générations et circulent à la moindre occasion ! :*

Si vous croyez que je vais dire
Qui j'ose aimer...

(La chanson de Fortunio*)*

Mes chers amis, quand je mourrai,
Plantez un saule au cimetière...

(« Lucie »)

Le mal dont j'ai souffert s'est enfui comme un rêve...

(« La Nuit d'octobre »)

Si je vous le disais, pourtant, que je vous aime
Qui sait, brune aux yeux bleux, ce que vous en
[diriez ?

Ce sont ces deux premiers vers de Ninon *qui m'ont incité à choisir un poème plutôt qu'un morceau de prose. Musset me paraît avoir en poésie la place que Chopin occupe en musique.*

M. T.

A NINON

Si je vous le disais, pourtant, que je vous aime,
Qui sait, brune aux yeux bleus, ce que vous en diriez ?
L'amour, vous le savez, cause une peine extrême ;
C'est un mal sans pitié que vous plaignez vous-même ;
Peut-être cependant que vous m'en puniriez.

Si je vous le disais, que six mois de silence
Cachent de longs tourments et des vœux insensés :
Ninon, vous êtes fine, et votre insouciance
Se plaît, comme une fée, à deviner d'avance ;
Vous me répondriez peut-être : je le sais.

Si je vous le disais, qu'une douce folie
A fait de moi votre ombre, et m'attache à vos pas :
Un petit air de doute et de mélancolie,
Vous le savez, Ninon, vous rend bien plus jolie ;
Peut-être diriez-vous que vous n'y croyez pas.

Si je vous le disais, que j'emporte dans l'âme
Jusques aux moindres mots de nos propos du soir :
Un regard offensé, vous le savez, madame,
Change deux yeux d'azur en deux éclairs de flamme ;
Vous me défendriez peut-être de vous voir.

Si je vous le disais, que chaque nuit je veille,
Que chaque jour je pleure et je prie à genoux ;
Ninon, quand vous riez, vous savez qu'une abeille
Prendrait pour une fleur votre bouche vermeille ;
Si je vous le disais, peut-être en ririez-vous.

Mais vous n'en saurez rien. – Je viens, sans rien en [dire,
M'asseoir sous votre lampe et causer avec vous ;
Votre voix, je l'entends ; votre air, je le respire ;
Et vous pouvez douter, deviner et sourire,
Vos yeux ne verront pas de quoi m'être moins doux.

Je récolte en secret des fleurs mystérieuses :
Le soir, derrière vous, j'écoute au piano
Chanter sur le clavier vos mains harmonieuses,
Et, dans les tourbillons de nos valses joyeuses,
Je vous sens, dans mes bras, plier comme un roseau.

La nuit, quand de si loin le monde nous sépare,
Quand je rentre chez moi pour tirer mes verrous,
De mille souvenirs en jaloux je m'empare ;
Et là, seul devant Dieu, plein d'une joie avare,
J'ouvre, comme un trésor, mon cœur tout plein de [vous.

J'aime, et je sais répondre avec indifférence ;
J'aime, et rien ne le dit ; j'aime, et seul je le sais ;
Et mon secret m'est cher, et chère ma souffrance ;
Et j'ai fait le serment d'aimer sans espérance,
Mais non pas sans bonheur ; – je vous vois, c'est assez.

Non, je n'étais pas né pour ce bonheur suprême,
De mourir dans vos bras et de vivre à vos pieds.
Tout me le prouve, hélas ! jusqu'à ma douleur même...
Si je vous le disais, pourtant, que je vous aime,
Qui sait, brune aux yeux bleus, ce que vous en diriez ?

(*Poésies nouvelles*)

Théophile GAUTIER

(1811-1872)

Dès qu'il a atteint sa majorité littéraire, Théophile Gautier, de 1833 à 1838, se conduit à l'égard de ses aînés romantiques comme Malherbe, deux siècles plus tôt, à l'égard des écrivains de la Pléiade : il prône le retour à l'exigence des formes et la recherche de thèmes nouveaux. Son audience se révèle immédiate ; il devient l'un des membres actifs du Petit Cénacle *et le guide des partisans de* L'Art pour l'Art.

Ainsi s'explique la fameuse dédicace que Baudelaire, son cadet admirateur, inscrira en tête du volume des Fleurs du mal *qui paraît en 1857 :*

« Au poète impeccable
Au parfait magicien ès-lettres françaises
A mon très cher et très vénéré
MAÎTRE ET AMI
Théophile Gautier
Avec les sentiments
De la plus profonde humilité
Je dédie
CES FLEURS MALADIVES. »

Quand un esprit en plein essor comme l'était Baudelaire à l'heure où il publiait le livre de sa vie écrit un tel hommage, il convient de peser chaque mot, qu'il s'agisse d'un substantif ou d'un qualificatif : impeccable, magicien, maître et ami, humilité... Tout cela forme une auréole de sentiments et d'éloges dont la postérité doit tenir compte pour fixer son jugement.

A nous de rechercher dans l'œuvre de Théophile Gautier ce qui a provoqué cette gerbe d'admiration. Nous en trouverons les éléments surtout dans La Comédie de la mort et Poésies diverses. *Un poème tel que « La Caravane » nous met sur la voie baudelairienne d'une juste appréciation. Les ciselures parfaites de tant de poésies gravées dans nos mémoires d'écoliers en ont injustement écarté les lecteurs français :*

Tandis qu'à leurs œuvres perverses
Les hommes courent haletants,
Mars qui rit malgré les averses
Prépare en secret le printemps.

A sa mort, en 1872, son éditeur réunit sous le titre : Le Tombeau de Théophile Gautier *un certain nombre de textes le concernant. Telle était la coutume du siècle de Malherbe. Leconte de l'Isle, Sully Prudhomme y figurent en bonne place à la suite de Victor Hugo, qui trouve une formule dont Malraux saura se servir –* Les chênes qu'on abat *:*

Oh ! quel farouche bruit font dans le crépuscule
Les chênes qu'on abat pour le bûcher d'Hercule !
Les chevaux de la Mort se mettent à hennir
Et sont joyeux car l'âge éclatant va finir...

Y a-t-il meilleure occasion qu'une nouvelle anthologie pour remettre les vraies valeurs à leur vraie place ?

M. T.

A UNE ROBE ROSE

Que tu me plais dans cette robe
Qui te déshabille si bien,
Faisant jaillir ta gorge en globe,
Montrant tout nu ton bras païen !

Frêle comme une aile d'abeille,
Frais comme un cœur de rose thé,
Son tissu, caresse vermeille,
Voltige autour de ta beauté.

De l'épiderme sur la soie
Glissent des frissons argentés
Et l'étoffe à la chair renvoie
Ses éclairs roses reflétés.

D'où te vient cette robe étrange
Qui semble faite de ta chair,
Trame vivante qui mélange
Avec ta peau son rose clair ?

Est-ce à la rougeur de l'aurore,
A la coquille de Vénus,
Au bouton de sein près d'éclore,
Que sont pris ces tons inconnus ?

Ou bien l'étoffe est-elle teinte
Dans les roses de ta pudeur ?
Non ; vingt fois modelée et peinte,
Ta forme connaît sa splendeur.

Jetant le voile qui te pèse,
Réalité que l'art rêva,
Comme la princesse Borghèse
Tu poserais pour Canova.

Et ces plis roses sont les lèvres
De mes désirs inapaisés,
Mettant au corps dont tu les sèvres
Une tunique de baisers.

LA CARAVANE

La caravane humaine au Sahara du monde,
Par ce chemin des ans qui n'a pas de retour,
S'en va traînant le pied, brûlée aux feux du jour,
Et buvant sur ses bras la sueur qui l'inonde.

Le grand lion rugit et la tempête gronde ;
A l'horizon fuyard, ni minaret, ni tour ;
La seule ombre qu'on ait, c'est l'ombre du vautour,
Qui traverse le ciel, cherchant sa proie immonde.

L'on avance toujours, et voici que l'on voit
Quelque chose de vert que l'on se montre au doigt :
C'est un bois de cyprès semé de blanches pierres.

Dieu, pour vous reposer, dans le désert du temps,
Comme des oasis, a mis les cimetières :
Couchez-vous et dormez, voyageurs haletants.

Claude BERNARD

(1813-1878)

Ce serait une grave lacune de ne pas comprendre, dans une anthologie de la littérature française, les savants, à quelque discipline qu'ils appartiennent. Descartes et Pascal étaient des hommes de science.

Au XIXe siècle, une place prépondérante revient à Claude Bernard, apprenti pharmacien d'abord, docteur en médecine ensuite, enfin professeur de médecine au Collège de France en même temps que professeur de physiologie expérimentale à la Sorbonne, et de physiologie comparée au Muséum.

Nous lui devons l'un des ouvrages essentiels de notre littérature : L'Introduction à l'étude de la médecine expérimentale, *dont Bergson disait qu'« il a été pour les sciences concrètes ce que* le Discours de la méthode *avait été pour les sciences abstraites ».*

Comme Descartes, Claude Bernard a su vaincre la difficulté d'un style limpide dans cette tentative de rendre intelligible à tous « la science des phénomènes de la vie ». Et son œuvre demeure, à ce point de vue, une sorte de défi lancé inconsciemment aux philosophes verbeux du XXe *siècle.*

Que dit-il, en effet ? « Le but que se propose la méthode expérimentale est le même partout : il consiste à rattacher par l'expérience les phénomènes naturels à leurs causes prochaines ».

Plus tard, dans ses Cahiers intimes *et dans sa* Correspondance, *il a ouvert un chemin qui conduit à une interprétation nouvelle de sa méthode : « L'homme aura trop besoin de croire à une critique supérieure, mais je ne puis en avoir la preuve matérielle : cela reste à l'état de foi, de sentiment, de certitude cependant, et c'est ce qui me rend heureux. »*

Claude Bernard aura un émule en la personne de Pasteur, et un disciple en celle de Berthelot, qui fut ministre de l'Instruction publique. Tous deux ont laissé des œuvres littéraires dont on peut dire qu'elles sont une effloraison de leur savoir.

M. T.

LA THÉORIE ET L'EXPÉRIENCE

Il faut croire à la science, c'est-à-dire au déterminisme, au rapport absolu et nécessaire des choses, aussi bien dans les phénomènes propres aux êtres vivants que dans tous les autres ; mais il faut en même temps être bien convaincu que nous n'avons ce rapport que d'une manière plus ou moins approximative, et que les théories que nous possédons sont loin de représenter des vérités immuables. Quand nous faisons une théorie générale dans nos sciences, la seule chose dont nous soyons certains, c'est que toutes ces théories sont fausses, absolument parlant. Elles ne sont que des vérités partielles et provisoires qui nous sont nécessaires, comme des degrés sur lesquels nous nous reposons, pour avancer dans l'investigation ; elles ne représentent que l'état actuel de nos connaissances, et, par conséquent, elles devront se modifier avec l'accroissement de la science, et d'autant plus souvent que les sciences sont moins avancées dans leur évolution. D'un autre côté, nos idées, ainsi que nous l'avons dit, nous viennent à la vue des faits qui ont été préalablement observés et que nous interprétons ensuite. Or, des causes d'erreur sans nombre peuvent se glisser dans nos observations, et malgré toute notre attention et notre sagacité, nous ne sommes jamais sûrs d'avoir tout vu, parce que souvent les moyens de constatation nous manquent ou sont trop imparfaits. De tout cela, il résulte donc que, si le raisonnement nous guide dans la science expérimentale, il ne nous impose pas nécessairement ses conséquences. Notre esprit peut toujours rester libre de les accepter ou de les discuter. Si une idée se présente à nous, nous ne devons pas la repousser par cela seul qu'elle n'est pas d'accord avec les conséquences logiques d'une théorie régnante. Nous pouvons suivre notre sentiment et notre idée, donner carrière à notre imagination, pourvu que toutes nos idées ne soient que des prétextes à instituer des expériences nouvelles qui puissent nous fournir des faits probants ou inattendus et féconds.

(*Introduction à l'étude
de la médecine expérimentale*)

LECONTE de LISLE

(1818-1894)

En sa qualité de chef de l'École du Parnasse, Leconte de Lisle a toujours prôné le respect des règles de la prosodie. Cette rigueur de la forme et la nature des sujets qu'il a choisis lui ont valu une réputation de froideur, voire d'indifférence.

En présentant « Le Manchy », – extrait de son recueil des Poèmes barbares *–, j'ai voulu apporter un correctif à cette opinion. Voilà le cri d'un cœur blessé : « O charme de mes premiers rêves ! ». Leconte de Lisle évoque, avec une pudeur bien délicate, ce qui fut, croit-on, la profonde douleur de sa vie, la mort d'une adolescente dont il s'était épris secrètement lors d'un séjour de plusieurs années à la Réunion, son île natale. Le poète aimait se rappeler ses souvenirs de la Réunion ; il leur conserve l'écrin du vocabulaire original :* manchy *est une chaise à porteur :* Télingas *désigne des indigènes de l'Inde du Sud ;* varangues *est le mot réunionnais pour véranda ;* madécasse *est choisi, pour la rime, à la place de* malgache *; autant de clins d'œil à l'exactitude exotique.*

Au long du poème, l'amoureux décrit sa bien-aimée – le pied rose, la peau teintée d'azur et d'écarlate, les beaux yeux aux prunelles violettes –, pour opposer ces visions du passé à la réalité sinistre du dernier sommeil.

L'art de Leconte de Lisle se révèle au quatrain final. Poète authentique, il sait accrocher le fameux « grand-simple » défini par Montesquieu comme le signe génial de l'écriture. Rappelons le vers magnifique qui immortalise le sommeil du condor :

Il dort dans l'air glacé, les ailes toutes grandes.

Ici, dans « Le Manchy », l'auréole dessinée autour du sentiment :

Ô charme de mes premiers rêves !

L'existence de Leconte de Lisle s'est écoulée de 1818 à 1894 dans un va-et-vient entre la Réunion, où son père, ancien chirurgien militaire, était devenu planteur de canne à sucre, et la Bretagne – Nantes et Rennes –, pour retrouver les racines de sa famille.

Admirateur de Chénier et de Victor Hugo, il est fasciné, lors de la révolution de 1848, par les réformes sociales. Ayant signé des pétitions pour l'émancipation des Noirs, il paie aussitôt sa générosité par la perte de la pension que lui versait sa famille réunionnaise.

Les traductions qu'il fera des classiques grecs – Eschyle, Sophocle, Euripide –, assureront le relais de ses ressources. Directeur des Musées nationaux, il profite de l'Exposition universelle de 1855 pour faire réciter des poèmes devant les statues célèbres. Nommé bibliothécaire du Sénat, il remplace Victor Hugo à l'Académie en 1886.

Les poésies de Leconte de Lisle ont une résonance à la fois stoïcienne et anti-romantique. En écho à Vigny, qui s'écriait : « J'aime la majesté des souffrances humaines », il exalte le « cri de l'âme, sanglot du cœur supplicié » et s'interroge enfin : « Qui t'entend sans gémir d'amour et de pitié ? »

Contrairement à Lamartine qui invitait l'homme à se jeter dans les bras de la Nature, Leconte de Lisle lui conseille de s'en écarter à jamais, car elle « se rit des souffrances humaines, ne contemplant jamais que sa propre grandeur ». Sa dernière vision sera-t-elle prophétique, qui, à la lueur du mariage de l'esprit scientifique et du monde de l'art, nous décrit

Le spectre monstrueux d'un univers détruit
Jeté comme une épave à l'Océan du vide.

Après une lecture attentive de l'œuvre de Leconte de Lisle, qui osera encore le qualifier de poète froid et indifférent ?

M. T.

LE MANCHY

Sous un nuage frais de claire mousseline
Tous les dimanches au matin,
Tu venais à la ville en manchy de rotin,
Par les rampes de la colline.

La cloche de l'église alertement tintait ;
Le vent de mer berçait les cannes ;
Comme une grêle d'or, aux pointes des savanes,
Le feu du soleil crépitait.

Le bracelet aux poings, l'anneau sur la cheville,
Et le mouchoir jaune aux chignons,
Deux Télingas portaient, assidus compagnons,
Ton lit aux nattes de Manille.

Ployant leur jarret maigre et nerveux, et chantant,
Souples dans leurs tuniques blanches,
Le bambou sur l'épaule et les mains sur les hanches,
Ils allaient le long de l'étang.

Le long de la chaussée et des varangues basses
Où les vieux créoles fumaient,
Par les groupes joyeux des Noirs, ils s'animaient
Au bruit des bobres Madécasses.

Dans l'air léger flottait l'odeur des tamarins ;
Sur les houles illuminées,
Au large, les oiseaux, en d'immenses traînées,
Plongeaient dans les brouillards marins.

Et tandis que ton pied, sorti de la babouche,
Pendait, rose, au bord du manchy,
A l'ombre des bois-noirs touffus et du letchi
Aux fruits moins pourpres que ta bouche ;

Tandis qu'un papillon, les deux ailes en fleur,
Teinté d'azur et d'écarlate,
Se posait par instants sur ta peau délicate,
En y laissant de sa couleur ;

On voyait au travers du rideau de batiste,
Tes boucles dorer l'oreiller,
Et, sous leurs cils mi-clos, feignant de sommeiller,
Tes beaux yeux de sombre améthyste.

Tu t'en venais ainsi, par ces matins si doux,
De la montagne à la grand-messe,
Dans ta grâce naïve et ta rose jeunesse,
Au pas rythmé de tes Hindous.

Maintenant, dans le sable aride de nos grèves,
Sous les chiendents, au bruit des mers,
Tu reposes parmi les morts qui me sont chers,
O charme de mes premiers rêves !

(*Poèmes barbares*)

Eugène FROMENTIN

(1820-1876)

On s'aperçoit, en lisant Fromentin, que la façon d'écrire – le style – suffit presque à nourrir l'intérêt d'un récit.

La littérature française nous en offre quelques exemples : La Princesse de Clèves, *de Mme de La Fayette ;* René, *de Chateaubriand ;* Adolphe, *de Benjamin Constant. J'avoue ma préférence pour* Dominique, *d'Eugène Fromentin.*

Il existe entre ces œuvres, si différentes de ton, si originales, une sorte de parenté par le thème qui est celui de l'amour à l'état pur, de l'amour que le XVIIIe *siècle désignait sous le nom significatif de* flamme. *Ce n'était pas seulement parce que le mot rimait avec* âme *que les poètes l'utilisaient. Le cœur déclarait sa « flamme », et l'âme, qui est le siège de l'*amour *et, par conséquent, l'organe essentiel de l'amoureux, l'âme dis-je, se plaît à jouer avec ce feu.*

Eugène Fromentin capte et retient notre attention de minute en minute comme si nous assistions à ce jeu dans les instants les plus périlleux. Tel le papillon attiré, fasciné par le scintillement de la lumière, le lecteur a la sensation de s'approcher sans cesse davantage du foyer brûlant de la passion.

Il faut bien que ce soit quelque chose de ce genre, une espèce de magie, car l'entreprise en soi n'a rien de tellement mystérieux : l'éveil d'un amour, pour des raisons souvent normales, qui ne parvient pas à se satisfaire.

Je m'étonne que l'on n'ait pas rapproché le thème de Dominique, *d'Eugène Fromentin – publié en 1862 –, du plus célèbre sonnet de notre langue française, celui d'Arvers :*

Mon âme a son secret, ma vie a son mystère ;
Un amour éternel en un moment conçu…

Les quatorze vers de ce sonnet, publié en 1833, ont assuré la célébrité à son auteur, tout comme Dominique, *roman unique, aura à jamais inscrit Fromentin en tête des plus illustres romanciers français. Arvers avait écrit son sonnet pour faire briller la flamme secrète qui brûlait en lui pour Marie Nodier, la fille d'un confrère ; il ne l'a pas nommée :*

Le mal est sans espoir, aussi j'ai dû le taire,
Et celle qui l'a fait n'en a jamais rien su…

L'aventure de Fromentin sera une variante de celle d'Arvers : au collège de La Rochelle, où il fait ses premières études, il se lie d'amitié avec un camarade de classe, qui a une charmante cousine, Jenny. Celle-ci a quatorze ans ; elle est jolie, aimable ; avec les années, le jeune cœur d'Eugène conçoit, dans sa naïveté, « un amour éternel ». Jenny, de son côté, « suit son chemin, distraite et sans entendre le murmure d'amour élevé sur ses pas » (Arvers). A dix-sept ans, en 1884, elle se marie. Eugène éprouve un tel choc que sa famille l'éloigne de La Rochelle et l'envoie à Paris où il poursuivra ses études. Mais son désespoir entretiendra la flamme : chaque année, aux vacances, le jeune étudiant jouera avec le feu de cette passion jusqu'au jour où Jenny mourra, prématurément, à vingt-sept ans.

Fromentin n'oubliera pas. Toute sa vie, il restera fidèle à son amour d'adolescence. Il prend son temps pour vivre cet amour dans son souvenir, en peintre qui sait analyser les éléments de la lumière et de la couleur ainsi que les formes des êtres et des objets. Il écrira page à page l'histoire de ce tourment intérieur. Pour ne point se gêner dans l'expression littéraire tout en conservant la narration à la première personne, il imaginera que c'est un nommé Dominique de Bray qui se confesse. Dominique, déclare Fromentin le romancier, a « le don cruel d'assister à sa vie comme à un spectacle donné par un autre ».

Fromentin eut deux passions : celle d'écrire et celle de continuer à peindre. Peu de temps après la mort de Jenny, il fit plusieurs voyages en Afrique, d'abord en Algérie, puis au Sahara. En 1847, il exposa au Salon, et, une dizaine d'années plus tard, il publiait ses relations de voyage : Un été dans le Sahara, Une année dans le Sahel.

Ce ne fut qu'en 1862 qu'il offrit à son hypothétique héros l'occasion de divulguer son « amour éternel en un moment conçu ».

Le succès fut immédiat. Dominique *reste l'un des plus purs récits d'amour, l'un des plus fins ; il est la preuve que la langue française peut tout traduire de nos sentiments les plus subtils et les plus émouvants.*

Dominique *d'Eugène Fromentin devrait être lu comme une introduction au bonheur, « si le bonheur consiste à vivre rapidement, à aimer de toutes ses forces, sans aucun sujet de repentir et sans espoir. »*

Un chef-d'œuvre a toujours des prolongements dans la philosophie de la vie.

M. T.

LE PARDON

Souvent je m'étais demandé ce qui arriverait, si, pour me débarrasser d'un poids trop lourd qui m'écrasait, très simplement, et comme si mon amie Madeleine pouvait entendre avec indulgence l'aveu des sentiments qui s'adressaient à Mme de Nièvres, je disais à Madeleine que je l'aimais. Je mettais en scène cette explication fort grave. Je la supposais seule, en état de m'écouter, et dans une situation qui supprimait tout danger. Je prenais alors la parole, et, sans préambule, sans adresse, sans faux-fuyants, sans phrases, aussi franchement que je l'aurais dite au confident le plus intime de ma jeunesse, je lui racontais l'histoire de mon affection, née d'une amitié d'enfant devenue subitement de l'amour. J'expliquais comment ces transitions insensibles m'avaient mené peu à peu de l'indifférence à l'attrait, de la peur à l'entraînement, du regret de son absence au besoin de ne plus la quitter, du sentiment que j'allais la perdre à la certitude que je l'adorais, du soin de sa tranquillité au mensonge, enfin de la nécessité de me taire à jamais à l'irrésistible besoin de lui tout avouer et de lui demander pardon. Je lui disais que j'avais résisté, lutté, que j'avais beaucoup souffert ; ma conduite en était le meilleur témoignage. Je n'exagérais rien, je ne lui faisais au contraire qu'à demi le tableau de mes douleurs, pour la mieux convaincre que je mesurais mes paroles et que j'étais sincère. Je lui disais en un mot que je l'aimais avec désespoir, en d'autres termes, que je n'espérais rien que son absolution pour des faiblesses qui se punissaient elles-mêmes et sa pitié pour des maux sans ressource…

Elle était dans l'humble attitude que je vous ai dite, clouée dans son fauteuil, sa broderie tombée, les deux mains croisées par un effort de volonté,… tout le corps un peu frissonnant, pâle à faire pitié, les joues comme un linge, les yeux en larmes, grands ouverts, attachés sur moi avec la fixité lumineuse de deux étoiles... Et s'il lui avait été possible de parler, dans un instant où toutes les énergies de sa tendresse et de sa fierté me suppliaient ou m'ordonnaient de me taire, elle m'eût dit une seule chose que je savais trop bien : c'est que les confidences étaient faites, et que je me conduisais comme un lâche ! Mais elle demeurait immobile, sans geste, sans voix, les lèvres fermées, les yeux rivés sur moi, les joues en pleurs, sublime d'angoisse, de douleur et de fermeté.

« Madeleine, m'écriai-je en tombant à ses genoux, Madeleine, pardonnez-moi. »

(*Dominique*)

Gustave FLAUBERT

(1821-1880)

Flaubert est né en 1821 à Rouen. A la fin de ses premières études à Paris, vers 1840, il rêve d'écrire plutôt que de s'engager dans une carrière juridique, comme ses parents le lui conseillaient.

*Il rêve surtout de voyager. Dès sa dix-neuvième année, il va visiter la Corse, puis, cinq ans plus tard, l'Italie. Cependant, c'est l'Orient qui le tente vraiment. Une vieille tradition française imposait ce voyage aux artistes. Flaubert avait lu l'*Itinéraire de Paris à Jérusalem *de Chateaubriand, paru en 1811, et* Le Voyage en Orient *de Lamartine, paru en 1835. Ce dernier récit l'excitait au plus haut degré, car il soulevait les questions les plus pressantes sur ces pays en pleine fermentation, l'Égypte, le Liban, la Palestine.*

Chateaubriand était mort en 1848, et, en 1849, au moment où Flaubert s'apprêtait à partir en compagnie de son ami Maxime du Camp, Lamartine, qui avait été le grand homme de la révolution de 1848, connaissait une éclipse due en majeure partie à l'accession du prince Louis-Napoléon Bonaparte à la présidence de la République.

Cependant le récit du Voyage en Orient *constituait bien pour Flaubert un document essentiel. Son itinéraire sera d'ailleurs sensiblement le même : Égypte, Liban, Palestine. On pourrait établir un intéressant parallèle entre les impressions de Lamartine, et celles, quinze ans plus tard, de Flaubert. Ce dernier n'a-t-il pas en tête la prédiction de son prédécesseur sur la Palestine ? : « Un tel pays, repeuplé d'une nation neuve et juive, cultivé par des mains intelligentes, serait encore la terre de promission aujourd'hui, si la Providence lui rendait un peuple, et la politique du repos et de la liberté ».*

Mais Flaubert n'a pas l'expérience sociale et politique de l'illustre Lamartine. Dès son retour en France, il s'adonnera à sa passion de romancier. Avant de partir, il avait lu à ses amis La Tentation de Saint-Antoine, *son œuvre peut-être la plus subtile, et ses amis ne l'avaient pas aimée ; ils lui avaient conseillé de la remettre au tiroir, sinon au panier. Alors, pour reconquérir l'estime de ses lecteurs privilégiés, Flaubert mettra sur le chantier* Madame Bovary. *Histoire de ne pas se tromper. Et c'est bien là, en effet, une autre histoire.*

M. T.

JÉRUSALEM

Voici le troisième jour que nous sommes à Jérusalem.

Saint-Sépulcre. L'extérieur, avec ses parties romanes, nous avait excités ; attente trompée sous le rapport archéologique. Les clefs sont aux Turcs, sans cela les chrétiens de toutes sectes s'y déchireraient. Les gardiens couchent dedans, près de la porte, sur un divan. Pour voir l'église quand elle est fermée (et elle l'est toujours sauf le dimanche), il faut passer sa tête par des trous pratiqués *ad hoc* dans la porte ; on voit alors la pierre d'onction sous ses lampes, et les bons Turcs sur leur divan ; on fait la conversation avec eux. Nous trouvons dans le Saint-Sépulcre notre Italien réfugié ; il s'y est fait enfermer exprès et y vit jour et nuit (temporairement toutefois) pour « s'inspirer de la poésie de ces lieux ». Quel artiste !... Heureux sont-ils tous ceux qui là ont pleuré d'amour céleste ! Mais qui sait les déceptions du patient Moyen Age, l'amertume des pèlerins de jadis, quand, revenus dans leurs provinces, on leur disait en les regardant avec envie : « Parlez-m'en ! Parlez-m'en ! »

Les Arméniens qui font le pèlerinage de Jérusalem ont défense, sous peine d'excommunication, de parler, à leur retour, de leur voyage, dans la crainte que ce qu'ils en diraient ne dégoûtât leurs frères d'y aller. La déception, s'il y en avait une, ce serait sur moi que je la rejetterais et non sur les lieux.

Le jardin des Oliviers, petit enclos en murs blancs, au pied de la montagne de ce nom. Grand vent, les oliviers au feuillage pâle et argenté tremblaient ; l'air était âpre quoique chaud, la route toute blanche, le ciel féroce de bleu. En haut, de dessus le minaret qui domine le mont des Oliviers, vue générale de Jérusalem ; la ville, en amphithéâtre, incline de l'ouest à l'est, elle penche du côté des tombeaux, du côté de la vallée de Josaphat qui change de nom à la fontaine de Siloé et prend celui de Cédron. Dans la mosquée de l'Ascension, un vieux bonhomme à nez de polichinelle, en espèce de paletot jaune, qui est venu nous ouvrir ; on montre une pierre entourée d'un cadre de pierre, sur laquelle les croyants voient la marque du pied de Jésus ; c'est là qu'il s'élança pour monter au ciel...

Bethléem, grand village de pierre. Devant lui, une vallée ou plutôt un vaste entonnoir, une gorge avec des gorges qui y aboutissent ou en partent. Crèche : deux escaliers tout pareils, en marbre d'une couleur rosâtre, dix marches à monter de l'entrée jusqu'à la Crèche ; l'escalier est en demi-cercle. Porte romane avec un léger mouvement ogival cependant, deux petites colonnes en marbre blanc de chaque côté ; au-dessus de la porte, côté droit, une Vierge avec le bambino byzantin relevé d'or. Rien n'est d'une suavité plus mystique et d'une splendeur plus douce que l'entrée de la Crèche par le côté gauche, l'œil se perd dans l'illuminement des lampes qui brillent au milieu des ténèbres, on en voit devant soi une longue enfilade à droite et à gauche et au fond.

Cinq lampes sont allumées à l'endroit même de la Nativité, protégées par une grille ; les lampes empêchent de voir (par leur lumière) une Nativité, qui fait fond, encadrée d'argent. L'endroit de l'Adoration des Mages est en demi-lune, éclairé de seize lampes, sous une sorte d'avancée en forme d'autel. Par terre, le lieu même où Jésus fut posé était marqué par une grande étoile dont on a enlevé l'or. Quelques-unes de ces lampes brûlent dans des verres verts, elles sont surmontées d'œufs d'autruche au-dessus de l'endroit où les cordes s'attachent ; entrecroisement des cordes au plafond. Tout est tendu (ou recouvert) d'une petite indienne. Je suis resté là, j'avais du mal à m'en arracher, c'est beau, c'est vrai, ça chante une joie mystique ; quelques lampes étaient éteintes ! Sur les cinq de l'Adoration des Mages, une l'était !... Économie !

(*Le Voyage en Orient*)

Charles BAUDELAIRE

(1821-1867)

Il est difficile de séparer, chez Baudelaire, le poète du prosateur. C'est pourquoi la publication de poèmes et d'une page de prose permet de le présenter de face et de profil, si je puis dire.

Quel étrange destin que le sien ! Cet esprit au talent original vécut d'abord de ses traductions d'Edgar Poe, les Histoires extraordinaires, *publiées en 1856.*

L'année suivante, paraît le recueil des Fleurs du mal. *Ces poésies font scandale. En 1857, les lecteurs acceptent difficilement le réalisme, qu'ils jugent brutal, voire repoussant. On ne badine pas avec la pudeur. Un procès est déclenché, aux termes duquel Baudelaire est condamné à 300 francs d'amende. Pour lui, la somme est d'importance. Aussi réclamera-t-il un adoucissement de la somme, qui lui est accordé. Il paiera 50 francs.*

Coïncidence : la même année, Flaubert (qui avait exactement l'âge de Baudelaire, puisqu'il était né comme lui en 1821), publie Madame Bovary, *qui soulève aussi la colère des prudes. Un procès s'ouvre. L'auteur est accusé d'outrages aux bonnes mœurs. Les procès injustes assurent parfois une publicité efficace. Flaubert est acquitté. Pour comble de chance, le scandale a créé le succès immédiat.*

Baudelaire, lui, condamné pour outrages à la morale publique, aura au contraire à se débattre en vain. Ce seront ses admirateurs, qui, au siècle suivant, en 1949, obtiendront un arrêt de réhabilitation de la Cour de Cassation.

Ce qui fut chez Flaubert simple anecdote bénéfique devait, pour Baudelaire, devenir une obsession de toute sa vie. Sans doute doit-on voir dans ce tourment moral une des raisons de la brièveté de son existence, puisqu'il mourut en 1867, à l'âge de quarante-six ans.

M. T.

LE CHAT

Viens, mon beau chat, sur mon cœur amoureux,
Retiens les griffes de ta patte,
Et laisse-moi plonger dans tes beaux yeux,
Mêlés de métal et d'agate.

Lorsque mes doigts caressent à loisir
Ta tête et ton dos élastique,
Et que ma main s'enivre du plaisir
De palper ton corps électrique,

Je vois ma femme en esprit. Son regard,
Comme le tien, aimable et bête,
Profond et froid, coupe et fend comme un dard,

Et, des pieds jusques à la tête,
Un air subtil, un dangereux parfum,
Nagent autour de son corps brun.

RECUEILLEMENT

Sois sage, ô ma Douleur, et tiens-toi plus tranquille.
Tu réclamais le Soir ; il descend ; le voici :
Une atmosphère obscure enveloppe la ville,
Aux uns portant la paix, aux autres le souci.

Pendant que des mortels la multitude vile,
Sous le fouet du Plaisir, ce bourreau sans merci,
Va cueillir des remords dans la fête servile,
Ma Douleur, donne-moi la main ; viens par ici,

Loin d'eux. Vois se pencher les défuntes Années,
Sur les balcons du ciel, en robes surannées ;
Surgir du fond des eaux le Regret souriant ;

Le Soleil moribond s'endormir sous une arche,
Et, comme un long linceul traînant à l'Orient,
Entends, ma chère, entends la douce Nuit qui marche.

(*Les Fleurs du mal*)

L'HORLOGE

Les Chinois voient l'heure dans l'œil des chats.

Un jour un missionnaire, se promenant dans la banlieue de Nankin, s'aperçut qu'il avait oublié sa montre, et demanda à un petit garçon quelle heure il était.

Le gamin du céleste Empire hésita d'abord ; puis, se ravisant, il répondit : « Je vais vous le dire. » Peu d'instants après, il reparut, tenant dans ses bras un fort gros chat, et le regardant, comme on dit, dans le blanc des yeux, il affirma sans hésiter : « Il n'est pas encore tout à fait midi. » Ce qui était vrai.

Pour moi, si je me penche vers la belle Féline, la si bien nommée, qui est à la fois l'honneur de son sexe, l'orgueil de mon cœur et le parfum de mon esprit, que ce soit la nuit, que ce soit le jour, dans la pleine lumière ou dans l'ombre opaque, au fond de ses yeux adorables je vois toujours l'heure distinctement, toujours la même, une heure vaste, solennelle, grande comme l'espace, sans divisions de minutes ni de secondes, – une heure immobile qui n'est pas marquée sur les horloges, et cependant légère comme un soupir, rapide comme un coup d'œil.

Et si quelque importun venait me déranger pendant que mon regard repose sur ce délicieux cadran, si quelque Génie malhonnête et intolérant, quelque Démon du contre-temps venait me dire : « Que regardes-tu là avec tant de soin ? Que cherches-tu dans les yeux de cet être ? Y vois-tu l'heure, mortel prodigue et fainéant ? » je répondrais sans hésiter : « Oui, je vois l'heure ; il est l'Éternité ! »

N'est-ce pas, madame, que voici un madrigal vraiment méritoire, et aussi emphatique que vous-même ? En vérité, j'ai eu tant de plaisir à broder cette prétentieuse galanterie, que je ne vous demanderai rien en échange.

(*Petits poèmes en prose*)

ERCKMANN-CHATRIAN

(1822-1899) – (1826-1890)

De même que « Alsace-Lorraine » désigne aux yeux des Français une seule et même province, le nom d'Erckmann-Chatrian est celui d'un écrivain populaire, l'auteur de L'Ami Fritz.

Mais, tandis que ce fut la défaite de 1871 qui réunit les deux noms d'Alsace et de Lorraine, ce fut un phénomène de création commune qui lia les esprits d'Erckmann et de Chatrian.

Erckmann est lorrain ; Chatrian, plus proche de l'Alsace. Ils sont presque du même âge : Émile Erckmann est né à Phalsbourg en 1822 ; Chatrian, à Aberschwiller, en 1826. C'est à Phalsbourg qu'ils font connaissance : Émile Erckmann revient de Paris, où il a commencé des études de droit ; son état maladif l'oblige à les interrompre et l'incite à écrire. Il se lie de sympathie avec le jeune répétiteur du collège, Alexandre Chatrian, qui, de son côté, taquinerait volontiers la muse dramatique. La mode littéraire est alors aux contes et aux feuilletons qui se fondent sur les événements idéalisés de la Révolution française et de l'Empire.

Nos deux Alsaciens-Lorrains envisagent une collaboration pratique : fabriquer des histoires, et Chatrian, qui a l'occasion de se rendre souvent à Paris, leur trouvera un débouché dans les journaux et l'édition. Pour faciliter le placement, rien de plus naturel que de signer d'un seul nom : Erckmann-Chatrian.

La combinaison réussit : d'une part, des romans nationaux *(*L'Invasion, Histoire d'un conscrit de 1813, *etc.) ; d'autre part, des* romans populaires *et des contes régionaux. Le succès vint du côté des romans populaires, parmi lesquels* L'Ami Fritz, *paru en 1854. Dans le décor d'une Bavière un peu théâtrale, les Erckmann-Chatrian évoquent l'existence d'une population qui ressemble à s'y méprendre à l'idyllique Alsace-Lorraine.*

Sous le signe de l'harmonie – danse et musique –, le bon rabbin David Sichel, marieur dans l'âme, pourra déclarer que « en dehors de l'amour, tout n'est que vanité... et que le mariage avec la femme qu'on aime est le paradis sur la terre ».

On était alors au début du Second Empire. Erckmann et Chatrian ne se doutaient guère que trente ans plus tard, leur Ami Fritz *deviendrait, après la perte de l'Alsace-Lorraine, le livre que les Français et leurs compatriotes malheureux liraient et reliraient passionnément dans l'attente du retour à la mère patrie. A preuve qu'en 1876, nos auteurs durent adapter leur roman pour le théâtre. Hélas ! ce succès n'empêcha pas la rupture de leur amitié, mais en fut, peut-être, une des causes, chacun estimant qu'il était le créateur principal.*

La postérité n'a pas accepté cette séparation : Erckmann-Chatrian reste toujours pour elle l'unique auteur de ce chef-d'œuvre qu'est L'Ami Fritz.

M. T.

LA MUSIQUE ET LA DANSE

Fritz descendit de l'estrade et traversa la hutte au milieu de l'attention générale. Suzel, le voyant venir, devint toute pâle et dut s'appuyer contre le pilier ; elle n'osait plus le regarder. Il monta quatre marches, écarta la guirlande, et lui prit la main en disant tout bas :

– Suzel, veux-tu danser avec moi le *treieleins* ?

Elle alors, levant ses grands yeux bleus comme en rêve, de pâle qu'elle était, devint toute rouge :

– Oh ! oui, monsieur Kobus ! fit-elle en regardant la grand-mère.

La vieille inclina la tête au bout d'une seconde, et dit : « C'est bien… tu peux danser. » Car elle connaissait Fritz, pour l'avoir vu venir à Bischem dans le temps, avec son père…

Fritz et la petite Suzel faisaient l'admiration universelle, à cause de leur grâce et de leur air bienheureux. Ils n'étaient plus sur la terre, ils se berçaient dans le ciel ; cette musique qui chantait, qui riait, qui célébrait le bonheur, l'enthousiasme, l'amour, semblait avoir été faite pour eux : toute la salle les contemplait, et eux ne voyaient plus qu'eux-mêmes. On les trouvait si beaux, que parfois un murmure d'admiration courait dans la *Madame Hütte* ; on aurait dit que tout allait éclater ; mais le bonheur d'entendre la valse forçait les gens de se taire. Ce n'est qu'au moment où Hâan, devenu comme fou d'enthousiasme en contemplant la grande fille du bourgmestre, se dressa sur la pointe des pieds et la fit pirouetter deux fois, en criant d'une voix retentissante : « *You !* » et qu'il retomba d'aplomb après ce tour de force, et qu'au même instant Schoultz, levant la jambe droite, la fit passer, sans manquer la mesure, au-dessus de la tête de sa petite rousse, et que d'une voix rauque, en tournant comme un véritable possédé, il se mit à crier : « *You ! you ! you ! you ! you ! you !* », ce n'est qu'à ce moment que l'admiration éclata, par des cris et des trépignements qui firent trembler la baraque.

Jamais, jamais on n'avait vu danser si bien ; l'enthousiasme dura plus de cinq minutes ; et quand il finit par s'apaiser, on entendit avec satisfaction la valse des esprits de l'air reprendre le dessus, comme le chant du rossignol après un coup de vent dans les bois.

(*L'Ami Fritz*)

Edmond de GONCOURT

(1822-1896)

Jules de GONCOURT

(1830-1870)

On a célébré en 1984 le troisième centenaire de la naissance de Watteau. C'était la première fois que cet artiste était ainsi mis à l'honneur, dans une exposition au Grand-Palais, à Paris, où l'on a rassemblé des œuvres envoyées par les musées du monde entier et par des collectionneurs privés.

En présence de cette énorme manifestation, quantitativement parlant, certains critiques ont ergoté comme s'ils découvraient que Watteau ne pouvait être identifié à coup sûr.

Ainsi appréciera-t-on mieux les pages des frères Goncourt, qui, dès 1857, s'efforçaient, dans les Portraits intimes du XVIIIe siècle, *de dessiner les contours de l'art de ce peintre, en définitive indéfinissable.*

Curieux frères, jumeaux d'affection et de goût, sinon de naissance : Edmond, né en 1822, mort en 1896 ; Jules, le cadet, né en 1830, mort en 1870. Ayant hérité de leur mère une fortune qui les dispensa d'exercer un métier, ils optèrent pour l'écriture-à-deux, l'histoire d'abord, le théâtre ensuite, le roman enfin. Animés d'une volonté acharnée, ils ont décidé de forcer l'indifférence des éditeurs et de leurs confrères. Ouvriers de la petite histoire, puis observateurs des mœurs et des caractères de leurs proches, ils se sont appliqués à « faire des études sur le vrai, sur le vif, sur le saignant ».

En 1865, après la publication du roman Germinie Lacerteux, *ils eurent l'impression d'avoir « donné la formule complète du naturalisme ». Mais est-ce bien à leur œuvre naturaliste qu'Edmond et Jules de Goncourt doivent leur renom ? Ne serait-ce pas plutôt à l'idée qu'Edmond a eue, après la mort de Jules, de créer une Académie ? On affirme que cette initiative est née de sa haine contre l'Académie française, coupable d'avoir dédaigné Molière, Diderot, Balzac, Flaubert.*

Grâce à leur fortune, ils ont fait bénéficier chacun des dix membres de leur Académie d'une rente viagère de 6 000 francs. Mais qui se souviendrait d'année en année de ces deux pionniers du naturalisme si leur nom n'était lié au prix le plus efficace décerné à la « meilleure œuvre d'imagination » ? Voilà un bienfait remarquable, au moins sur le plan de la gloire marchande.

Dès 1874, Edmond de Goncourt fit un choix de ses amis pour composer l'académie, mais les Dix, ou plutôt les Neuf (car Alphonse Daudet était mort en 1877) ne siégèrent pour la première fois qu'en 1903. Sous la bannière des Goncourt, la nouvelle Académie comprenait : Huysmans, Hennique, les deux frères Rosny, Geffroy, Paul Margueritte, Élémir Bourges et Octave Mirbeau. Le premier « Prix Goncourt » fut décerné cette année-là. Quand on sait que des dizaines d'académies ont été formées en France sur le même principe, on doit reconnaître que les frères Goncourt sont les seuls, sur le marché de la littérature, à avoir réussi leur entreprise.

Est-ce au détriment de l'attention que l'on accorde encore à leurs ouvrages, ou, au contraire, ce succès n'impose-t-il pas aux gens de lettres une certaine curiosité à leur égard ? Quelque lauréat reconnaissant ouvrira-t-il un jour ce débat, qui serait un sujet de thèse intéressant ?

M. T.

WATTEAU

Watteau est le grand poète de ce siècle. Un monde, un peuple est sorti de sa tête. De sa fantaisie merveilleuse, une féerie, mille féeries se sont envolées. Il a créé son caprice, son génie et son œuvre. De sa main jaillissait l'élégance.

Watteau a renouvelé la grâce. La grâce de Watteau est cette chose ailée qui semble l'idée de la ligne, l'âme de la forme, la physionomie plaisante de la matière. Elle est le rien qui habille le monde d'un agrément et d'une coquetterie. Elle est cela qui caresse le rêve du regard, et dont vit l'amour. Elle est l'enchantement d'Eve : la grâce de la femme.

Toutes les séductions de la femme au repos, la langueur, la paresse, l'abandon, les adossements, les allongements, les nonchalances, la cadence des poses, le joli air des profils penchés sur les gammes d'amour, les retraites fuyantes des poitrines, les serpentements et les ondulations, les souplesses du corps féminin, et le jeu des longs doigts sur le manche des éventails, et les indiscrétions des hauts talons dépassant les jupes, et les heureuses fortunes du maintien, et la coquetterie des gestes, et le manège galant des épaules, et tout ce savoir que les miroirs du siècle dernier ont appris de la femme, la mimique de la grâce ! elle vit en Watteau avec sa fleur et son accent...

C'est le duo de Gilles et de Colombine qui est la musique et la chanson de la comédie de Watteau.

Comme cette mode d'Italie, étincelante et bizarre, se marie heureusement à la mode française du dix-huitième siècle enfant ! Et quelle mode adorable naît de ces modes alliées et brouillées : la mode de Watteau ! une mode d'aventure et de liberté, errante et bénie, qui attrape le neuf, le piquant, le provoquant ; des ciseaux enchantés qui trouvent en se jouant la négligence et la parure, l'abandon du matin, et le ciel habile des après-midi ; ciseaux de fée dotant le temps qui viendra des patrons des Mille et une Nuits.

Mais à quoi bon tirer son imagination du spectacle du monde, quand on peut inventer un monde et un poème ? Poème unique et ravissant, du loisir qui se balance, des entretiens et les chants du bel âge, de l'amusement pastoral et du passe-temps assis ! Poème de paix et de tranquillité où le jeu de l'escarpolette lui-même se meurt, la corde traînant sur le sable !

Des marchandes de fleurs passent doucement qui fleurissent les corsets à la ronde et les bouquets de cheveux noués au haut de la tête. Rien de bruyant que des jeux d'enfants aux grands yeux noirs, sautant au pied des couples comme des oiseaux ; jeux, enfants, sourires, petits génies que le poète jette au seuil de ce rêve et de cet enchantement : ne rien faire qu'écouter son cœur et laisser parler son esprit, et laisser venir les rafraîchissements, et laisser marcher le soleil, et laisser le monde aller, et laisser les petites filles tourmenter les chiens qui n'aboient pas !

Voilà l'Olympe et la mythologie nouvelle ; l'Olympe de tous les demi-dieux oubliés par l'Antiquité. Voilà la déification des idées du dix-huitième siècle, l'âme du monde et du temps de Watteau amenée au panthéon des passions et des modes humaines. Ce sont les nouvelles humeurs de l'humanité vieillissante, la Coquetterie, la Langueur, la

Galanterie, la Rêverie que Watteau incarne en des allégories habillées ; ce sont les Muses morales de nos âges qu'il fait déesses en les faisant femmes, qu'il fait femmes en les faisant amoureuses.

L'Amour est la lumière de ce monde. Il le pénètre et l'emplit. Il en est la jeunesse et la sérénité.

(*Portraits intimes du* XVIII*e* *siècle*)

Ernest RENAN

(1823-1892)

Ce texte est extrait du septième et dernier tome de L'Histoire des origines du Christianisme. *Le premier était consacré à* La Vie de Jésus. *La série s'échelonne de 1863 à 1881 ; elle constitue l'ouvrage majeur de Renan, entre sa quarantième et sa soixantième année.*

Il y engage plus que ses connaissances savantes, laissant éclater ses craintes à l'approche du XX*e siècle ; après s'être demandé : « Qui sauvera le monde ? », tout de suite il s'écrie : « Maintenant, vivent les fous ! vive l'absurde ! vivent le Syrien et ses dieux équivoques ! Les médecins sérieux n'ont rien pu faire. Le malade est plus mal que jamais. Faites venir les empiriques ; ils savent souvent mieux que les praticiens honorables ce qu'il faut au peuple. »*

On est tout étonné, au beau milieu d'une étude scientifique, d'entendre l'écrivain s'exprimer comme un homme qui réfléchit tout haut. Les lecteurs de Souvenirs d'enfance et de jeunesse *ne seront donc pas surpris de lire sous la plume de Renan cet aveu : « Écrire sans avoir à dire quelque chose de pensé personnellement me paraissait le jeu d'esprit le plus fastidieux ».*

A ce principe Renan doit de retenir notre attention : nous entrons dans son débat intérieur, et nous sommes prêts à nous expliquer avec lui. Puisque je viens de citer son livre de Souvenirs, *j'y relèverai le portrait qu'il trace de lui-même : « ...un romantique protestant contre le romantisme, un utopiste prêchant en politique le terre à terre, un idéaliste se donnant beaucoup de mal pour paraître bourgeois, un tissu de contradictions... ».*

En fait, Renan nous invite à une sorte de conversation qu'il engage à la manière d'un tournoi avec celui qui le lit. Je suis de l'avis du philosophe Alain qui estimait que « certaine fureur de discuter » était « la première forme du désir d'apprendre ». C'est dans ce sens que nous suggérons d'appeler Renan un maître. *Un maître à penser, bien sûr : la question qu'il se posait à l'approche du* XXe *siècle, ne s'était-elle pas déjà présentée aux esprits de la fin du* XVIIIe *? N'est-elle pas présente chez les futurs citoyens du* XXIe *siècle, inquiétés par les signes de dégénérescence de leur civilisation ? Les révélations de Renan sur la sagesse d'un Marc Aurèle peuvent-elles leur offrir une espérance ? Il n'est jamais inutile de discuter avec un « maître »...*

M. T.

LE DEUIL DE MARC AURÈLE

Le 10 mars 180, l'empereur tomba malade... Ayant fait venir son fils Commode, il le supplia d'achever la guerre pour ne point paraître trahir l'État par un départ précipité. Le sixième jour de sa maladie, il appela ses amis et leur parla sur le ton qui lui était habituel, c'est-à-dire avec une légère ironie, de l'absolue vanité des choses et du peu de cas qu'il faut faire de la mort. Ils versaient d'abondantes larmes : « Pourquoi pleurer sur moi ? leur dit-il. Songez à sauver l'armée. Je ne fais que vous précéder ; adieu ! » On voulait savoir à qui il recommandait son fils : « A vous, dit-il, s'il en est digne, et aux dieux immortels ». L'armée était inconsolable ; car elle adorait Marc Aurèle, et elle voyait trop bien dans quel abîme de maux on allait tomber après lui... Le septième jour, il sentit sa fin approcher. Il ne reçut plus que son fils, et il le congédia au bout de quelques instants, de peur de le voir contracter le mal dont il était atteint... La nuit suivante, il rendit l'âme.

On déclara sacrilège quiconque n'aurait pas, si ses moyens le lui permettaient, son image dans sa maison.

Jamais culte ne fut plus légitime, et c'est le nôtre encore aujourd'hui. Oui, tous tant que nous sommes, nous portons au cœur le deuil de Marc Aurèle, comme s'il était mort d'hier. Avec lui, la philosophie a régné. Un moment, grâce à lui, le monde a été gouverné par l'homme le meilleur et le plus grand de son siècle. Il est important que cette expérience ait été faite. Le sera-t-elle une seconde fois ? La philosophie moderne, comme la philosophie antique, arrivera-t-elle à régner à son tour ?... Le gouvernement des choses humaines appartiendra-t-il encore une fois aux plus sages ? Qu'importe, puisque ce règne serait d'un jour, et que le règne des fous y succéderait, sans doute, une fois de plus ? Habituée à contempler d'un œil souriant l'éternel mirage des illusions humaines, la philosophie moderne sait la loi des entraînements passagers de l'opinion. Mais il serait curieux de rechercher ce qui sortirait de tels principes, si jamais ils arrivaient au pouvoir. Il y aurait plaisir à construire a priori le Marc Aurèle des temps modernes, à voir quel mélange de force et de faiblesse créerait, dans une âme d'élite appelée à l'action la plus large, le genre de réflexion particulier à notre âge... Ce qu'il y a de sûr, c'est que l'homme appelé à gouverner ses semblables devra toujours méditer sur le modèle exquis de souverain que Rome offrit en ses meilleurs jours.

Le jour de la mort de Marc Aurèle peut être pris comme le moment décisif où la ruine de la vieille civilisation fut décidée... Adieu, vertu, adieu, raison. Puisque Marc Aurèle n'a pas pu sauver le monde, qui le sauvera ?

(*Marc Aurèle ou La Fin du monde antique*)

Alexandre DUMAS (fils)

(1824-1895)

Les Dumas ont acquis une telle célébrité que beaucoup de lecteurs ne cherchent même pas à séparer le père du fils. Le premier reste surtout le romancier populaire des Trois Mousquetaires, *le second, celui du plus grand succès théâtral du* XIXe *siècle,* La Dame aux camélias.

Pittoresque aventure, l'origine de cette famille ! Tous ceux qui ont connu les Dumas, père et fils, se sont posé la question, car l'un et l'autre en avaient conservé les traces : un teint basané, et une chevelure crépue. Tout aussi curieuse que l'énigme physique, la « fabrication » de leur nom patronymique, qui remonte à la fin du règne de Louis XV *: un certain marquis Alexandre Davy de la Pailleterie, ancien officier du roi, émigre à Saint-Domingue pour y tenter sa chance comme planteur de canne à sucre. À l'ouest de l'île, il achète un mas et, en même temps, une domestique noire, convertie, élevée par des religieuses ; c'est elle qui tiendra la maison. On l'appelle Marie-Cessette ; mais, dès qu'elle entre au service de*

M. de la Pailleterie, les voisins la désignent sous le nom de la Marie-du-mas. De là, petit à petit, le surnom qui devient nom : Dumas, *Marie Dumas. Plus tard, le marquis, un peu surpris d'avoir un fils d'elle, étonné et charmé d'avoir un garçon, donnera à celui-ci son propre prénom d'Alexandre.*

L'auteur de La Dame aux camélias *est né à Paris, le 27 juillet 1824. Il n'a été reconnu qu'en 1831 par son père, l'auteur des* Trois Mousquetaires, *qui était né, lui, à Villers-Cotterêts en 1802.*

Alexandre Dumas fils a une réelle admiration pour son père qui connaît de vrais succès de librairie et des triomphes sur la scène. Finalement, cet Alexandre Dumas père épouse une autre femme que la mère de son fils. D'où l'irritation de notre Alexandre. Ce dernier se console à demi en courant le guilledou jusqu'au jour où il rencontre une jeune et très belle courtisane, Marie Duplessis. Tous deux approchent de la vingtième année et se livrent à des folies.

Dans ses moments de réflexion, Alexandre envisage le profit qu'il pourrait tirer de sa propre aventure : il relit Manon Lescaut, *et rompt avec Marie Duplessis. Sur ces entrefaites, la tuberculose pulmonaire dont souffrait la courtisane s'aggrave. Pour se construire une existence régulière, celle-ci s'exile en Angleterre où elle épouse le comte de Pérégaux. De son côté, Alexandre Dumas fils part en voyage avec son père. Le calme est revenu dans les âmes. Pas pour longtemps : le 3 février 1847, Marie Duplessis meurt à Paris.*

En fait, à peine enterrée au cimetière Montmartre, elle renaissait dans le roman qu'Alexandre Dumas fils, son véritable amour de cœur, met sur le chantier : elle s'appellera désormais Marguerite Gautier. Il se donne, lui, le nom d'Armand Duval.

Manon Lescaut, Carmen, La Dame aux camélias, *voilà le triptyque des romans d'amour de notre littérature.*

M. T.

LE SERMENT

Notre nouvelle vie se composait d'une série d'enfantillages charmants pour nous, mais insignifiants pour ceux à qui je les raconterais. Vous savez ce que c'est que d'aimer une femme, vous savez comment s'abrègent les journées, et avec quelle amoureuse paresse on se laisse porter au lendemain. Vous n'ignorez pas cet oubli de toutes choses, qui naît d'un amour violent, confiant et partagé. Tout être qui n'est pas la femme aimée semble un être inutile dans la création. On regrette d'avoir déjà jeté des parcelles de son cœur à d'autres femmes, et l'on n'entrevoit pas la possibilité de presser jamais une autre main que celle que l'on tient dans les siennes. Le cerveau n'admet ni travail ni souvenir, rien enfin de ce qui pourrait le distraire de l'unique pensée qu'on lui offre sans cesse. Chaque jour on découvre dans sa maîtresse un charme nouveau, une volupté inconnue.

...Souvent nous allions, la nuit venue, nous asseoir sous le petit bois qui dominait la maison. Là nous écoutions les gaies harmonies du soir, en songeant tous deux à l'heure prochaine qui allait nous laisser jusqu'au lendemain dans les bras l'un de l'autre. D'autres fois nous restions couchés toute la journée, sans laisser même le soleil pénétrer dans notre chambre. Les rideaux étaient hermétiquement fermés, et le monde extérieur s'arrêtait un moment pour nous. Nanine seule avait le droit d'ouvrir notre porte, mais seulement pour apporter nos repas ; encore les prenions-nous sans nous lever, et en les interrompant sans cesse de rires et de folies. A cela succédait un sommeil de quelques instants, car disparaissant dans notre amour, nous étions comme deux plongeurs obstinés qui ne reviennent à la surface que pour reprendre haleine.

Cependant je surprenais des moments de tristesse

et quelquefois même des larmes chez Marguerite ; je lui demandais d'où venait ce chagrin subit, et elle me répondait : « Notre amour n'est pas un amour ordinaire, mon cher Armand. Tu m'aimes comme si je n'avais jamais appartenu à personne, et je tremblais que plus tard, te repentant de ton amour et me faisant un crime de mon passé, tu ne me forces à me rejeter dans l'existence au milieu de laquelle tu m'as prise. Songe que maintenant que j'ai goûté d'une nouvelle vie, je mourrais en reprenant l'autre. Dis-moi donc que tu ne me quitteras jamais.

– Je te le jure ! »

A ce mot, elle me regardait comme pour lire dans mes yeux si mon serment était sincère, puis elle se jetait dans mes bras, et cachant sa tête dans ma poitrine, elle me disait : « C'est que tu ne sais pas combien je t'aime ! »

(*La Dame aux camélias*)

Jules VERNE

(1828-1905)

« Jusqu'à ces dernières années, pour les auteurs d'histoires de la littérature, Jules Verne écrivait pour les enfants. C'était un auteur de distribution de prix... ». Telle est la première phrase par laquelle Paul Guth ouvre son chapitre sur Jules Verne dans sa monumentale Histoire de la littérature française. *Et de démontrer par la suite que cet écrivain intéresse les lecteurs de tous les âges.*

Né en 1828, en plein romantisme, il aurait pu céder aux influences multiples des géants de l'époque, Chateaubriand, Lamartine, Balzac, George Sand, Musset. Au lieu de cela, il révolutionne, à partir de 1851 (il n'a que vingt-trois ans), le domaine de l'inspiration romanesque, avec Un Voyage en ballon, *réalisant l'alliage des découvertes scientifiques et de l'invention littéraire. Des poètes, comme Vigny, avaient tenté de marier science et poésie, certes très timidement. Jules Verne, lui, se jette dans cette voie nouvelle avec d'autant plus de vigueur qu'il refuse de reprendre l'étude d'avoué paternelle, bien qu'il vienne de passer son doctorat en* droit. L'itinéraire de ce voyage aérien ne le conduit pas au succès. Le thème était sans doute trop neuf, et les esprits mal préparés. Jules Verne cherche un chemin de traverse : pour vivre, il accepte des secrétariats, et s'essaie au théâtre. Là encore, échec ; il végète dans une bohème assez piteuse jusqu'au jour où il rencontre l'éditeur Hetzel. Cet homme, qui écrit d'innombrables romans de midinettes sous le pseudonyme de P.J. Stahl, entre tout à fait dans le programme des *Voyages extraordinaires*, et Jules Verne reprend le thème de la conquête de l'air : douze ans après *Un Voyage en ballon*, *Cinq semaines en ballon* remporte un succès extraordinaire. Le livre est traduit dans le monde entier. Hetzel et Jules Verne signent un contrat pour vingt ans.

Dès lors, Jules Verne se laisse guider par son intime conviction que « tout ce qu'un homme est capable d'imaginer, d'autres hommes seront capables de le réaliser ».

Vingt Mille Lieues sous les mers triomphe, et, comme on entre dans la guerre de 70, Jules Verne voudrait s'engager dans la marine ! Les journaux les plus importants comprennent vite que ce magicien du *suspense* serait un atout pour la vente. *Le Tour du monde en 80 jours* paraît dans *Le Temps*, en 1873, et quand *Le Journal des débats* publie en feuilleton *Le Voyage dans la lune*, son tirage triple ! Nous qui avons vécu la réalisation de cette prouesse, nous sommes encore, un siècle après, tout émerveillés que des banquiers aient proposé au romancier de financer un véritable voyage dans la lune s'il estimait pouvoir l'organiser un jour – des clients s'inscrivent !

Si un écrivain a su profiter de sa fortune, c'est bien Jules Verne : lui qui, à trente ans, avait tout fait pour pouvoir visiter le plus grand paquebot du monde, le « Great Eastern », s'offrira, dix ans plus tard, la traversée de l'Atlantique sur ce fameux bateau. La *cinquantaine venue, propriétaire d'un yacht, avec dix hommes d'équipage, trois mécaniciens, un cuisinier, il croisera en Méditerranée d'abord, puis en Écosse, en mer du Nord, en Baltique, et Hetzel, son éditeur, sera son invité d'honneur.*

Après la guerre de 70, il s'est installé à Amiens. Ses nouveaux concitoyens l'élisent conseiller municipal. A la petite gloire locale se mêle un incident bizarre : un de ses neveux, jeune détraqué, lui tire dessus, et l'estropie légèrement, le laissant boiteux... L'attaque du temps est plus perfide encore : Jules Verne subit une paralysie faciale. Le surmenage en est sans doute la cause principale. Il ne consent point pour autant au repos complet dont il aurait le plus grand besoin. En 1904, cinq ouvrages ! Et dans les trois mois de 1905, de janvier à mars : L'Invasion de la mer *et* Le Phare du bout du monde. *Il s'éteint le 24 mars.*

Quelques instants avant de mourir, il paraît qu'il aurait dit à ses familiers : « Soyez bons ». C'est en pensant à cette sensibilité généreuse que j'ai choisi le passage de L'Ile mystérieuse *où l'ingénieur Cyrus Smith – auquel Jules Verne a prêté plus d'un trait – dit à l'inconnu trouvé sauvage dans l'île : « Te voilà donc redevenu homme puisque tu pleures ». Et Jules Verne d'ajouter : « Oui ! le malheureux avait pleuré !... Il s'était refait homme par les larmes ». Cette insistance m'a ému.*

M. T.

L'ÎLE MYSTÉRIEUSE

Ce jour-là était le 30 octobre, et, par conséquent, il y avait neuf jours que le naufragé de l'île Tabor était prisonnier à Granit-house... Cyrus Smith et Pencroff allèrent à la chambre occupée par l'inconnu qu'ils trouvèrent couché près de la fenêtre et regardant le ciel. « Venez, mon ami », lui dit l'ingénieur. L'inconnu se leva aussitôt.

En quelques instants tous furent réunis sur la grève. Les colons s'éloignèrent un peu de l'inconnu, de manière à lui laisser quelque liberté. Celui-ci fit quelques pas, en s'avançant vers la mer, et son regard brilla avec une animation extrême, mais il ne chercha nullement à s'échapper.

– Ce n'est encore que la mer, fit observer Gédéon Spilett, et il est possible qu'elle ne lui inspire pas le désir de s'enfuir.

– Oui, répondit Cyrus Smith, il faut le conduire sur la lisière de la forêt. Là, l'expérience sera plus concluante.

– D'ailleurs, il ne pourra pas s'échapper, fit observer Nab, puisque les ponts sont relevés.

– Oh ! fit Pencroff, c'est bien là un homme à s'embarrasser d'un ruisseau comme le Creek-Glycérine ! Il aurait vite fait de le franchir, même d'un seul bond !

– Nous verrons bien, se contenta de répondre Cyrus Smith dont les yeux ne quittaient pas ceux de son malade...

Arrivé à l'endroit où croissaient les premiers beaux arbres de la forêt, dont la brise agitait légèrement le feuillage, l'inconnu parut humer avec ivresse cette senteur pénétrante qui imprégnait l'atmosphère, et un long soupir s'échappa de sa poitrine.

Les colons se tenaient en arrière, prêts à le retenir, s'il eût fait un mouvement pour s'échapper.

Et, en effet, le pauvre être fut sur le point de s'élancer dans le creek qui le séparait de la forêt, et ses jambes se détendirent un instant comme un ressort... Mais presque aussitôt, il se replia sur lui-même, il s'affaissa à demi, et une grosse larme coula sur ses yeux.

– Ah ! s'écria Cyrus Smith, te voilà donc redevenu homme, puisque tu pleures !

Oui, le malheureux avait pleuré ! Quelque souvenir, sans doute, avait traversé son esprit, et, suivant l'expression de Cyrus Smith, il s'était refait homme par les larmes.

SULLY PRUDHOMME

(1839-1907)

Les vers de Sully Prudhomme sont de ceux qu'on a envie, souvent, d'apprendre par cœur. Son langage a cette simplicité qui va directement de la plume à notre âme. Ces poésies datent de ses années de jeunesse : Stances et poèmes *(1865) ;* Les Épreuves *(1866) ;* Les Solitudes *(1869).*

Les historiens de la littérature ont été ingrats, donc injustes, envers lui. Mais il est vrai que Sully Prudhomme a fourni lui-même des arguments pour sa propre critique : dans son ambition d'échapper à l'influence du Parnasse, notre poète se souvint, dans son âge mûr, qu'il avait été ingénieur aux usines du Creusot, et l'idée le hanta de marier le progrès scientifique à la nouvelle poésie. Peut-être pensait-il aussi à un autre poète de son siècle, Alfred de Vigny, qui s'y était essayé, au moins dans son célèbre poème de La Maison du berger *:*

Sur le taureau de fer qui fume, souffle et beugle,
L'homme a monté trop tôt…

Mais il faut triompher du temps et de l'espace,
Arriver ou mourir...
L'or pleut sous les charbons de la vapeur qui passe
...mais aucun n'est le maître
Du dragon rugissant qu'un savant a fait naître...

C'était bien là un encouragement à ce mariage de la technique et de la poésie ! Pourquoi ne pas lâcher Leconte de Lisle pour l'auteur de La Maison du berger *? Sully Prudhomme s'élança dans cette voie. Cela nous valut en 1878 le poème de « La Justice », et, en 1888, celui du « Bonheur ». Mais n'est pas Vigny qui veut ! Sully Prudhomme a torturé son esprit pour définir des phénomènes bien naturels : dans « Le Bonheur », Ampère fait de la foudre*

un aimant
Et dans sa vitesse fidèle
Prépare à sa pensée une aile
Qui ceint la Terre en un moment.

L'audace de ce lien entre poésie et science a séduit les notables de l'époque ; ils ont proposé à l'Académie suédoise Sully Prudhomme pour le prix Nobel de Littérature. En 1902, grâce à lui, la France est montée sur ce podium international si convoité. Hélas ! les honneurs ont aussi parfois leur revers : il n'est pas impossible que ce prix Nobel ait attaché à l'auteur du « Bonheur » la fâcheuse étiquette de poète officiel.

La science lui aura donc, en définitive, joué un vilain tour, en faisant oublier qu'il avait été d'abord un poète du cœur digne de figurer dans une anthologie de la littérature française.

M. T.

LES YEUX

Bleus ou noirs, tous aimés, tous beaux,
Des yeux sans nombre ont vu l'aurore ;
Ils dorment au fond des tombeaux,
Et le soleil se lève encore.

Les nuits plus douces que les jours
Ont enchanté des yeux sans nombre ;
Les étoiles brillent toujours
Et les yeux se sont remplis d'ombre.

Oh ! qu'ils aient perdu le regard,
Non, non, cela n'est pas possible !
Ils se sont tournés quelque part
Vers ce qu'on nomme l'invisible ;

Et comme les astres penchants
Nous quittent, mais au ciel demeurent,
Les prunelles ont leurs couchants,
Mais il n'est pas vrai qu'elles meurent :

Bleus ou noirs, tous aimés, tous beaux,
Ouverts à quelque immense aurore,
De l'autre côté des tombeaux
Les yeux qu'on ferme voient encore.

L'ÉTOILE ET LE POÈTE

Chacune de nous est très loin
Des sœurs dont tu la crois voisine :
Sa clarté caressante et fine
Dans sa patrie est sans témoin ;

Et l'intime ardeur de ses flammes
Expire aux cieux indifférents.
Je leur ai dit : « Je vous comprends !
Car vous ressemblez à des âmes.

Ainsi que vous, chacune luit
Loin des sœurs qui semblent près d'elle.
Et la solitaire immortelle
Brûle en silence dans la nuit. »

(*Stances et poèmes*)

Émile ZOLA

(1840-1902)

Lorsque Zola écrit son premier roman, après 1860, deux noms s'imposent à lui, Balzac et Victor Hugo. Le premier est mort depuis une dizaine d'années ; le second vit en exil, mais son audience n'en est que plus vive, si l'on en juge par le triomphe des Misérables *en 1862. Les grandes œuvres obligent un jeune auteur à se chercher ; Zola suit le chemin normal : poésies et contes d'abord, avant le roman. Il lui faut aussi gagner sa vie dans des emplois modestes, copiste aux docks de la Douane, commis aux expéditions chez Hachette, puis chef de la publicité, enfin journaliste à part entière à partir de 1866. Sa décision, en tout cas, sera nette : « Ne pas faire comme Balzac. S'attacher moins aux personnages qu'aux groupes, aux milieux sociaux ».*

Dès qu'il s'est assuré d'une situation matérielle, il conçoit le plan d'une œuvre gigantesque, « l'histoire naturelle et sociale d'une famille sous le Second Empire ». Ce sera la série des Rougon-Macquart, *qui comprendra vingt et un romans. Parmi ces romans, j'ai choisi pour un extrait* Au bonheur des dames, *où Zola veut « faire le poème de l'activité moderne ». Son principe : « Agir, créer, se battre contre les faits, les vaincre ou être vaincu par eux, toute la joie et toute la santé humaine est là ».*

Zola connaissait le succès. Il achète une villa dans les environs de Paris, à Médan. C'est là qu'il réunit ses amis de l'école naturaliste. *D'où la publication, en 1880, d'un livre en commun, sous le titre* Les Soirées de Médan, *notamment avec Maupassant et Huysmans.*

Avec son habituelle franchise de langage, il révèle son but d'écrivain : « Montrer la joie de l'action et le plaisir de l'existence ; il y a certainement des gens heureux de vivre, dont les jouissances ne ratent pas et qui se gorgent de bonheur et de succès... »

*Cet accent tonique lui attire d'innombrables lecteurs. Après la défaite de 1870, la France avait opéré un redressement d'une étonnante énergie. Le héros d'*Au bonheur des dames, *Octave Mouret, affirme bien haut que « l'action contient en elle sa récompense ».*

*Une telle attitude dynamique va de pair avec une morale active : elle incite Zola à prendre parti pour Dreyfus ; son article de l'*Aurore, *intitulé « J'accuse », restera un des documents majeurs dans l'histoire de cette injustice qui sépara, un moment, la France en deux clans. Son courage lui valut d'abord une condamnation et la radiation de la Légion d'honneur. Zola s'exila prudemment en Angleterre et réintégra son pays après la réhabilitation du capitaine Dreyfus.*

Deux années plus tard, il devait mourir, asphyxié dans sa chambre. Anatole France prononça l'oraison funèbre et rendit hommage au citoyen courageux ainsi qu'à l'écrivain. On peut dire que c'est l'un et l'autre que les Français conduisirent au Panthéon en 1908.

M. T.

LE MAÎTRE DE LA PUBLICITÉ

La grande puissance était surtout la publicité. Mouret en arrivait à dépenser par an trois cent mille francs de catalogues, d'annonces et d'affiches. Pour sa mise en vente des nouveautés d'été, il avait lancé deux cent mille catalogues, dont cinquante mille à l'étranger, traduits dans toutes les langues. Maintenant, il les faisait illustrer de gravures, il les accompagnait même d'échantillons, collés sur les feuilles. C'était un débordement d'étalages, le *Bonheur des Dames* sautait aux yeux du monde entier, envahissait les murailles, les journaux, jusqu'aux rideaux des théâtres. Il professait que la femme est sans force contre la réclame, qu'elle finit fatalement par aller au bruit. Du reste, il lui tendait des pièges plus savants, il l'analysait en grand moraliste. Ainsi, il avait découvert qu'elle ne résistait pas au bon marché, qu'elle achetait sans besoin, quand elle croyait conclure une affaire avantageuse ; et, sur cette observation, il basait son système des diminutions de prix, il baissait progressivement les articles non vendus, préférant les vendre à perte, fidèle au principe du renouvellement rapide des marchandises. Puis, il avait pénétré plus avant dans le cœur de la femme, il venait d'imaginer les « rendus », un chef-d'œuvre de séduction jésuitique. « Prenez toujours, madame, vous nous rendrez l'article, s'il cesse de vous plaire ». Et la femme, qui résistait, trouvait là une dernière excuse, la possibilité de revenir sur une folie : elle prenait, la conscience en règle. Maintenant, les rendus et la baisse des prix entraient dans le fonctionnement classique du nouveau commerce.

Mais où Mouret se révélait comme un maître sans rival, c'était dans l'aménagement intérieur des magasins. Il posait en loi que pas un coin du *Bonheur des Dames* ne devait rester désert ; partout, il exigeait du bruit, de la foule, de la vie ; car la vie, disait-il, attire la vie, enfante et pullule. De cette loi, il tirait toutes sortes d'applications. D'abord, on devait s'écraser pour entrer, il fallait que, de la rue, on crût à une émeute ; et il obtenait cet écrasement en mettant sous la porte les soldes, des casiers et des corbeilles débordant d'articles à vil prix ; si bien que le menu peuple s'amassait, barrait le seuil, faisait penser que les magasins craquaient de monde, lorsque souvent ils n'étaient qu'à demi pleins. Ensuite, le long des galeries, il avait l'art de dissimuler les rayons qui chômaient, par exemple les châles en été et les indiennes en hiver ; il les entourait de rayons vivants, les noyait dans un vacarme. Lui seul avait encore imaginé de placer au deuxième étage les comptoirs des tapis et des meubles, des comptoirs où les clientes étaient plus rares, et dont la présence au rez-de-chaussée aurait creusé des trous vides et froids. S'il en avait découvert le moyen, il aurait fait passer la rue au travers de sa maison.

(*Au bonheur des dames*)

Alphonse DAUDET

(1840-1897)

Cette légende de l'homme à la cervelle d'or restera sans doute l'œuvre la plus secrète d'Alphonse Daudet : je veux dire celle qui traduit avec le plus d'intensité son angoisse d'adolescent voué à la misère. Là, il se libère de son complexe de pauvre qui rêve au miracle de la fortune. Sa plainte est toute voilée de pudeur, et même, par instants, masquée d'humour noir. Elle sera plus directe quand il publiera, en 1868, Le Petit Chose.

Peu d'écrivains auront su, autant que lui, maîtriser leur colère contre un destin hostile pendant la jeunesse : né à Nîmes, aimant la Provence de toute son âme, il en est chassé par la ruine de son père, et, bien qu'il obtienne une bourse pour un collège de Lyon, il est contraint, à l'âge de seize ans, de s'engager comme pion au collège d'Alès. « Pion et martyr ».

Quatre ans plus tard, il publie à Paris un recueil de poésies : Amoureuses, *qui lui vaudra l'estime de quelques amis bien en cour et celle de l'impératrice Eugénie. Grâce à elle, il devient troisième secrétaire du duc de Morny, ministre d'État. Aide-toi, le ciel t'aidera ; le ciel l'a entendu.*

Alphonse Daudet a vingt ans ; il est beau ; il est intelligent, sensible ; mais, hélas ! la misère ne l'a pas protégé, au contraire, de la maladie si commune à l'époque, la tuberculose pulmonaire. Les médecins l'enverront tour à tour en Algérie, en Corse, puis lui conseilleront la Provence, dont le climat physique et moral lui convient.

En Provence, il est accueilli par une cousine de son père, Mme Ambroy ; elle lui ouvre un vieux moulin, près de Fontvieille. Il se lie d'amitié avec le fils de son hôtesse, Timoléon Ambroy, vigneron, vrai conteur méridional. Alphonse métamorphose chacune des histoires qu'on lui raconte en lettres extraordinaires. L'une d'elles, L'Arlésienne, *fera sa fortune et lui assurera sa gloire.*

C'est encore un hasard dû à la poésie qui lui fait rencontrer la jeune fille d'un industriel : celle-ci se trouvait dans une loge à la Comédie-Française ; au cours du spectacle, elle découvrit au bout de sa lorgnette un homme jeune et beau. Enfant gâtée, elle s'enquiert de lui ; elle apprend qu'il est poète, et qu'il écrit dans les journaux. Alphonse ignore, lui, que Mlle Julia Allard a publié, sous un pseudonyme, un volume de poésies. C'est le coup de cœur quand il l'apprend ! Le mariage a lieu en janvier 1867. Julia collabore tout de suite avec son mari. On publie livre sur livre, sans succès. La guerre de 70-71 ne favorise guère la littérature. En 1872, Tartarin de Tarascon *déplaît. La même année, un drame, joué à l'Ambigu, échoue. Et, comble d'insuccès, le spectacle de* L'Arlésienne *ne retient, dans sa première apparition, ni les yeux ni les oreilles.*

Le ménage Daudet-Julia se console en remplissant des fonctions journalistiques, lui critique dramatique, elle critique littéraire au Journal Officiel.

La réussite commerciale ne viendra qu'en 1874, avec la publication du roman Fromont jeune et Risler aîné.

Insidieusement, la maladie pulmonaire a gagné d'année en année, et la tuberculose se développe sous forme de rhumatismes. Dans ces conditions, Alphonse Daudet se refuse de batailler pour l'Académie française ; il préfère se laisser dorloter par les frères Goncourt qui se proposent, en 1896, de fonder leur propre académie. Daudet doit en effet en faire partie. Hélas ! il mourra en 1897, atteint d'un cancer de la moelle épinière.

La postérité a corrigé les maladresses de la vie : en 1885, on reprendra L'Arlésienne *à l'Odéon, auréolée de la musique de Bizet, et, en 1941, on fêtera la trois millième représentation. Tous les autres ouvrages suivront sur cette route du succès.*

Peut-être pourrait-on insinuer que l'homme à la cervelle d'or, c'était lui, Alphonse Daudet ? Les dernières lignes du conte n'ont-elles pas une résonance douloureuse et prophétique ?

M. T.

L'HOMME A LA CERVELLE D'OR

Il était une fois un homme qui avait une cervelle d'or ; oui, madame, une cervelle toute en or. Lorsqu'il vint au monde, les médecins pensaient que cet enfant ne vivrait pas, tant sa tête était lourde et son crâne démesuré. Il vécut cependant et grandit au soleil comme un beau plant d'olivier ; seulement sa grosse tête l'entraînait toujours, et c'était pitié de le voir se cogner à tous les meubles en marchant... Il tombait souvent. Un jour, il roula du haut du perron et vint donner du front contre un degré de marbre, où son crâne sonna comme un lingot. On le crut mort, mais, en le relevant, on ne lui trouva qu'une légère blessure, avec deux ou trois gouttelettes d'or caillées dans ses cheveux blonds. C'est ainsi que les parents apprirent que l'enfant avait une cervelle en or.

La chose fut tenue secrète ; le pauvre petit lui-même ne se douta de rien. De temps en temps, il demandait pourquoi on ne le laissait plus courir devant la porte avec les garçonnets de la rue.

« On vous volerait, mon beau trésor ! », lui répondait sa mère.

Alors le petit avait grand'peur d'être volé ; il retournait jouer tout seul, sans rien dire, et se trimbalait lourdement d'une salle à l'autre....

A dix-huit ans seulement, ses parents lui révélèrent le don monstrueux qu'il tenait du destin ; et, comme ils l'avaient élevé et nourri, jusque-là, ils lui demandèrent en retour un peu de son or. L'enfant n'hésita pas ; sur l'heure même – comment ? par quels moyens ? la légende ne l'a pas dit –, il s'arracha du crâne un morceau d'or massif, un morceau gros comme une noix, qu'il jeta fièrement sur les genoux de sa mère... Puis, tout ébloui des richesses qu'il portait dans la tête, fou de désirs, ivre de sa puissance, il quitta la maison paternelle et s'en alla par le monde en gaspillant son trésor.

Du train dont il menait sa vie, royalement, et semant l'or sans compter, on aurait dit que sa cervelle était inépuisable... Elle s'épuisait cependant, et à mesure on pouvait voir les yeux s'éteindre, la joue devenir plus creuse. Un jour, enfin, au matin d'une débauche folle, le malheureux, resté seul parmi les débris du festin et les lustres qui pâlissaient, s'épouvanta de l'énorme brèche qu'il avait déjà faite à son lingot : il était temps de s'arrêter.

Dès lors, ce fut une existence nouvelle. L'homme à la cervelle d'or s'en alla vivre, à l'écart, du travail de ses mains, soupçonneux et craintif comme un avare, fuyant les tentations, tâchant d'oublier lui-même ces fatales richesses auxquelles il ne voulait plus toucher... Par malheur, un ami l'avait suivi dans sa solitude, et cet ami connaissait son secret.

Une nuit, le pauvre homme fut réveillé en sursaut par une douleur à la tête, une effroyable douleur ; il se dressa éperdu, et vit, dans un rayon de lune, l'ami qui fuyait en cachant quelque chose sous son manteau...

(*Lettres de mon moulin*)

François COPPÉE

(1842-1908)

La poésie recèle le pouvoir assez singulier d'assurer à un auteur sa place privilégiée dans notre mémoire. Qui ne se souvient du premier quatrain du fameux sonnet de Félix Arvers ?

Mon âme a son secret, ma vie a son mystère ;
Un amour éternel en un moment conçu ;
Le mal est sans espoir, aussi j'ai dû le taire,
Et celle qui l'a fait n'en a jamais rien su.

Arvers est né en 1806 ; il est mort en 1850 ; il a écrit de nombreuses pièces de théâtre, et il est l'auteur de poésies qu'il a publiées en 1839 sous le titre Mes Heures perdues. *Dans le même temps paraissaient* Les Harmonies poétiques et religieuses *de Lamartine,* Les Feuilles d'automne *de Victor Hugo, des poésies de Vigny et de Musset, etc. Aux uns et aux autres, nos historiens de la littérature font large place, évidemment, mais, comme s'ils s'étaient donné le mot, ils ne citent de Félix Arvers que ce sonnet, voire le seul premier vers. Certes, Paul Guth qualifie ce sonnet de « Marseillaise des amoureux transis » ;*

cependant, lui aussi, se borne à rappeler le seul premier vers.

Lorsque je songeai à évoquer la présence de François Coppée dans notre anthologie, un vers de ce poète chanta aussitôt dans ma mémoire :

Est-ce que les oiseaux se cachent pour mourir ?

Depuis l'adolescence, cette interrogation inquiète hantait non seulement mon souvenir, mais mon âme d'ami des bêtes. Que de fois, l'hiver, soit en ville soit dans les champs, je m'étais posé la question sous la forme si simple que le poète avait choisie pour construire son alexandrin !

Je décidai de ne pas m'en tenir à ce vers qui terminait le dizain de François Coppée. Celui-ci avait en effet composé une série de poésies, Promenades et intérieurs. *Poésies au ton familier, exemptes d'emphase littéraire, qui ont retenu l'attention de ses contemporains. Un événement extérieur y ajouta la curiosité théâtrale : François Coppée eut la bonne surprise de voir l'un de ses drames en vers,* Le Passant, *interprété par une actrice en son premier éclat, Sarah Bernhardt.*

La célébrité de l'actrice éclipsa, dans le temps, celle de son premier poète dramatique. Les drames en vers de François Coppée, Severo Torelli, Le Passant, Pour la Couronne, *ont été enterrés dans un oubli profond au profit des œuvres d'Edmond Rostand, où triomphait également Mme Sarah Bernhardt, à vingt-cinq années d'intervalle.*

J'ai donc repris Promenades et intérieurs, *publiés en 1872. Sans doute, après* L'Année terrible, *de Hugo, la douceur des sentiments traduite en mots de tous les jours a-t-elle trouvé le chemin des cœurs meurtris par la violence de la guerre et de la Commune. Et le public plus tatillon des intellectuels n'avait pas encore été accroché par les trouvailles abstraites d'un Mallarmé. Ce dernier, tout à fait contemporain de François Coppée puisqu'il était, comme lui, né en 1842, ne se révéla que plus tard, dans son salon mondain de la rue de Rome où fréquentèrent Huysmans, Henri de Régnier, puis Paul Claudel, Gide, Valéry...*

Qu'il me suffise de juxtaposer ici le quatrain de Mallarmé décrivant l'éventail de sa fille :

Le sceptre des rivages roses
Stagnant sur les soirs d'or, ce l'est,
Ce blanc vol fermé que tu poses
Contre le feu d'un bracelet.

... et l'on comprendra ce que j'entends par simplicité *ou* préciosité. *François Coppée peut symboliser la simplicité, Mallarmé la préciosité. Il faut de l'un et de l'autre pour faire une bonne littérature, surtout s'il s'agit de la littérature française.*

M. T.

LES OISEAUX

Le soir, au coin du feu, j'ai pensé bien des fois
A la mort d'un oiseau, quelque part, dans les bois.
Pendant les tristes jours de l'hiver monotone,
Les pauvres nids déserts, les nids qu'on abandonne,
Se balancent au vent sous un ciel gris de fer.
Ah ! comme les oiseaux doivent mourir l'hiver !
Pourtant, lorsque viendra le temps des violettes,
Nous ne trouverons pas leurs délicats squelettes
Dans le gazon d'avril où nous irons courir.
Est-ce que les oiseaux se cachent pour mourir ?

PARIS

C'est vrai, j'aime Paris d'une amitié malsaine ;
J'ai partout le regret des vieux bords de la Seine.
Devant la vaste mer, devant les pics neigeux,
Je rêve d'un faubourg plein d'enfance et de jeux,
D'un coteau tout pelé d'où ma Muse s'applique
A noter les tons fins d'un ciel mélancolique,
D'un bout de Bièvre, avec quelques champs oubliés,
Où l'on tend une corde aux troncs des peupliers
Pour y faire sécher la toile et la flanelle,
Ou d'un coin pour pêcher dans l'île de Grenelle.

(*Promenades et intérieurs*)

Charles CROS

(1842-1888)

J'aurais pu choisir un petit poème comique, « Le Hareng saur », qui commence ainsi :

Il était un grand mur blanc, nu, nu, nu,
Contre le mur une échelle, haute, haute, haute,
Et par terre, un hareng saur, sec, sec, sec...

On devine aisément les effets que pourrait en tirer un diseur de café-théâtre. Mais Charles Cros, né dans l'Aude, à Fabrezan, en 1842, n'était pas un acteur. Son esprit s'est tourné vers les utilisations pratiques de la photographie : à l'âge de vingt-sept ans, il invente l'impression en couleur en même temps qu'un certain Louis Ducos de Hauron, de dix ans son aîné. Le phénomène de la reproduction sonore le passionne aussi ; et, dès 1877, il imagine le phonographe, qu'il nomme le paléophone. *Dans le même temps, et sans avoir connaissance de cette découverte, l'Américain Edison réalisera une machine analogue. Il semble que ce soit Charles Cros qui ait la priorité.*

Mais Charles Cros cultive plutôt son humour que son esprit scientifique : il adhère au club des « Zutis-

tes », prêts à rire de tout de peur d'être obligés d'en pleurer. Ces décadents, en marge du romantisme, se groupent à Paris autour du Chat noir, *un cabaret où fréquentent les* Hydropathes *et les* Hirsutes. *Pour corriger sa réputation de fantaisiste, Cros publie en 1873* Le Coffret de santal, *un coffret de poésies ciselées.*

Finalement il doit sa survie à ses qualités de savant inventeur plus qu'à ses vers. Quelques décennies après sa mort, on a créé en son honneur une Académie Charles-Cros : celle-ci décerne chaque année des prix aux meilleurs disques. Qui donc associe alors le nom de notre poète à celui de l'humoriste féroce dont l'invention a enrichi le secteur de la reproduction des sons ?

A partir de ce phénomène magique, le poète-savant peut construire sa théorie de l'étonnement des humains en face du progrès. Qu'adviendra-t-il au-delà des inventions les plus inattendues du progrès scientifique ?

Ne serait-ce pas l'interrogation malicieuse que formule Charles Cros sous la carapace du monologue intitulé « Autrefois » ?

Charles Cros se situe dans la lignée de Jules Renard et de Jarry. La littérature aura toujours besoin de ces stylistes qui cultivent l'humour comme un élément indispensable de notre hygiène mentale.

M. T.

AUTREFOIS

Il y a longtemps – mais longtemps ce n'est pas assez pour vous donner l'idée... Pourtant, comment dire mieux ?

Il y a longtemps, longtemps, longtemps ; mais longtemps, longtemps.

Alors, un jour... non, il n'y avait pas de jour, ni de nuit. Alors, une fois, mais il n'y avait... Si, une fois, comment voulez-vous parler ? Alors il se mit dans la tête (non, il n'y avait pas de tête), dans l'idée... Oui, c'est bien cela, dans l'idée de faire quelque chose.

Il voulait boire. Mais boire quoi ? Il n'y avait pas de vermouth, pas de madère, pas de vin blanc, pas de vin rouge, pas de bière Dréher, pas de cidre, pas d'eau ! C'est que vous ne pensez pas qu'il a fallu inventer tout ça, que ce n'était pas encore fait, que le progrès a marché. Oh ! le progrès !

Ne pouvant pas boire, il voulait manger. Mais manger quoi ? Il n'y avait pas de soupe à l'oseille, pas de turbot sauce aux câpres, pas de rôti, pas de pommes de terre, pas de bœuf à la mode, pas de poires, pas de fromage de Roquefort, pas d'indigestion, pas d'endroits pour être seul... Nous vivons dans le progrès ! Nous croyons que ça a toujours existé, tout ça !

Alors ne pouvant ni boire, ni manger, il voulut chanter (*gaiement*), chanter. Chanter (*triste*) oui, mais chanter quoi ? Pas de chansons, pas de romances, *mon cœur* ! *petite fleur* ! Pas de cœur, pas de fleur, pas de *laï-tou* : *tu t'en ferais claquer le système* ! Pas d'air pour porter la voix, pas de violon, pas d'accordéon, pas d'orgue (*geste*) pas de piano ! Vous savez pour se faire accompagner par la fille de sa concierge ; pas de concierge ! Oh ! le progrès !

Peux pas chanter ; impossible ? Eh bien, je vais danser. Mais danser où ? Sur quoi ? Pas de parquet ciré, vous savez, pour tomber. Pas de soirées avec des lustres, des girandoles aux murs qui vous jettent de la bougie dans le dos des verres, des sirops qu'on renverse sur les robes ! Pas de robes ! Pas de danseuses pour porter les robes ! Pas de pères ronfleurs, pas de mères couperosées pour empêcher de danser en rond.

Alors pas boire, pas manger, pas chanter, pas danser. Que faire ? – Dormir ! Eh bien, je vais dormir. Dormir, mais il n'y avait pas de nuit, pas de ces moments qui ne veulent pas passer (vous savez qu'on bâille (*il bâille*), qu'on bâille, qu'on bâille le soir).

Il n'y avait pas de soir, pas de lit, pas d'édredons, pas de couvre-pieds piqué, pas de boule d'eau chaude, pas de table de nuit, pas de… assez ! Oh ! le progrès !

Alors il voulut aimer ! Il se dit : je vais me mettre amoureux ; je soupirerai ; c'est une distraction ; je serai même jaloux : je battrai ma… Ma quoi ? Battre quoi ? qui ? Être jaloux de quoi ? de qui ? amoureux de qui ? soupirer pour qui ? Pour une brune ? Il n'y avait pas de brunes. Pour une blonde ? Il n'y avait pas de blondes, ni de rousses ; il n'y avait pas même de cheveux ni de fausses nattes, puisqu'il n'y avait pas de femmes !

On n'avait pas inventé les femmes ! Oh ! le progrès !

Alors mourir ! Oui, il se dit (*résigné*) : Je veux mourir. Mourir comment ? Pas de canal Saint-Martin, pas de cordes, pas de revolvers, pas de maladies, pas de potions, pas de pharmaciens, pas de médecins !

Alors il ne voulut rien ! (*Plaintif*). Quelle plus malheureuse situation !… (*Se ravisant.*) Mais non, ne pleurez pas ! Il n'y avait pas de situation, pas de malheur. Bonheur, malheur, tout ça, c'est moderne !

La fin de l'histoire ? Mais il n'y avait pas de fin. On n'avait pas inventé de fin. Finir, c'est une invention, un progrès ! oh ! le progrès ! le progrès !

(*Le Coffret de Santal*)

Stéphane MALLARMÉ

(1842-1898)

« Un poème est un mystère dont le lecteur doit chercher la clef ». Voilà ce que Stéphane Mallarmé a déclaré lui-même à Edmond de Goncourt. C'est à la fois un attrait, celui d'un jeu, d'une devinette, mais en même temps un écueil. Si donc il existe un mystère dans l'art poétique de Mallarmé, au moins est-il défini par l'auteur : « Nommer un objet, dit-il, c'est supprimer les trois quarts de la jouissance du poème qui est faite du bonheur de deviner peu à peu : le suggérer, voilà le rêve ». On pense à ces dessins malicieux où l'œil doit chercher tel ou tel objet dissimulé habilement par l'artiste.

Reste à savoir s'il y a beaucoup de lecteurs excités par ce jeu. Et comment expliquer cette forme de création spirituelle chez un professeur, homme chargé, par son métier, d'exposer en clair *les sujets qu'il traite ?*

Ici se place, dès le départ de Mallarmé dans la vie, une sorte de croisée des chemins : orphelin de très bonne heure, à six ans, il passe sa jeunesse dans une pension, à Sens, loin de sa famille qui réside à Paris. Élève intelligent, replié sur lui-même, il est normal que naisse en son âme le besoin d'écrire. Mais écrire quoi ? La littérature offre l'abondance des chefs-d'œuvre : de Lamartine à Baudelaire, en passant par Hugo, Musset, Nerval, ne court-il pas le danger de devenir un pasticheur ? « Fuir, là-bas fuir ! » ; le cri lui échappe, après l'aveu : « ... j'ai lu tous les livres. » Pourtant, à dix-neuf ans, gorgé de Baudelaire et d'Edgar Poë, il cherche à publier un premier poème, Les Fenêtres, *où il clame son désir éperdu d'évasion :*

Je fuis et je m'accroche à toutes les croisées
D'où l'on tourne l'épaule à la vie, et, béni...
Je me mire et me vois ange ! et je meurs, et j'aime
– Que la vitre soit l'art, soit la mysticité –
A renaître, portant mon rêve en diadème,
Au ciel antérieur où fleurit la Beauté !

Avec son diplôme de professeur d'anglais, il va se plonger dans un bain britannique à Londres, et reviendra en France pour enseigner l'anglais au lycée de Tournon.

De loin, il collabore au Parnasse contemporain, *journal pour jeunes intellectuels. Les poèmes qu'il envoie, parmi lesquels « Les Fenêtres », « Brise marine », attirent sur lui l'attention des maîtres de l'Université. En quelques années il parcourt le périple qui, de Tournon à Besançon, de Besançon en Avignon, l'amène enfin à Paris. La capitale brille de tous les feux d'une après-guerre où l'esprit cherche à compenser par ses éclats créateurs la défaite des armes. Mallarmé a aussitôt trouvé des disciples dont il fait des amis. Célébré comme un novateur par Verlaine et Huysmans, il prend la tête du mouvement symboliste et tient salon chaque semaine avec Jules Laforgue, Barrès, Claudel, Gide, Valéry. En réalité, il s'oriente vers l'*hermétisme, *c'est-à-dire vers les régions dont* *nul ne peut franchir les frontières s'il n'est initié. Succès complet : Mallarmé conquiert la célébrité en faisant alliance avec la musique (l'*Après-Midi d'un faune, *poème favori de Debussy), par « le pouvoir de suggestion des sons ».*

*Quand il s'éteint subitement en 1898, retiré près de Fontainebleau, à cinquante-six ans, il a répondu à l'appel de l'*Azur, *c'est-à-dire du Rêve inexpliqué et inexplicable :*

Où fuir dans la révolte inutile et perverse ?
« Je suis hanté. » L'Azur ! L'Azur ! L'Azur !
[L'Azur !

Conscient de sa fin prochaine, il a rassemblé ses papiers personnels ; dans une lettre testamentaire aux siens, il leur demande de ne les communiquer à personne : « Dites qu'on n'y distinguerait rien, c'est vrai du reste, et vous, mes pauvres prostrés, les seuls être du monde capables à ce point de respecter toute une vie d'artiste sincère, croyez que ce devait être très beau ».

*Le 7 septembre 1898, L'*Écho de Paris *consacre un bel article nécrologique à Mallarmé : « Celui qui vient de mourir et que les jeunes gens avaient appelé durant sa vie le* Prince des poètes *– écrivait le chroniqueur – était vraiment un prince, de par sa nature élégante et hautaine... »*

Oui..., le prince de l'Énigme, et, reconnaissons-le, la cible n'était pas facile à atteindre.

M.T.

APPARITION

La lune s'attristait. Des séraphins en pleurs
Rêvant, l'archet aux doigts, dans le calme des fleurs
Vaporeuses, tiraient de mourantes violes
De blancs sanglots glissant sur l'azur des corolles.
C'était le jour béni de ton premier baiser.
Ma songerie aimant à me martyriser
S'enivrait savamment du parfum de tristesse
Que même sans regret et sans déboire laisse
La cueillaison d'un Rêve au cœur qui l'a cueilli.
J'errais donc, l'œil rivé sur le pavé vieilli
Quand avec du soleil aux cheveux, dans la rue
Et dans le soir, tu m'es en riant apparue
Et j'ai cru voir la fée au chapeau de clarté
Qui jadis sur mes beaux sommeils d'enfant gâté
Passait, laissant toujours de ses mains mal fermées
Neiger de blancs bouquets d'étoiles parfumées.

BRISE MARINE

La chair est triste, hélas ! et j'ai lu tous les livres.
Fuir ! là-bas fuir ! Je sens que des oiseaux sont ivres
D'être parmi l'écume inconnue et les cieux !
Rien, ni les vieux jardins reflétés par les yeux
Ne retiendra ce cœur qui dans la mer se trempe
O nuits ! ni la clarté déserte de ma lampe
Sur le vide papier que la blancheur défend
Et ni la jeune femme allaitant son enfant.
Je partirai ! Steamer balançant ta mâture,
Lève l'ancre pour une exotique nature !
Un Ennui, désolé par les cruels espoirs,
Croit encore à l'adieu suprême des mouchoirs !
Et, peut-être, les mâts, invitant les orages,
Sont-ils de ceux qu'un vent penche sur les naufrages
Perdus, sans mâts, sans mâts, ni fertiles îlots...
Mais, ô mon cœur, entends le chant des matelots !

VERLAINE

(1844-1896)

Dans une poésie qu'il écrit en 1875 (il vient de franchir la trentième année), Verlaine avoue :

J'ai la fureur d'aimer. Mon cœur si faible est fou.

Le vers résume bien la vie de ce poète, dont il est difficile de parler équitablement, tant ses dérèglements détonnent avec les élans de pureté de ses chants.

Né en 1844, dans une famille bourgeoise, Paul Verlaine a été la victime de ce cœur faible et fou : à vingt-six ans il épouse une adolescente de seize ans, Mathilde Mauté de Fleurville. Mais ce « tendre bonheur d'une paix sans victoire » sera renversé soudain par une rencontre inattendue, celle de Verlaine avec un adolescent de dix-sept ans, Arthur Rimbaud. Disons plutôt que deux âmes, hantées par la fureur d'aimer, sont attirées l'une vers l'autre. C'est la plus jeune qui, par la voie de l'admiration littéraire, va se jeter au-devant du « vieux », comme Rimbaud appellera souvent Verlaine. Ce dernier s'était fait connaître par la revue Le Parnasse contemporain *; il avait publié, en 1866, les* Poèmes saturniens, *en 1869 les*

Fêtes galantes, *et, en 1870,* La Bonne Chanson. *Rimbaud, adolescent ardent, élève surdoué, décida d'envoyer quelques-uns de ses vers à Verlaine en témoignage d'admiration. Réponse immédiate : « Venez, chère grande âme, on vous attend, on vous admire... »*

La jeune âme accourt, mais elle déchaînera une tornade dans le ménage de Verlaine. De fuites en fugues, ces deux génies de la poésie arriveront, la boisson aidant, aux désordres extrêmes et entreront peu à peu dans l'immoralité absolue, jusqu'au jour où « le vieux », affolé de se sentir lâché, achètera un revolver et tirera une balle sur le « Satan adolescent ». Cela se passe en pleine rue, à Bruxelles ; la police s'en mêle, puis la justice. Verlaine fera deux ans de prison en Belgique.

Est-ce d'abord l'effet de la désintoxication ? Sans doute en partie, mais c'est aussi la candeur de l'âme qui s'éveille :

Soyez béni, Seigneur, qui m'avez fait chrétien.

Si faible et si fou qu'il soit, le cœur se nourrit de souvenirs, et le poète s'interroge :

Qu'as-tu fait, toi que voilà
Pleurant sans cesse
Dis, qu'as-tu fait, toi que voilà
De ta jeunesse ?

Heureusement, la balle de Verlaine, tirée en 1873, n'avait qu'éraflé la main de Rimbaud. Après une errance désordonnée en Orient, le « Satan adolescent » mourut en 1891 à Marseille, des suites d'une opération. Il avait trente-sept ans.

Verlaine, le « vieux », avait hérité, avant de s'éteindre en 1896, à cinquante-deux ans, du titre de Prince des Poètes, laissé libre à la mort de Leconte de Lisle.

M. T.

LES INGÉNUS

Les hauts talons luttaient avec les longues jupes,
En sorte que, selon le terrain et le vent,
Parfois luisaient des bas de jambes, trop souvent
Interceptés ! Et nous aimions ce jeu de dupes.

Parfois aussi le dard d'un insecte jaloux
Inquiétait le col des belles sous les branches,
Et c'était des éclairs soudains de nuques blanches,
Et ce régal comblait nos jeunes yeux de fous.

Le soir tombait, un soir équivoque d'automne ;
Les belles, se pendant rêveuses à nos bras,
Dirent alors des mots si spéciaux, tout bas,
Que notre âme depuis ce temps tremble et s'étonne.

(*Fêtes galantes*)

ÉCOUTEZ LA CHANSON...

Écoutez la chanson bien douce
Qui ne pleure que pour vous plaire.
Elle est discrète, elle est légère ;
Un frisson d'eau sur de la mousse !

La voix vous fut connue (et chère ?)
Mais à présent elle est voilée
Comme une veuve désolée,
Pourtant comme elle encore fière,

Et dans les longs plis de son voile
Qui palpite aux brises d'automne,
Cache et montre au cœur qui s'étonne
La vérité comme une étoile.

Elle dit, la voix reconnue,
Que la bonté c'est notre vie,
Que de la haine et de l'envie
Rien ne reste, la mort venue.

Elle parle aussi de la gloire
D'être simple sans plus attendre,
Et de noces d'or et du tendre
Bonheur d'une paix sans victoire.

Accueillez la voix qui persiste
Dans son naïf épithalame,
Allez, rien n'est meilleur à l'âme
Que de faire une âme moins triste !

Elle est *en peine* et *de passage*,
L'âme qui souffre sans colère,
Et comme sa morale est claire !...
Écoutez la chanson bien sage.

(*Sagesse*)

NEVERMORE

Souvenir, souvenir, que me veux-tu ? L'automne
Faisait voler la grive à travers l'air atone,
Et le soleil dardait un rayon monotone
Sur le bois jaunissant où la bise détone.

Nous étions seul à seule et marchions en rêvant,
Elle et moi, les cheveux et la pensée au vent.
Soudain tournant vers moi son regard émouvant :
« Quel fut ton plus beau jour ? » fit sa voix d'or
[vivant,

Sa voix douce et sonore, au frais timbre angélique.
Un sourire discret lui donna la réplique,
Et je baisai sa main blanche, dévotement.

– Ah ! les premières fleurs, qu'elles sont parfumées !
Et qu'il bruit avec un murmure charmant
Le premier *oui* qui sort de lèvres bien-aimées !

(*Poèmes saturniens*)

Octave MIRBEAU

(1848-1917)

En réaction contre la vision du monde mise à l'honneur par les Romantiques – de Lamartine à Victor Hugo, George Sand, Musset, Nerval, etc. –, la nouvelle génération des écrivains nés autour de 1840-1850, guidée par son chef de file Émile Zola, a cessé d'envelopper ses écrits de poésie et d'idéalisme. Au lieu de s'intéresser aux anciens aristocrates et aux bourgeois cultivés, selon le souhait de Voltaire, Zola, à la suite des Goncourt, avait ouvert la porte de l'observation naturaliste et créé la littérature prolétarienne.

Octave Mirbeau a subi cette influence-là. Il était né en 1848 et, à la fin de ses études, vers 1870, il fut entraîné dans le tourbillon de la fin de l'Empire, de la guerre et dans l'agitation politique qui suivit la capitulation de 1871.

Il s'essaya au journalisme, au Figaro, *et fonda avec Alfred Capus un hebdomadaire satirique,* Les Grimaces, *qui étonna un peu, mais ne parvint pas à acquérir un public stable.*

Les luttes politiques entre Mac-Mahon et la Chambre des députés aboutirent au petit coup d'État de mai 1877. Mirbeau en profita indirectement : à vingt-neuf ans, il devenait sous-préfet. Excellent poste d'observation pour quelqu'un que l'évolution des mœurs passionnait. Il prit son temps pour utiliser ses notes et composer des romans réalistes. Le plus réussi fut Le Journal d'une femme de chambre *(1900), dont le cinéma devait s'emparer à la fin du XX*e *siècle, plus de cinquante ans après la mort de Mirbeau.*

Dans sa dédicace, Mirbeau le définit lui-même comme un « livre sans hypocrisie, parce que c'est la vie ». Il y parle aussi de ce qu'il ressent « devant les masques humains, cette tristesse et ce comique d'être un homme ». Et il ajoute : « Tristesse qui fait rire, comique qui fait pleurer les âmes hautes. »

Octave Mirbeau laisse percer son goût pour les effets de théâtre. Or, c'est peut-être sur ce terrain-là, la scène dramatique, qu'il a accroché le succès le plus durable pour sa survie littéraire en écrivant cette pièce féroce : « Les affaires sont les affaires *».*

Bref, un esprit qu'il ne faut pas négliger.

M. T.

LA FEMME DE CHAMBRE

Madame s'habille toute seule et se coiffe elle-même. Elle s'enferme à double tour dans son cabinet de toilette, et c'est à peine si j'ai le droit d'y rentrer… Dieu sait ce qu'elle fait là-dedans des heures et des heures !… Ce soir, n'y tenant plus, j'ai frappé à la porte, carrément. Et telle est la petite conversation qui s'est engagée entre Madame et moi :

– Toc, toc !

– Qui est là ?

Ah ! cette voix aigre, glapissante, qu'on aimerait à faire rentrer dans la bouche, d'un coup de poing.

– C'est moi, Madame...

– Qu'est-ce que vous voulez ?

– Je viens faire le cabinet de toilette.

– Il est fait... allez-vous-en... Et ne venez que quand je vous sonne...

C'est-à-dire que je ne suis même pas une femme de chambre, ici... Je ne sais pas ce que je suis ici... et quelles sont mes attributions. Et pourtant, habiller, déshabiller, coiffer, il n'y a que cela qui me plaise dans ce métier... J'aime à jouer avec les chemises de nuit, les chiffons et les rubans, tripoter les lingeries, les chapeaux, les dentelles, les fourrures, frotter mes maîtresses après le bain, les poudrer, poncer leurs pieds, parfumer leurs poitrines, oxygéner leurs chevelures, les connaître, enfin, du bout de leurs mules à la pointe de leur chignon, les voir toutes nues... De cette façon, elles deviennent pour vous autre chose qu'une maîtresse, presque une amie ou une complice, souvent une esclave. On est forcément la confidente d'un tas de choses, de leurs peines, de leurs vices, de leurs déceptions d'amour, des secrets les plus intimes du ménage, de leurs maladies... Sans compter que, lorsqu'on est adroite, on les tient par une foule de détails qu'elles ne soupçonnent même pas. On en tire beaucoup plus. C'est à la fois profitable et amusant. Voilà comment je comprends le métier de femme de chambre.

On ne s'imagine combien il y en a – comment dire cela ? – combien il y en a qui sont indécentes et loufoques dans l'intimité, même parmi celles qui, dans le monde, passent pour les plus retenues, les plus sévères, pour des vertus inaccessibles. Ah ! dans les cabinets de toilette, comme les masques tombent !... Comme s'effritent et se lézardent les façades les plus orgueilleuses !

J'en ai eu une qui avait un drôle de truc : tous les matins, avant de passer sa chemise, tous les soirs, après l'avoir retirée, elle restait nue, à s'examiner des quarts d'heure, minutieusement, devant la psyché. Puis elle tendait sa poitrine en avant, se renversait la nuque en arrière, levait d'un mouvement brusque son bras en l'air, de façon que ses seins qui pendaient, pauvres loques de chair, remontassent un peu. Et elle me disait :

– Célestine, regardez donc ! N'est-ce pas qu'ils sont encore fermes ?

C'était à pouffer. D'autant que le corps de Madame... oh ! quelle ruine lamentable ! Quand, la chemise tombée, il sortait débarrassé de ses blindages et de ses soutiens, on eût dit qu'il allait se répandre sur le tapis en liquide visqueux. Le ventre, la croupe, les seins, des outres dégonflées, des poches qui se vidaient et dont il ne restait plus que des plis gras et flottants. Ses fesses avaient l'inconsistance molle, la surface trouée des vieilles éponges. Et pourtant dans cet écroulement des formes, une grâce survivait... douloureuse... ou plutôt le souvenir d'une grâce, la grâce d'une femme qui avait pu être belle autrefois et dont toute la vie avait été une vie d'amour. Par un aveuglement providentiel qui atteint la plupart des créatures vieillissantes, elle ne se voyait pas dans son irréparable flétrissure. Elle multipliait les soins savants, les coquetteries raffinées, pour appeler l'amour. Et l'amour accourait à ce dernier appel... Mais d'où ?... Ah ! que c'était mélancolique !

Quelquefois, juste avant le dîner, essoufflée, un peu honteuse, Madame rentrait.

– Vite, vite... je suis en retard... Déshabillez-moi.

(*Le Journal d'une femme de chambre*)

Guy de MAUPASSANT

(1850-1893)

Voilà une preuve évidente de l'art du conteur. Maupassant a le goût de l'observation ; il excelle à saisir le naturel et, par là, s'intègre parfaitement au groupe des naturalistes qui réunissait autour de Zola des écrivains comme Alphonse Daudet, Huysmans et lui-même. On en a gardé le souvenir dans le recueil des nouvelles publiées par les familiers de ces réunions sous le titre Les Soirées de Médan. *Après la formidable vague du Romantisme, il était logique qu'une nouvelle génération montât au créneau de la littérature : Zola (1840-1902), Alphonse Daudet (1840-1897), Huysmans (1848-1907), Maupassant (1850-1893).*

Ce dernier était né au château de Miromesnil, près de Dieppe. Un pur Normand. Médiocre élève au séminaire d'Yvetot, il achève ses études au lycée de Rouen, où il devient le filleul d'un autre Normand, le grand Flaubert (1821-1880).

Quand la guerre de 1870 éclate, Guy de Maupassant s'engage dans la garde mobile. A la fin des hostilités, il entre dans un ministère en qualité de modeste employé.

Conteur-né, il écrira en quinze ans des centaines de contes et de nouvelles. Les titres nous en ont été transmis par d'innombrables lecteurs d'abord, puis par l'exploitation cinématographique à laquelle ils ont donné lieu : Boule de Suif *(1880),* La Maison Tellier *(1881), et surtout* Bel-Ami *(1885).*

Avec le succès, Maupassant gagne beaucoup d'argent. Son yacht bat pavillon en Méditerranée. Le désordre des excès le précipite enfin dans le pire des maux : la perte de la raison. Un jour, il tentera de se suicider ; mais, comme il s'est raté, on l'interne chez le célèbre Dr Blanche, le médecin des fous. A quarante-trois ans, il meurt dans cette clinique, où avait été soigné autrefois Gérard de Nerval.

Le début de ce récit d'une nuit de noces normande fait partie d'une nouvelle intitulée Farce normande. *C'est à dessein que j'ai laissé en suspens le dénouement de l'histoire. Un suspens de cette qualité est bien la marque des meilleurs conteurs.*

M. T.

LA NUIT DE NOCES

Les jeunes époux entrèrent dans leur chambre, située au rez-de-chaussée, comme toutes les chambres de ferme ; et, comme il faisait un peu chaud, ils ouvrirent la fenêtre et fermèrent l'auvent.

Une petite lampe de mauvais goût, cadeau du père de la femme, brûlait sur la commode ; le lit était prêt à recevoir le couple nouveau, qui ne mettait point à son premier embrassement tout le cérémonial des bourgeois dans les villes.

Déjà la jeune femme avait enlevé sa coiffure et sa

robe, et elle demeurait en jupon, délaçant ses bottines, tandis que Jean achevait un cigare, en regardant de coin sa compagne.

Elle avait défait ses bottines, et maintenant elle retirait ses bas, puis elle lui dit, le tutoyant depuis l'enfance :

– Va te cacher là-bas, derrière les rideaux, que je me mette au lit.

Il fit mine de refuser, puis il y alla d'un air sournois, et se dissimula, sauf la tête. Elle riait, voulait envelopper ses yeux, et ils jouaient d'une façon amoureuse et gaie, sans pudeur apprise et sans gêne.

Pour finir il céda ; alors, en une seconde, elle dénoua son dernier jupon qui, glissant le long de ses jambes, tomba autour de ses pieds et s'aplatit en rond par terre. Elle l'y laissa, l'enjamba, nue sous la chemise flottante, et elle se laissa glisser dans le lit, dont les ressorts chantèrent sous son poids.

Aussitôt, il arriva, déchaussé lui-même, en pantalon, et il se courbait vers sa femme, cherchant ses lèvres qu'elle cachait dans l'oreiller, quand un coup de feu retentit au loin, dans la direction du bois des Râpées, lui sembla-t-il.

Il se redressa, inquiet, le cœur crispé, et, courant à la fenêtre, il décrocha l'auvent.

La pleine lune baignait la cour d'une lumière jaune. L'ombre des pommiers faisait des taches sombres à leur pied ; et, au loin, la campagne couverte de moissons mûres luisait.

Comme Jean s'était penché au dehors, épiant toutes les rumeurs de la nuit, deux bras nus vinrent se nouer sur son cou, et sa femme, le tirant en arrière, murmura :

– Laisse donc, qu'est-ce que ça fait, viens-t'en.

Il se retourna, la saisit, l'étreignit, la palpant sous la toile légère, et, l'enlevant dans ses bras robustes, il l'emporta vers leur couche.

Au moment où il la posait sur le lit, qui plia sous le poids, une nouvelle détonation, plus proche celle-là, retentit.

Alors Jean, secoué d'une colère tumultueuse, jura :

– Nom de D... ! Ils croient que je ne sortirai pas à cause de toi ? ... Attends, attends !

Il se chaussa, décrocha son fusil toujours pendu à portée de sa main, et, comme sa femme se traînait à ses genoux et le suppliait, éperdue, il se dégagea vivement, courut à la fenêtre et sauta dans la cour.

(*Farce normande*)

Arthur RIMBAUD

(1854-1891)

Arthur Rimbaud a sa place dans notre littérature bien qu'il n'ait écrit qu'entre dix-sept et dix-neuf ans : Une Saison en enfer *(1873) et* Les Illuminations. *Ses poésies complètes ont paru après sa mort.*

Par l'influence que ses deux cents pages ont eue sur les écrivains du XXe siècle, notamment les surréalistes, Rimbaud mérite ce choix.

Rimbaud avait dit : « Le poète se fait voyant par un long, immense et raisonné dérèglement de tous les sens ». Un de ses premiers poèmes, il l'a envoyé à Verlaine, en lui faisant savoir, précisément, qu'il le tenait pour un voyant. *Être ainsi reconnu et désigné enchanta Verlaine ; celui-ci, qui avait déjà publié ses* Poèmes saturniens *et* Fêtes galantes, *invita l'adolescent à venir le voir. Rimbaud surgit et se conduisit comme un voyou ; mais Verlaine demeura subjugué par ce « fils du soleil, homme aux semelles de vent ». Leur liaison homosexuelle se dénoua assez vite, d'une manière qui aurait pu être tragique : en Belgique, deux balles de revolver de l'adulte Verlaine sur le jouvenceau génial.*

Tandis que Verlaine purge sa peine de prison, Rimbaud se promène en Angleterre, griffonne ses Illuminations, *puis erre en Allemagne, où aura lieu une nouvelle et dernière entrevue désastreuse entre les deux poètes.*

Rimbaud crie que sa vie est finie : « Moi ! moi qui me suis dit mage ou ange, dispensé de toute morale, je demanderai pardon de m'être nourri de mensonge... Ma journée est finie. Je quitte l'Europe. J'aurai de l'or. Sauvé ! Je puis dire que l'art est une sottise. »

En fait de fortune, le voyageur de commerce Rimbaud, pourvoyeur d'armes en Abyssinie, ne reçut que des rebuffades de la part des hommes et se vit affligé d'un grave cancer.

Transporté à dos d'hommes à Aden, Arabie, il est rapatrié à l'hôpital de Marseille. Il y mourra chrétiennement, infirme, quelques mois plus tard, à trente-sept ans. Son corps est enterré à Charleville, sa ville natale.

Pendant les années de son errance africaine, il ignorait qu'on l'avait fait passer pour mort... et qu'il était déjà célèbre à Paris, au moins pour son fameux sonnet des « Voyelles », dont on n'a pas fini de discuter :

A noir, E blanc, I rouge, U vert, O bleu : voyelles
Je dirai quelque jour vos naissances latentes...

Verlaine et de jeunes intellectuels prirent en charge la survie de l'âme et de l'œuvre tortueuse de Rimbaud.

M. T.

Ô SAISONS, Ô CHÂTEAUX

Ô saisons, ô châteaux,
Quelle âme est sans défauts ?

Ô saisons, ô châteaux,

J'ai fait la magique étude
Du bonheur, que nul n'élude.

Ô vive lui, chaque fois
Que chante le coq gaulois.

Mais je n'aurai plus d'envie,
Il s'est chargé de ma vie.

Ce charme ! Il prit âme et corps,
Et dispersa tous efforts.

Que comprendre à ma parole ?
Il faut qu'elle fuie et vole !

Ô saisons, ô châteaux !

CHANSON DE LA PLUS HAUTE TOUR

Oisive jeunesse
A tout asservie,
Par délicatesse
J'ai perdu ma vie.
Ah ! que le temps vienne
Où les cœurs s'éprennent.

Je me suis dit : laisse,
Et qu'on ne te voie :
Et sans la promesse
De plus hautes joies.
Que rien ne t'arrête,
Auguste retraite.

J'ai tant fait patience
Qu'à jamais j'oublie ;
Craintes et souffrances
Aux cieux sont parties,
Et la soif malsaine
Obscurcit mes veines.

Ainsi la Prairie
A l'oubli livrée,
Grandie, et fleurie
D'encens et d'ivraies
Au bourdon farouche
De cent sales mouches.

Ah ! Mille veuvages
De la si pauvre âme
Qui n'a que l'image
de la Notre-Dame !
Est-ce que l'on prie
La Vierge Marie ?

Oisive jeunesse
A tout asservie,
Par délicatesse
J'ai perdu ma vie.
Ah ! que le temps vienne
Où les cœurs s'éprennent !

(*Une saison en enfer*)

LES DESERTS DE L'AMOUR

Cette fois, c'est la Femme que j'ai vue dans la ville, et à qui j'ai parlé et qui me parle.

J'étais dans ma chambre, sans lumière. On vint me dire qu'elle était chez moi : et je la vis dans mon lit, toute à moi, sans lumière ! Je fus très ému, et beaucoup parce que c'était la maison de famille : aussi une détresse me prit ! J'étais en haillons, moi, et elle, mondaine qui se donnait : il lui fallait s'en aller ! une détresse sans nom : je la pris et la laissai tomber hors du lit, presque nue ; et, dans ma faiblesse indicible, je tombai sur elle et me traînai avec elle parmi les tapis, sans lumière ! La lampe de la famille rougissait l'une après l'autre les chambres voisines. Alors la femme disparut. Je versai plus de larmes que Dieu n'en a jamais pu demander...

J'ai compris qu'Elle était à sa vie de tous les jours ; et que le tour de bonté serait plus long à se reproduire qu'une étoile. Elle n'est pas revenue, et ne reviendra jamais, l'Adorable qui s'était rendue chez moi, – ce que je n'aurais jamais présumé. Vrai, cette fois, j'ai pleuré plus que tous les enfants du monde.

(*Les Déserts de l'amour*)

Henri POINCARÉ

(1854-1912)

Notre littérature abonde en romanciers, en chroniqueurs d'histoire, en poètes ; elle est moins fournie en philosophes. Certes, la philosophie se glisse dans tous les genres, mais elle peut aussi faire l'objet d'un art particulier qui consiste à établir des théories de l'existence humaine ; elle excelle à décrypter l'univers, à illustrer le domaine si vaste, si délicat, de la morale individuelle, ou, parfois, du comportement civique dans les sociétés diverses.

Le danger qui guette alors l'écrivain, c'est de se laisser emporter dans un flot verbal. Le philosophe invente alors des mots, qui ne sont pas toujours intelligibles par les autres.

Si nous repérons dans le temps les philosophes dont nous pouvons être fiers, et qui conservent, malgré les changements de mœurs, un intérêt de réflexion, ma liste reste brève :

Montaigne (1533-1592)
Descartes (1595-1650)
Pascal (1623-1662)

Fontenelle (1657-1757)
Auguste Comte (1798-1857)
Claude Bernard (1813-1879)
Bergson (1859-1941)
Alain (1868-1951)

J'y insère aussi Henri Poincaré, qui prend sa place de 1854 à 1912. Cette « insertion » paraîtra peut-être un peu bizarre à certains lettrés. J'ai donc à faire valoir une raison majeure : Poincaré développe le thème fondamental de la valeur de la science et de son rôle dans l'évolution de l'humanité.

Henri Poincaré est né à Nancy, le 29 avril 1854. Ses études furent très brillantes : à dix-neuf ans, il est reçu aux deux concours les plus sévères, Normale supérieure et l'École polytechnique. Il opte pour cette dernière. Mathématicien surdoué, physicien dans l'âme, il parachèvera sa première érudition à l'École des mines.

A vingt-trois ans, il parcourt une partie de l'Europe : l'Autriche-Hongrie, la Suède, la Norvège. Deux ans plus tard, il conquiert un doctorat de mathématiques.

La carrière de l'Enseignement supérieur s'ouvre tout naturellement à lui : professeur à la Faculté des sciences de Caen, maître de conférences à la Faculté des sciences de Paris, en 1881. Le voici élu à l'Académie des sciences en 1887 ; il n'a que vingt-sept ans !

Travailleur acharné, infatigable, il éblouit ses contemporains par des communications surprenantes : Les Méthodes nouvelles de la mécanique céleste *;* Cours d'astronomie générale *;* Théorie mathématique de la lumière *;* La Télégraphie sans fil, *etc.*

Il est l'émule du célèbre Claude Bernard, l'auteur de la fameuse Introduction à l'étude de la médecine expérimentale. *Comme lui, il assiste à la véritable naissance de l'ère scientifique. Tous deux vont ériger un monument littéraire à cette grande dame envahis-*

sante : la Science. A côté des innombrables essais que je viens de citer, Henri Poincaré ajoute les pierres de la fondation de l'édifice :

– La Science et l'hypothèse
– Science et méthode
– La Valeur de la science
– Dernières Pensées

⁂

Sans aucun détour métaphysique, notre savant mathématicien, notre physicien de génie abordera le problème, au fond : « Quel rôle accorder à la Science dans notre civilisation moderne ? »

Il y répond avec une franchise directe, qui ne nous étonne pas de la part d'un esprit tout pétri d'honnêteté :

« Le monde et la science, écrit-il dans La Valeur de la science, *ont leurs données propres, qui se touchent et ne se pénètrent pas. L'une nous montre à quel but nous devons viser, l'autre, le but étant donné, nous donne les moyens de l'atteindre. Il ne peut pas y avoir de science immorale, pas plus qu'il ne peut y avoir de morale scientifique. »*

⁂

On mesurera mieux la célébrité conquise par ce savant, si l'on note que l'Académie française lui a ouvert ses portes en 1908, l'année où Bergson venait de publier L'Évolution créatrice.

Ainsi se dessine l'axe philosophique du XXe *siècle, à son début, axe dont Alain sera le plus brillant fleuron.*

M. T.

DE LA VIVISECTION

L'amour de la vérité est sans doute une grande chose ; mais la belle affaire si, pour la poursuivre, nous sacrifions des objets infiniment plus précieux comme la bonté, la pitié, l'amour du prochain... Voilà tout de suite un exemple qui s'impose ; les physiologistes pratiquent sans scrupule la vivisection, et c'est là un crime qu'aux yeux de bien des vieilles dames aucun des faits passés ou futurs de la science ne pourra jamais excuser.

À les en croire, les biologistes, en se montrant impitoyables pour les animaux, doivent devenir féroces pour les hommes. Elles se trompent sans aucun doute ; j'en ai connu de très doux.

La question de la vivisection mérite de nous arrêter un moment... Il y a là un de ces conflits de devoirs que la vie pratique nous montre à tout instant. L'homme ne peut renoncer à savoir sans s'amoindrir ; et c'est pourquoi les intérêts de la science sont sacrés ; c'est aussi à cause des maux qu'elle peut guérir ou prévenir et dont la masse est incalculable ; et d'un autre côté la souffrance est impie (je ne dis pas la mort, je dis la souffrance). Bien que les animaux inférieurs soient sans doute moins sensibles que l'homme, ils méritent la pitié. Ce ne sera que par des cotes mal taillées qu'on pourra s'en tirer ; le biologiste ne doit entreprendre, même *in anima vili*, que des expériences réellement utiles ; il y a aussi des moyens de réduire la douleur à son minimum ; il doit s'en servir. Mais, à cet égard, on doit s'en rapporter à sa conscience ; toute intervention légale serait inopportune et un peu ridicule ; le Parlement peut tout – dit-on en Angleterre – excepté changer un homme en femme ; il peut tout, dirai-je, excepté rendre un arrêt compétent en matière scientifique. Il n'y a pas d'autorité qui puisse dicter des règles pour décider si une expérience est utile.

Mais je reviens à mon sujet ; il y a des gens qui disent que la science est desséchante, qu'elle nous attache à la matière, qu'elle tue la poésie, source unique de tous les sentiments généreux. L'âme qu'elle a touchée se flétrit et devient réfractaire à tous les nobles élans, à tous les attendrissements, à tous les enthousiasmes. Cela, je ne le crois pas...

Que devons-nous conclure ? La science, largement entendue, enseignée par des maîtres qui la comprennent et qui l'aiment, peut jouer un rôle très utile et très important dans l'éducation morale. Mais ce serait une faute de vouloir lui donner un rôle exclusif. Elle peut faire naître des sentiments bienfaisants, qui peuvent servir de moteur moral ; mais d'autres disciplines le peuvent également, ce serait une sottise de se priver d'aucun auxiliaire ; nous n'avons pas trop de toutes leurs forces réunies.

(*Science et méthode*)

Émile VERHAEREN

(1855-1916)

Reflet de son pays, de sa géographie aussi bien que des âmes de ses compatriotes, Émile Verhaeren restera le représentant parfait de la langue française en Wallonie. Nos voisins belges, dans les années 1880-1910, ont très vite deviné quel parti ils pouvaient tirer du « symbolisme », la nouvelle école littéraire dont « le Manifeste » parut dans Le Figaro *(septembre 1886), sous la signature du poète Jean Moréas :*

« Nommer un objet, c'est supprimer les trois quarts de la jouissance du poème, qui est faite du bonheur de deviner peu à peu ; le suggérer, voilà le rêve ».

Du côté français, les revues Le Symbolisme, La Plume, Le Mercure de France *ont servi de support à ce nouvel élan lyrique, tandis que, du côté belge,* La Jeune Belgique *et* La Wallonie *rassemblèrent une véritable pléiade, dont Émile Verhaeren fut le plus ardent, relayé bientôt, à la fin du siècle, par Maeterlinck.*

*Verhaeren était né près d'Anvers, en 1855. Dès la publication de ses premières œuvres (*Les Soirs, *1887 ;*

Les Débâcles, *1888), il accrocha l'attention du monde francophone.*

Bientôt, par une heureuse disposition du tempérament wallon à s'insérer dans la vie réelle, Verhaeren bifurqua sur les multiples chemins qu'empruntait une société vouée à l'industrie et au machinisme. Sans jamais se dérouter de la joie de vivre, en dépit de la rudesse des métiers.

S'il y eût jamais un précurseur de l'unanimisme, cette doctrine puissante d'un Jules Romains, ce fut bien Émile Verhaeren :

Mon cœur, je l'ai rempli du beau tumulte humain.
... Sombres charbons, j'ai fait de vous un grand feu [d'or
N'exaltant que sa flamme et son volant essor,
Qui mêlaient leur splendeur à la vie angoissée...

Au lieu de noircir la fresque des efforts humains, Verhaeren entend dégager cette lumière de l'amitié qui sera l'axe de la fraternité d'un Saint-Éxupéry :

Aimer avec ferveur soi-même en tous les autres
Qui s'exaltent de même en de mêmes combats
Vers le même avenir dont on entend le pas...
Et s'enivrer si fort de l'humaine bataille
Qu'on vit en tout ce qui agit, lutte ou tressaille
Et qu'on accepte avidement, le cœur ouvert,
L'âpre et terrible loi qui régit l'univers.

Ainsi peut-on mieux comprendre comment naît, se forme et s'établit la civilisation que l'on peut qualifier de française *par l'unité de la langue,* d'occidentale *par la tendance de son évolution, en espérant qu'elle séduira, un jour, comme l'avait réussi la civilisation grecque, les habitants de notre petite planète, la Terre.*

M. T.

LES HEURES CLAIRES

Vous m'avez dit, tel soir, des paroles si belles
Que sans doute les fleurs, qui se penchaient vers nous,
Soudain nous ont aimés et que l'une d'entre elles,
Pour nous toucher tous deux, tomba sur nos genoux.

Vous me parliez des temps prochains où nos années,
Comme des fruits trop mûrs, se laisseraient cueillir ;
Comment éclaterait le glas des destinées,
Et comme on s'aimerait, en se sentant vieillir.

Votre voix m'enlaçait comme une chère étreinte,
Et votre cœur brûlait si tranquillement beau
Qu'en ce moment j'aurais pu voir s'ouvrir sans crainte
Les tortueux chemins qui vont vers le tombeau.

(*Les Heures claires*)

LA JOIE

Ô ces larges beaux jours dont les matins flamboient !
La terre ardente et fière est plus superbe encor
Et la vie éveillée est d'un parfum si fort
Que tout l'être s'en grise et bondit vers la joie.

... Ô ces matins de fête et de calme beauté !
Roses dont la rosée orne les purs visages,
Oiseaux venus vers nous, comme de blancs présages,
Jardins d'ombre massive et de frêle clarté !

A l'heure où l'ample été tiédit les avenues,
Je vous aime, chemins, par où s'en est venue
Celle qui recelait, entre ses mains, mon sort ;
Je vous aime, lointains marais et bois austères,
Et, sous mes pieds, jusqu'au tréfonds, j'aime la terre
Où reposent mes morts.

... Ô ces bonds de ferveur, profonds, puissants et [tendres
Comme si quelque aile immense te soulevait,
Si tu les as sentis vers l'infini te tendre,
Homme, ne te plains pas, même en des temps [mauvais ;
Quel que soit le malheur qui te prenne pour proie,
Dis-toi qu'un jour, en un suprême instant,
Tu as goûté quand même, à cœur battant,
La douce et formidable joie,
Et que ton âme hallucinant tes yeux
Jusqu'à mêler ton être aux forces unanimes,
Pendant ce jour unique et cette heure sublime,
T'a fait semblable aux dieux.

(*La Multiple Splendeur*)

Jules LAFORGUE

(1860-1887)

Quand le ciel littéraire est tout illuminé par des astres qui s'appellent Victor Hugo, Lamartine, Vigny, Musset, Baudelaire, etc., il est bien normal qu'un jeune poète éprouve le besoin de découvrir non plus des soleils, mais une lune, plus accessible, plus simple. C'est ce qui arriva à Jules Laforgue, né par le hasard des voyages de ses parents à Montevideo (Uruguay), en 1860.

On pourrait dire avec plus de justesse qu'il est né dans la lune, ou, mieux peut-être, que sa vie brève (vingt-sept ans) s'est déroulée sur un sol lunaire. Tout, depuis sa naissance, aura été marqué par l'extravagance – ne serait-ce que le fait d'avoir été prénommé Jules *parce que son père admirait l'empereur romain César !*

La famille Laforgue revint en France, à Tarbes, puis gagna Paris, en 1876. Au contact de la capitale, l'âme de l'adolescent nommé Jules Laforgue s'enflamma. Montmartre brille ; un cabaret étincelle – Le Chat noir. *Des clubs naissent, qui portent des noms provocants : les* Hydropathes, *les* Hirsutes, *les* Zutistes. *Ils forment l'équipe des* Décadents, *dont la mission essentielle sera de « détruire les vieilleries ». Programme excitant s'il en est pour une jeunesse libérée par l'essor de la République française !*

Laforgue s'émancipe très vite de sa famille. Il veut voler de ses propres ailes. Courageusement, il affronte la misère. Pour lui, la vie réside dans la création originale de l'écriture : pourquoi, par exemple, ne pas chercher de nouveaux modes d'expression, et aborder les rives de la prosodie libre ?

Mais comme il faut manger, bien qu'on soit poète, Laforgue écoute les conseils de Paul Bourget, futur romancier, son aîné de huit ans, et déjà poète édité en 1878. Ce dernier a pitié de ce jeune homme de vingt ans que la misère a attaqué par son arme favorite, la tuberculose. Grâce à ses relations mondaines, il lui fait obtenir un poste de lecteur de français auprès de l'impératrice d'Allemagne Augusta, grand-mère du futur Guillaume II. A Berlin, il s'adonne à sa passion : de complainte en complainte, il compose son premier recueil de poésies. L'amour même lui est accordé. Peut-être y a-t-il eu entre lui et une jeune institutrice anglaise, qui vit à Berlin, une sympathie de situation : tous deux souffrent pareillement du mal du siècle ; tous deux sont « pulmonaires ». Jules se décide, au début de 1887, de se marier et de rentrer en France, après avoir démissionné de son poste de lecteur. Le destin ne permettra pas au couple de vivre sur terre...

A peine Laforgue a-t-il publié son Imitation de Notre-Dame de la Lune, *il est assailli par la maladie et il mourra en août 1887. Son épouse le suivra dans la tombe quelques mois plus tard.*

Il faut regretter une fin aussi rapide, car Laforgue était poète de toute son âme, et l'on devine que, s'il avait vécu, il aurait enrichi notre littérature poétique de vers aussi bouleversants que ceux-ci :

Oh ! qu'une, d'Elle-même, un beau soir, sût venir
Ne voyant plus que boire à mes lèvres, ou mourir !

ou bien encore :

Tu me demandes pourquoi toi et non un autre.
Ah ! laisse, c'est bien toi et non un autre.

Ce qui est une manière puissante de renouveler par une forme originale le fameux : « Parce que c'était lui, parce que c'était moi », de Montaigne.

M. T.

NOËL SCEPTIQUE

Noël ! Noël ? j'entends les cloches dans la nuit...
Et j'ai sur ces feuillets sans foi posé ma plume :
O souvenirs, chantez ! tout mon orgueil s'enfuit,
Et je me sens repris de ma grande amertume.

Ah ! ces voix dans la nuit chantant Noël ! Noël !
M'apportent de la nef qui là-bas s'illumine,
Un si tendre, un si doux reproche maternel
Que mon cœur trop gonflé crève dans ma poitrine...

Et j'écoute longtemps les cloches, dans la nuit...
Je suis le paria de la famille humaine,
A qui le vent apporte en son sale réduit
La poignante rumeur d'une fête lointaine.

COMPLAINTE DE L'OUBLI DES MORTS

Mesdames et Messieurs
Vous dont la mère est morte,
C'est le bon fossoyeux
Qui gratte à votre porte.

Les morts,
C'est sous terre ;
Ça n'en sort
Guère.

Vous fumez dans vos bocks,
Vous soldez quelque idylle,
Là-bas chante le coq,
Pauvres morts hors des villes !

Grand-papa se penchait,
Là, le doigt sur la tempe,
Sœur faisait du crochet,
Mère montait la lampe.

Les morts
C'est discret,
Ça dort
Trop au frais.

Vous avez bien dîné,
Comment va votre affaire ?
Ah ! les petits mort-nés
Ne se dorlotent guère !

Notez, d'un trait égal,
Au livre de la caisse,
Entre deux frais de bal :
Entretien tombe et messe.

C'est gai,
Cette vie ;
Hein, ma mie,
O gué ?

Mesdames et Messieurs,
Vous dont la sœur est morte,
Ouvrez au fossoyeux
Qui claque à votre porte ;

Si vous n'avez pitié,
Il viendra (sans rancune)
Vous tirer par les pieds,
Une nuit de grand'lune !

Importun
Vent qui rage !
Les défunts ?
Ça voyage...

(*Les Complaintes*)

Jules RENARD

(1864-1910)

Jules Renard a commencé à tenir son « Journal » en 1887 ; il avait vingt-trois ans. Il l'a poursuivi jusqu'au 6 avril 1910, quelques semaines avant sa mort, le 22 mai 1910.

C'est un étrange bonhomme, Jules Renard, auteur de Poil de Carotte, *ce chef-d'œuvre. Je le vois comme un fils naturel de Jean-Jacques Rousseau : né bon, il a été très vite gâté par la société – sa famille d'abord, les autres ensuite. Toutes les maladies sociales, il les a attrapées : l'ambition, l'envie, la jalousie, la haine, et aussi le goût de la gloire et des honneurs. Jules Renard est mort trop tôt pour s'en guérir ; mais elles n'auront pas réussi à affaiblir en lui l'homme naturel, cet animal habité par l'amour de la vie, anxieux devant la mort, en un mot vulnérable. Il n'aura connu que la lutte entre ce qu'il était foncièrement et ce qu'il voulait paraître : le bon, le faible, le velléitaire, l'assoiffé d'affection contre le fat, le féroce, le volontaire, l'indépendant.*

Nous retrouvons le même contraste sur le plan

littéraire : son souci d'être homme de lettres le porte à l'impressionnisme ; il écrit bien et cela se remarque, et cela s'entend dès qu'on le lit à haute voix ou que l'on écoute ses dialogues de théâtre. Mais il possède, en plus, un don d'originalité : chez lui d'étonnantes associations d'idées se traduisent par des combinaisons de mots simples. Il en est conscient et il le note : « Les mots ne doivent être que le vêtement, sur mesure rigoureuse, de la pensée », ou encore : « On devrait écrire comme on respire », ce qui revient à la formule de Buffon : « Le style est l'homme même ».

Jules Renard, écrivain authentique, obéira à sa nature, qui est d'être double – impressionniste et classique. De même, dans la vie, aura-t-il sans cesse la tentation d'osciller entre un certain humour cruel et une tendresse dominante. Quelques phrases glanées dans le Journal, *qui reste la part monumentale de son œuvre, éclaireront mon opinion :*

– A force d'être assoiffé d'amour, on trouve qu'il n'y en a jamais assez de la part des autres.

– J'ai du plaisir à m'envelopper d'épines. On s'y trompe.

– Être méchant, sur le papier.

– Le but, c'est d'être heureux. On n'y arrive que lentement. Il y faut une application quotidienne. Quand on l'est, il reste beaucoup à faire : à consoler les autres.

– Bah ! après ma mort, quelqu'un s'apercevra bien qu'au fond j'étais bon.

*Chaque fois que je cite le nom de Jules Renard, j'ai envie d'ajouter : l'*écrivain de la tendresse.

M.T.

CHEZ SARAH BERNHARDT

1896

1er janvier. Je vais faire une année exceptionnelle, et je commence par me lever tard, par trop bien déjeuner et par dormir dans un fauteuil jusqu'à trois heures.

2 janvier. Chez Sarah Bernhardt. Elle est couchée, près d'une cheminée monumentale, sur une peau d'ours blanc. D'ailleurs, chez elle on ne s'assied pas : on se couche. Elle me dit : « Mettez-vous là, Monsieur Renard ». Là ? Où ? Entre elle et Mme Rostand, il y a un coussin. Je n'ose m'y asseoir, et je m'agenouille aux pieds de Mme Rostand, et les miens dépassent, dépassent, comme dans un confessionnal.

On craint le nombre treize. Maurice Bernhardt est là, avec sa jeune femme enceinte. Pour passer dans la salle à manger, Sarah me prend le bras. J'en oublie de lever les tentures. Je la lâche à la première assiette mais c'est tout là-bas qu'il faut aller, vers cette grande chaise à dais. Je m'assieds à la droite, et je ne vais pas beaucoup manger. Sarah boit dans une coupe d'or. Je ne me décide pas à ouvrir la bouche, même pour réclamer ma serviette qu'un garçon m'a enlevée, et je mange ma viande avec ma fourchette à fruits. Tout à l'heure je me surprendrai à déposer proprement sur mon porte-couteau mes asperges sucées. Certain plateau de verre m'intriguera aussi : on y met sa salade. Heureusement, il y a, à la gauche de Sarah, un docteur, l'inévitable docteur des romans, des pièces de théâtre et de la vie. Il explique à Sarah pourquoi elle a entendu, cette nuit, frapper vingt et un coups, et pourquoi son chien a aboyé vingt et une fois.

Puis, c'est la revue des mains : je suis très lunaire. Je dois aimer la lune, parler d'elle, être influencé par ses variations. Je parle, en effet, beaucoup de la lune, mais je la regarde rarement. J'ai dans le pouce beaucoup plus de volonté que de logique. C'est vrai. Rostand a le contraire ; et Sarah prend et reprend ma main, qui est blanche et grasse, mais dont je soigne mal les ongles. Je ne les ai jamais vus comme ce soir, ni esthétiques, ni très nets.

– Oh ! nous avons pioché ça ! dit Maurice Bernhardt au bout de la table.

Je crois plutôt que Sarah improvise. D'ailleurs, elle ne trouve rien.

Puis Mme Maurice Bernhardt renverse sur la nappe un verre où il y a des fleurs et de l'eau. Me voilà inondé. Vite, Sarah trempe ses doigts dans l'eau et me frotte la tête. Me voilà heureux pour longtemps.

Sa loi, c'est de ne jamais penser au lendemain. Demain, ce sera n'importe quoi, même la mort. Elle profite de chaque minute. Elle ne se rappelle pas quel pays elle préfère, de tous ceux qu'elle a vus, ni quel succès l'a le plus fortement émue. Elle a songé à jouer *Maison de poupée*, mais elle trouve que, Ibsen, c'est trop voulu. Non ! Elle veut de la clarté dans l'idéal. Elle aime trop Sardou pour aimer Ibsen. Et je lui dis ce que j'ai pensé d'elle à ma première visite :

– Vous êtes grasse, jolie et gentille.

La Sarah que je connais par sa renommée, qui tient un demi-siècle de place, me trouble et m'étourdit ; mais la femme que j'ai là, près de moi, ne m'épate pas trop.

Puis voilà les plaisanteries : « Savez-vous pourquoi les grenouilles n'ont pas de queue ?... Moi non plus. » « Quand deux jeunes mariés sont couchés, qu'est-ce qui fond ? C'est la bougie », etc. On ne se croirait plus chez la « grande ». Et ce sont les ressemblances avec les bêtes. Sarah est sûre de ressembler à l'antilope, Rostand à un rongeur, sa femme à un mouton, Maurice à un limier, sa femme à une chouette. Moi, on ne sait pas. J'ai peut-être trop de front pour un animal.

– A la première ligne que j'ai lue de vous, me dit Sarah, j'ai pensé : cet homme-là doit être roux. Pourtant, les roux sont méchants. D'ailleurs vous êtes plutôt blond.

Et autres puérilités.

(*Journal de 1896*)

Paul-Jean TOULET

(1867-1920)

Malgré le succès de son récit romanesque La Jeune Fille verte, *Paul-Jean Toulet reste un auteur à découvrir. De son vivant, il passait pour un fantaisiste, un de ces bohèmes excentriques qui défrayent de temps en temps la chronique des revues à la mode. La note que Marcel Proust a rédigée pour la* Nouvelle Revue française *en 1920 donne bien le ton : « On mène grand bruit autour de Toulet qui vient de mourir ; tous ses amis au reste affirment, je le crois volontiers, que c'était un être délicieux. Et les gentils vers de lui que j'entends citer, souvent fort gracieux, s'élèvent parfois à une véritable éloquence ».*

En complément de cette note anecdotique, je citerai l'appréciation plus nuancée de Léon Daudet, essayiste averti : « Je fais grand cas de ce style allègre et vif, semé d'allusions elliptiques où la clarté de Voltaire rejoignait par moments l'énigme dorée mallarméenne, et qui avait, en suraffiné, la saveur naturelle du terroir français. Comme Nerval, avec qui il avait plus d'une affinité, Toulet vivait imaginativement dans un monde à part, fëeriquement cruel et pourtant d'une méticuleuse précision... »

Pour illustrer cette appréciation, je ne saurais trop conseiller la lecture du premier roman de Toulet : M. du Paur, homme public. *Ce portrait inventé d'un homme qui ressemble sans doute à son biographe se termine par le carnet de M. du Paur, légué par ce dernier à son ami. Par un trait d'esprit qui devient un reflet de caractère, Paul-Jean Toulet publie un certain nombre de sentences, dont on suppose évidemment qu'il les a établies lui-même :*

« Nous ne saurions douter, me disait un monsignore, de l'enfer sans courir le risque d'être damnés. Aussi j'y crois, et je crois aussi qu'il n'y a personne dedans. »

« Il faudrait considérer ses opinions comme des costumes, et en changer selon la saison, l'heure et le milieu. »

« Si un peuple a les seuls gouvernements qu'il mérite, quand mériterons-nous de n'en avoir pas ? »

« Apprends à te connaître : tu t'aimeras moins ; et à connaître les autres, tu ne les aimeras plus ».

« Souviens-toi du lion amoureux : rentre tes griffes, mais ne les laisse pas rogner ».

Giraudoux, qui l'a bien connu, disait : « Quand on cause dix minutes avec Toulet, horloger des âmes, toujours courbé sur un rouage, on se sent aller juste pendant vingt-quatre heures... »

Il est mort jeune, à Guéthary, en 1920, dans ce pays qu'il chérissait, et où il ne parvint pas à se guérir d'une dépendance à l'alcool et à l'opium qu'il avait contractée dans ses voyages en Orient. Dommage, car il était de ces esprits qui auraient su bien vieillir.

M. T.

LES ALISCANS

Dans Arles, où sont les Aliscans,
Quand l'ombre est rouge, sous les roses,
Et clair le temps,

Prends garde à la douceur des choses,
Lorsque tu sens battre sans cause
Ton cœur trop lourd,

Et que se taisent les colombes ;
Parle tout bas, si c'est d'amour,
Au bord des tombes.

TOUTE ALLÉGRESSE...

Toute allégresse a son défaut
Et se brise elle-même.
Si vous voulez que je vous aime,
Ne riez pas trop haut.

C'est à voix basse qu'on enchante
Sous la cendre d'hiver
Ce cœur, pareil au feu couvert,
Qui se consume et chante.

(*Les Contre-rimes*)

LE DERNIER ENTRETIEN

Dans le courant de juillet, Pierre-Bénigne de Paur s'alita, et dès lors se sentit perdu ; mais l'approche de la mort semblait accroître et élargir sa sérénité, et il n'était apparu jamais encore plus exquis, plus pénétrant, et d'une indulgence plus délicieuse.

– Cette chaleur m'enchante, me dit-il comme j'entrais.

– Voilà, fis-je en essayant de plaisanter, un bonheur qui n'est pas hors de portée, et qui ne vous ruinera guère.

– Mais si, mais si, reprit-il en souriant ; vous savez bien que le temps des siestes est passé pour moi, sauf une. ... Jamais plus je ne verrai un soleil blanc écraser la ville, et jusqu'à l'Arc de Triomphe qui poudroie au loin, les Champs-Élysées déserts. Mais tenez, je les vois d'ici : des arroseurs, avec lassitude, traînent leurs serpents frais sur la poussière et une petite fille coiffée de jonc, escortée de sa bonne anglaise, montre dans sa marche allègre des chaussettes noires sur de minces mollets nus.

Je tâchais encore à secouer sa mélancolie et parler de guérison.

– C'est inutile, interrompit-il, je me sens délicieusement mourir ; car j'ai vieilli trop vite, je le crois, et les fruits de la terre, aujourd'hui, sont à ma bouche comme de la cendre. Mais, puisque vous m'aimez encore un peu, recevez les derniers mercis de quelqu'un qui a été parfois plus reconnaissant de votre amitié qu'il ne l'a laissé paraître. Et si je vous ai semblé égoïste par trop, ingrat même, dites-vous, mon ami, que vous aviez choisi la meilleure part. Je le sens, au dernier terme d'une longue carrière, les hommes ne vivent pas que de pain et d'intelligence. Car on se lasse de manger et de comprendre, mais jamais d'aimer. S'il y a un mot à cette énigme amère de la vie, soyez assuré que c'est l'amour ; oui, l'amour est le sens de toutes choses... Que si vous voulez accepter les derniers conseils d'un vieillard, eh bien, cherchez la volupté pour votre corps et l'amour pour votre âme, et ne vous inquiétez pas trop sur la terre de philosophie, de science, de critique. Si vous vous occupez jamais de vos semblables, que votre politique ne soit pas de les comprendre et de les instruire : aimez-les ; le reste viendra par surcroît.

Ce fut notre dernier entretien familier.

(*M. du Paur, homme public*)

Edmond ROSTAND

(1868-1918)

Le succès d'une œuvre a souvent, chez un écrivain, des effets éblouissants, au sens propre du mot. C'est ainsi, par exemple, que Jules Renard est d'abord l'auteur de Poil de carotte, *Lamartine celui du* Lac, *et Edmond Rostand, celui de* Cyrano de Bergerac. *Depuis la création, en 1897, cette pièce n'a cessé d'être représentée, et elle a rejeté à l'arrière-plan* La Princesse lointaine, La Samaritaine, L'Aiglon, Chantecler.

Et pourtant, le théâtre de la Porte-Saint-Martin avait hésité à la monter ! 400 représentations consécutives – phénomène très rare à l'époque – ont rassuré les organisateurs du spectacle, sans établir une explication qui aurait pu servir de règle aux choix des directeurs. A preuve, que, treize ans plus tard, en 1910, Chantecler *fut un échec.*

Deux critiques dramatiques ont analysé, dès la première représentation de Cyrano de Bergerac, *les éléments de ce triomple : pour Francisque Sarcey, « nous allons donc enfin être débarrassés des brouillards scandinaves, des études psychologiques trop minutieuses, ainsi que des brutalités voulues du drame réaliste » ; pour Jules Lemaître, « le succès de* Cyrano *s'explique par la lassitude du public après tant d'historiettes d'adultères parisiens, tant de pièces féministes, sociales, scandinaves, et par le réveil du nationalisme français. »*

Voilà bien une notation profonde : les Français, à la fin du XIXe *siècle, ne s'étaient pas remis de la défaite de 1871. La perte de l'Alsace-Lorraine avait blessé le cœur de tous les citoyens, et l'on se souvenait encore de* L'Ami Fritz, *d'Erckmann-Chatrian, qui avait brossé une fresque vivante de ces deux provinces.*

Toute œuvre exaltant la bravoure, cette fleur de la fierté individuelle, était bien faite pour accrocher l'âme de ces bretteurs patriotes que voulaient être les Français, par Cyrano interposé :

– Mais on ne se bat pas dans l'espoir du succès...
– J'ai décidé d'être admirable, en tout, pour tout...
– ... quelque chose que sans un pli, sans une tache,
[j'emporte malgré vous...
(Il s'élance l'épée haute)
...et c'est... mon panache.

Tel est le dernier mot – on devrait dire le dernier cri – du dernier acte, celui sur lequel on baisse le rideau, et éclatent les applaudissements.

***

Edmond Rostand aura vu, dans les derniers jours de sa vie, la victoire de la France, en 1918 : l'armistice est du 11 novembre ; sa mort est du 2 décembre, à Paris, comme s'il avait voulu attendre ce signal de l'histoire pour s'éteindre, à l'âge de cinquante ans.

***

Comment ne pas faire le rapprochement avec ce texte où le vrai Cyrano de Bergerac, l'écrivain du Voyage vers le soleil, *chante la victoire de l'âme à l'instant d'atteindre son but : « ... Comme alors que nous expirons, nous sommes intérieurement poussés à vouloir embrasser ceux qui nous ont donné l'être, j'élevai mes yeux au soleil, notre père commun. Cette ardeur de ma volonté non seulement soutint mon corps, mais elle le lança vers la chose qu'il espérait embrasser... »*

Nul doute qu'en s'éteignant, le 2 décembre 1918, le poète Edmond Rostand, tout imprégné de la victoire, sentit son âme continuer son voyage vers l'éternité de la gloire, à l'image de celle de son modèle, le poète et romancier, bretteur de la compagnie des gardes de Carbon, de Casteljaloux, Savinien Cyrano de Bergerac.

M. T.

LA DÉCLARATION D'AMOUR

Roxane. – Grimpez sur le banc, alors vite !
Cyrano. – Non !
Roxane. – Comment non ?
Cyrano. – Laissez un peu que l'on profite...
De cette occasion qui s'offre... de pouvoir
Se parler doucement sans se voir.
Roxane. – Sans se voir ?
....
Eh bien ! si ce moment est venu pour nous deux,
Quels mots me direz-vous ?
Cyrano. – Tous ceux, tous ceux, tous ceux,
Qui me viendront, je vais vous les jeter, en touffe
Sans les mettre en bouquets : je vous aime, j'étouffe,
Je t'aime, je suis fou, je n'en peux plus, c'est trop.
Ton nom est dans mon cœur comme dans un grelot,

Et comme tout le temps, Roxane, je frissonne,
Tout le temps, le grelot s'agite, et le nom sonne !
De toi, je me souviens de tout, j'ai tout aimé :
Je sais que l'an dernier, un jour, le douze mai,
Pour sortir le matin tu changeas de coiffure !
J'ai tellement pris pour clarté ta chevelure
Que, comme lorsqu'on a trop fixé le soleil,
On voit sur toute chose ensuite un rond vermeil,
Sur tout, quand j'ai quitté les feux dont tu m'inondes,
Mon regard ébloui pose des taches blondes !
Roxane. – Oui, c'est bien de l'amour...

....

Cyrano. – Sens-tu mon âme, un peu, dans cette
[ombre qui monte ?
Oh ! mais vraiment, ce soir, c'est trop beau, c'est
[trop doux !
Je vous dis tout cela, vous m'écoutez, moi, vous !
C'est trop ! Dans mon espoir même le moins
[modeste,
Je n'ai jamais espéré tant ! Il ne me reste
Qu'à mourir maintenant ! C'est à cause des mots
Que je dis qu'elle tremble entre les bleus rameaux !
Car vous tremblez, comme une feuille entre les
[feuilles,
Car tu trembles ! car j'ai senti, que tu le veuilles
Ou non, le tremblement adoré de ta main
Descendre tout le long des branches de jasmin !
Roxane. – Oui, je tremble, et je pleure, et je t'aime, et
[suis tienne !
Et tu m'as enivrée !
Cyrano. – Alors, que la mort vienne !

(*Cyrano de Bergerac*, Acte III – Scène IV)

Alfred JARRY

(1872-1907)

Il y avait de l'esprit chez Rabelais, chez Voltaire, Montesquieu, et bien d'autres. Peu à peu, cet esprit s'est teinté d'une ironie de plus en plus acerbe, voire mordante, que l'on pressentait déjà chez Joubert, aux temps du Romantisme, et qui trouva son épanouissement chez Jules Renard.

Jarry est né en 1872, une dizaine d'années environ après Jules Renard. Tous deux ont subi le contre-coup de la défaite de 1870.

Quand ils mettent la main à la plume, les rayons des bibliothèques sont garnis par les célèbres écrivains du siècle : Lamartine, Hugo, Vigny, Musset, Baudelaire, Zola, Maupassant, etc. Jules Renard a trouvé très tôt son accent original, mais Jarry souffre d'un manque d'équilibre cérébral. Il est réformé au régiment pour « imbécillité précoce », à cause des réponses qu'il fait aux questions qu'on lui pose, par exemple quand l'adjudant lui demande de balayer la cour, il réplique : « Dans quel sens ?». S'amuse-t-il à cultiver ce genre ou cède-t-il à une malfaçon naturelle de son cerveau ? Il s'habille de chemises en papier sur lesquelles il peint des cravates à l'encre de Chine. Il ne voit autour de lui que « sottise, lâcheté, férocité, hypocrisie ». Ce tableau de la société serait d'une noirceur affreuse s'il ne l'éclairait des traits lumineux de l'humour nouveau. Une façon de penser dont Jules Renard disait qu'elle était « l'hygiène de l'esprit ».

Jarry a gagné ses galons de chef de file des dadaïstes et des humoristes baroques en écrivant une pièce dont le héros s'est donné pour mission de dénoncer « tout le grotesque qu'il y a dans le monde ». « C'est Ubu roi. *Le théâtre de L'Œuvre la monte en 1896, sous la direction de Gémier. Quel beau scandale ! Une sorte de* Hernani *du comique... Mais, avec le temps, le personnage d'Ubu est devenu un symbole, un type – et cela suffira pour immortaliser le nom d'Alfred Jarry. Son autre créature, le D*r *Faustroll, créateur de la* pataphysique, *n'a pas connu la popularité d'Ubu, bien qu'il ait été à la source de toute une littérature de cabaret et de café-théâtre dont le* XX*e siècle s'est régalé.*

M. T.

FABLE

LE HOMARD ET LA BOÎTE DE CORNED-BEEF QUE PORTAIT LE DOCTEUR FAUSTROLL EN SAUTOIR

Une boîte de corned-beef, enchaînée comme une
[lorgnette,
Vit passer un homard qui lui ressemblait fraternelle-
[ment.
Il se cuirassait d'une carapace dure
Sur laquelle était écrit qu'à l'intérieur, comme elle,
il était sans arêtes,
Et sous sa queue repliée
Il cachait vraisemblablement une clef destinée
[à l'ouvrir.
Frappé d'amour, le corned-beef sédentaire
Déclara à la petite boîte automobile de conserves
[vivante
Que si elle consentait à s'acclimater,
Près de lui, aux devantures terrestres,
Elle serait décorée de plusieurs médailles d'or.

MADRIGAL

Ma fille – ma, car vous êtes à tous,
Donc aucun d'eux ne fut valable maître,
Dormez enfin, et fermons la fenêtre :
La vie est close, et nous sommes chez nous.

C'est un peu haut, le monde s'y termine
Et l'absolu ne se peut plus nier ;
Il est si grand de venir le dernier
Puisque ce jour a lassé Messaline.

Vous voici seule et d'oreilles et d'yeux
Tomber souvent désapprend de descendre.
Le bruit terrestre est loin, comme la cendre
Gît inconnue à l'encens bleu des dieux.

Tel le clapotis des carpes nourries
A Fontainebleau
A des voix meurtries
De baisers dans l'eau.

Comment s'unit la double destinée ?
Tant que je n'eus point pris votre trottoir
Vous étiez vierge et vous n'étiez point née,
Comme un passé se noie en un miroir.

La boue à peine a baisé la chaussure
De votre pied infinitésimal
Et c'est d'avoir mordu dans tout le mal
Qui vous a fait une bouche si pure.

DE L'ÎLE DE PTYX

A Stéphane Mallarmé

L'île de Ptyx est d'un seul bloc de la pierre de ce nom, laquelle est inestimable, car on ne l'a vue que dans cette île, qu'elle compose entièrement. Elle a la translucidité sereine du saphir blanc... Nous y pûmes aisément aborder, car elle était taillée en table, et crûmes prendre pied sur un soleil purgé des parties opaques ou trop miroitantes de sa flamme, comme les antiques lampes ardentes.

Le seigneur de l'île vint vers nous dans un vaisseau ; la cheminée arrondissait des auréoles bleues derrière sa tête, amplifiant la fumée de sa pipe et l'imprimant au ciel. Et au tangage alternatif, sa chaise à bascule hochait ses gestes de bienvenue.

Il tira de dessous son plaid quatre œufs, à la coque

peinte, qu'il remit au docteur Faustroll, après boire. A la flamme de notre punch l'éclosion des germes ovales fleurit sur le bord de l'île : deux colonnes distantes épanouirent au jaillissement de leurs corniches la poignée de main quadrigitale des quatrains du sonnet : et notre as berça son hamac dans le reflet nouveau-né de l'arc de triomphe. Dispersant la curiosité velue des faunes et l'incarnat des nymphes désassoupies par la mélodieuse création, le vaisseau clair et mécanique recula vers l'horizon de l'île son haleine bleutée, et la chaise hochante qui saluait adieu.

(*Gestes et opinions du docteur Faustroll, pataphysicien*)

Renée VIVIEN

(1877-1909)

La littérature féminine a ses lettres de noblesse, qui remontent au VIe siècle avant Jésus-Christ : une femme, Sappho, se rendit célèbre à Lesbos, une île de la mer Égée ; elle y fonda une école de poésie et de musique. Un siècle plus tard, Platon l'appelait la « Dixième Muse ».

Il ne nous reste que des fragments des poésies qu'elle chantait. Son nom et celui de son lieu de naissance sont liés à l'amour « sapphique » ou « lesbien » ; mais une légende introduit une variante, si je puis dire, dans ce genre d'affection : on dit que Sappho s'était en réalité éprise d'un homme, Phaon ; celui-ci avait accueilli ce sentiment avec un tel mépris que la poétesse, blessée au fond de l'âme, se serait suicidée en se jetant dans la mer du haut du rocher Leucade.

En l'absence de documents, on peut se demander si cette légende romanesque n'a pas été fabriquée et répandue par quelque adversaire des lesbiennes.

Il faut arriver à la fin du XIXe siècle pour rencontrer

une poétesse, Renée Vivien, qui, en 1903, publie une traduction des œuvres de Sappho, la même année où paraissent ses premiers poèmes, Évocations. *Par la suite, elle eut la tentation de conquérir un plus vaste public en faisant paraître des œuvres en prose, notamment un roman :* Une femme m'apparut. *Mais elle revint vite à l'expression lyrique qui lui convenait.*

Née en Angleterre dans une famille « anglo-irlandaise », Renée Vivien a vécu en France, de la fin du siècle dernier à 1909, date de sa mort à Nice. Les quelques années de sa brève existence, elle les a en quelque sorte brûlées dans la passion mixte de l'écriture et des sentiments. Baudelaire a été son inspirateur ; mais elle a eu des amies de qualité, parmi lesquelles Sarah Bernhardt et Colette. Cette dernière a laissé d'elle un portrait révélateur : « Il n'est pas un trait de ce jeune visage qui ne me soit présent. Tout y disait l'enfance, la malice, la propension au rire. Où chercher, entre la chevelure blonde et la tendre fossette du menton effacé et faible, un pli qui ne fût point riant, l'indice, le gîte de la tragique tristesse qui rythme les vers de Renée Vivien ?»

Tout lecteur de Colette retrouvera chez Renée Vivien la trace des goûts littéraires communs, et d'abord une recherche des sensations qui traduisent souvent le caractère mieux que les mots.

A côté de ces relations mondaines, la poétesse a gardé le souci constant du plaisir corporel : elle a succédé à la très perverse Liane de Pougy dans le cœur de Nathalie Barney, une dame tout aussi engagée dans les amours saphiques. Ses vers exprimeront, à la manière baudelairienne, l'ardeur de tels sentiments, avec l'audace distinguée dont une Colette savait épicer sa prose :

... tu sais réveiller la chaleur des désirs
Auxquels ton corps perfide et souple se dérobe.

L'odeur du lit se mêle aux parfums de ta robe.
Ton charme blond ressemble à la fadeur du miel...

Pour décrire ce jeu de l'amour et des sens, Renée Vivien ne dépasse jamais les limites de l'expression verbale décente. En réalité, elle demeure sous l'emprise d'une « tragique tristesse », comme le dit Colette. Des biographes ont supposé que, dans sa retraite de Nice à la suite de la mort d'une amie, elle avait fait la grève de la faim jusqu'à en mourir elle-même. Dans l'un de ses derniers poèmes – « Mon ami le vent »–, n'a-t-elle pas glissé l'aveu de sa préméditation ? :

Pleurons avec la voix des femmes malheureuses
Sur la jeunesse morte et sur l'amour qui fuit
Malgré les bras tendus des tristes amoureuses.

M. T.

DEVANT L'ÉTÉ

Voici l'été... Les jours sont trop longs, mon amie,
L'ombre tarde... On attend l'heure du grand repos,
Des lys plus odorants, de la cloche endormie,
De la grande fraîcheur des feuilles et des eaux.

Je m'attriste de la clarté qui se prolonge,
Mon cœur est l'ennemi des midis éclatants,
Et malgré que les jours soient beaux comme un beau
[songe,
Cette heure qui me plaît, je l'attends trop longtemps.

Je le sais, le beau jour dore ta chevelure
Large et blonde et qui se réjouit de soleil,
Mais je préfère à tout cette tristesse pure
Et cet ennui final qui mènent au sommeil.

J'adore ton visage et je préfère l'ombre
Mystérieuse où je ne puis que l'entrevoir...
Je préfère à ton clair regard ton regard sombre,
Belle, tu m'apparais plus belle vers le soir.

Dans l'espoir de cette heure où tout désir s'émousse,
Oublions la splendeur dure des jours trop longs,
Dans le désir et le regret de la nuit douce,
Par ces longs soirs d'été trop lumineux, allons...

Moi, je me baignerai dans cette ombre illusoire
De tes cheveux et de tes seins et de tes bras
En songeant à la paix, la douceur et la gloire
D'un beau soir violet qui ne s'achève pas.

(*Poésies*)

ALAIN-FOURNIER

(1886-1914)

Alain-Fournier est né en 1886 à La Chapelle-d'Anguillon (Cher), dans une famille d'instituteurs. Ses parents l'encouragent à faire des études ; il vise d'abord l'École navale, puis l'École normale supérieure lorsqu'il séjourne à Paris, au lycée Lakanal, en khâgne. Mais, en fait, son goût de l'écriture l'incite à composer des contes, de petits essais, des poésies, que Jacques Rivière, directeur de la Nouvelle Revue française *réunira, après la mort d'Alain-Fournier, sous le titre « Les Miracles ».*

Car Alain-Fournier comptera parmi les premières victimes de la guerre de 1914, le 22 septembre. Ce jeune écrivain de vingt-huit ans était célèbre depuis qu'il avait publié en 1913 son premier roman, Le Grand Meaulnes. *Évidemment, si Alain-Fournier n'avait pas écrit, avant sa mort, ce livre d'une si étrange qualité, son nom aurait sans doute été totalement oublié.*

Désormais, il ne sera plus question de ne pas citer Le Grand Meaulnes *au nombre des ouvrages qui* ont illustré le secteur du roman français au XXe siècle.

A quoi tient le succès, à quoi tient la persistance de l'intérêt suscité par ce roman ? Des critiques lui ont trouvé un accent neuf, dû parfois, d'après eux, à une absence de logique dans le récit, procédé commun à certains films où les scènes et les images viennent brutalement choquer le spectateur. Mais, au début du siècle, le cinéma n'avait pas encore apporté les surprises des metteurs en scène audacieux.

Quand une œuvre impose sa présence auprès de générations successives, il convient d'en analyser les qualités durables. Pour Le Grand Meaulnes, ne s'agirait-il pas tout bonnement d'une coïncidence entre le style dont use l'auteur et le sujet qu'il a, non pas inventé, comme d'aucuns ont pu le croire, mais personnellement vécu.

Dès le début de son roman, Alain-Fournier joue à merveille de ces deux données fondamentales. Quelle est sa première phrase ? Simplement, celle-ci : « Il arriva chez nous un dimanche de novembre 189... »

« IL » : de qui s'agit-il ? On s'attend à ce que l'auteur nous le dise aussitôt. Eh bien non, pas du tout ! Avec naturel et naïveté, il ne se préoccupe que de parler de lui-même et de sa famille. Ainsi commence la seconde phrase : « Je continue à dire « chez nous », bien que la maison ne nous appartienne plus. Nous avons quitté le pays depuis bientôt quinze ans et nous n'y reviendrons certainement jamais ».

Suit une description minutieuse du Cours supérieur de Sainte-Agathe, et viendra seulement à la fin de cette description la phrase qui nous raccroche à l'événement initial : « Tout ce paysage paisible... est à jamais, dans ma mémoire, agité, transformé par la présence de celui qui bouleversa toute notre adolescence et dont la fuite même ne nous a pas laissée en repos. Nous étions pourtant depuis dix ans dans ce pays lorsque Meaulnes arriva. »

Cette habileté de narration enchâsse la plus sincère des confessions, celle d'un amour adolescent, rapporté dans toute sa complexité : l'image y est aussi réelle que les faits survenus réellement.

Si étonnant que cela soit, c'était la première fois qu'un écrivain réussissait la prouesse de nous émouvoir avec le récit d'une aventure commune à tant d'entre nous. Un telle réussite a eu sa récompense : avec un unique roman, Le Grand Meaulnes, *Alain-Fournier a conquis un public fervent dans toutes les classes de la société et s'assure ainsi une place définitive dans la littérature française.*

M. T.

LA RENCONTRE

On aborda devant le bois de sapins… Avec quel émoi Meaulnes se rappelait dans la suite cette minute où, sur les bords de l'étang, il avait eu très près du sien le visage désormais perdu de la jeune fille ! Il avait regardé ce profil si pur, de tous ses yeux, jusqu'à ce qu'ils fussent près de s'emplir de larmes. Et il se rappelait avoir vu, comme un secret délicat qu'elle lui eût confié, un peu de poudre restée sur sa joue…

Meaulnes s'avança dans une allée, où, dix pas devant lui, marchait la jeune fille. Il se trouva près d'elle sans avoir eu le temps de réfléchir :

– Vous êtes belle, dit-il simplement.

Mais elle hâta le pas et, sans répondre, prit une allée transversale… Le jeune homme se reprocha vivement ce qu'il appelait sa balourdise, sa grossièreté, sa sottise. Il errait au hasard, persuadé qu'il ne reverrait plus cette gracieuse créature, lorsqu'il l'aperçut soudain venant à sa rencontre et forcée de passer près de lui dans l'étroit sentier. Elle écartait de ses deux mains nues les plis de son grand manteau. Elle avait des souliers noirs très découverts. Ses chevilles étaient si fines qu'elles pliaient par instants et qu'on craignait de les voir se briser.

Cette fois, le jeune homme salua, en disant très bas :

– Voulez-vous me pardonner ?

– Je vous pardonne, dit-elle gravement. Mais il faut que je rejoigne les enfants, puisqu'ils sont les maîtres aujourd'hui. Adieu.

Augustin la supplia de rester un instant encore. Il lui parlait avec gaucherie, mais d'un ton si troublé, si plein de désarroi, qu'elle marcha plus lentement et l'écouta.

– Je ne sais même pas qui vous êtes, dit-elle enfin.

Elle prononçait chaque mot d'un ton uniforme, en appuyant de la même façon sur chacun, mais en disant plus doucement le dernier... Ensuite elle reprenait son visage immobile, sa bouche un peu mordue, et ses yeux bleus regardaient fixement au loin.

– Je ne sais pas non plus votre nom, répondit Meaulnes.

Ils suivaient maintenant un chemin découvert, et l'on voyait à quelque distance les invités se presser autour d'une maison isolée en pleine campagne.

– Voici la maison de Frantz, dit la jeune fille, il faut que je vous quitte...

Elle hésita, le regarda un instant en souriant et dit :

– Mon nom ?... Je suis Mademoiselle Yvonne de Galais...

Et elle s'échappa.

(*Le Grand Meaulnes*)

TABLE DES TEXTES

(par ordre chronologique)

ACHEVÉ D'IMPRIMER LE 23 NOVEMBRE 1987
SUR LES PRESSES DE L'IMPRIMERIE HÉRISSEY
POUR LE COMPTE DE FRANCE LOISIRS
123, BOULEVARD DE GRENELLE, PARIS

Imprimé en France

Dépôt légal : Décembre 1987
N° d'imprimeur : 44077 — N° d'éditeur : 13406